矫正项目研究成果文库

吸食型毒品罪犯

矫正项目

中国监狱工作协会 | 编

云南省监狱管理局
云南省小龙潭监狱循证矫正课题组 | 编写

法律出版社
LAW PRESS·CHINA

云南省小龙潭监狱循证矫正课题组

主　编：胡志辉

副主编：于泉清　周　乐　彭　波　尹正文

成　员：张　俊　田知旗　李向坤　张智宏
王小杰　杨锡涛　谢　瑢　刘明飞
袁　将　王丽艳　金国防　胡　晓
张向杰　朱　立　刘德斌　张明炜
张　雷　赵姗姗　卢江宇　白涛铭
黄安云　查建清　刘应刚　赵　宏
雷声钟　李　刚　刘德华　周雁鸿
查建勇　高　睿　宋晓东　周树平
陈红联　丰　艳

总　　序

惩罚与改造罪犯是党和政府赋予监狱的神圣职责，也是监狱人民警察不忘初心、牢记使命的具体表现。监狱安全是国家总体安全的重要组成部分，改造好罪犯对维护监狱安全稳定也有标本兼治的良好效果。监狱应该积极探索精准、科学、系统改造罪犯的方式方法，使罪犯在有限的刑期内得到有效的改造和矫正，尽可能地降低其刑释后的重新犯罪率，这样才能更有效地维护社会的安全稳定，满足人民日益增长的对美好生活向往的需要，进一步增强人民的安全感。监狱履行自己的职责使命，为维护稳定的社会秩序发挥重大作用，这是新时代对监狱工作提出的新要求。

新时代，监狱的在押罪犯结构发生了较大变化，涉黑涉恶类罪犯剧增，无期、死缓罪犯增加，二次服刑罪犯执迷不悟甚至"数进宫"，狱内犯情愈加复杂。《刑法修正案（八）》实施后，限制减刑罪犯出现，罪犯实际服刑时间大幅延长，给监狱工作提出了更高的要求。因此，监狱开展有效、高效的教育矫正研究和探索迫在眉睫。实施科学系统的循证矫正理念矫正罪犯，显然符合时代的发展；在监狱践行改造宗旨、回归主责主业的进程中，遵循“循证矫正”的理念是大有裨益的，用有针对性的矫正内容进行有效的教育矫正，可以有效避免隔靴搔痒、“头痛医头，脚痛医脚”等弊端。用系统、有效、高效的矫正方案，启发罪犯深刻意识到自己进监狱的原因及导致自己进监狱的根源问题，从而让他们认同、配合监狱的矫正活动，在参与中逐步改变他们的认知，进而改变其不良行为习惯或恶习，解决其犯因性问题，最终树立起正确的、健康的、积极的人生价值观念。

2012 年 9 月，司法部在江苏省宜兴市举办循证矫正研讨班，向全国监狱系统作出了开展研究探索循证矫正改造罪犯的工作部署，并选定了部分监狱作为先行试点，云南省小龙潭监狱就是试点单位之一。2017 年，司法部研究室下达关于研究探索循证矫正的研究课题，云南省小龙潭监狱以“‘三十二字’循证矫正工作体系的探索与实践”为项目课题获得批准立项。在接下来的一年多里，课题组汇集基层监狱人民警察的智慧和实践工作经验，在有关专家学者的指导下，进行案例遴选、归纳和理论提升，按期完成了课题研究工作。经司法部研究室和相关专家学者严格评审，该研究课题以较高的评价顺利结项。为进一步丰富国内矫正项目方面研究，推动监狱矫正事业发展，中国监狱工作协会从司法部研究所若干结项课题中遴选出云南省小龙潭监狱“‘三十二字’循证矫正工作体系的探索与实践”这一优秀研究成果，并召开会长办公会对该矫正项目课题进行了认真研究。会议认为，该矫正项目成果丰富、结构完整、务实创新,对推动矫正项目的进步与发展,推动罪犯教育改造工作,都有积极的开创性意义,决定以中国监狱工作协会的名义将其出版,扩大研究成果的影响力,推动研究成果的转化。这也是中国监狱工作协会在工作方式上的一次探索和创新。

2018 年 10 月,为进一步落实中国监狱工作协会会长办公会会议精神,中国监狱工作协会在云南省小龙潭监狱召开"矫正项目系列研究成果"研讨座谈会。会议以到监区现场考评和集中座谈研讨两种方式进行,中国监狱工作协会领导同志带队深入监区一线进行详细的调研指导和现场考评。座谈会上,中国监狱工作协会组织国内矫正领域的相关专家进行了专业的点评和指导,同时指出该系列矫正项目的研究为中国罪犯矫正工作提供了样板、贡献了智慧,具有较强的理论价值和推广价值,要求将该矫正项目成果转化,编撰成循证矫正系列矫正项目丛书。

循证矫正系列矫正项目丛书包括:《三十二字循证矫正工作体系操作指南》《吸食型毒品罪犯矫正项目》《牟利型毒品罪犯矫正项目》《暴力侵害公民财产罪犯矫正项目》《暴力侵害公民生命健康罪犯矫正项目》《暴恐类罪犯去宗教极端矫正项目》《邪教类罪犯矫正项目》《涉黑涉恶罪犯矫正项目》《利用职权侵占公私财物类罪犯矫正项目》《盗窃类罪犯矫正项目》《平安服刑认知提升项目》。

这套循证矫正系列丛书源于实践、高于实践,又服务于实践;既有一定的理论深度,又对实践有指导意义。《三十二字循证矫正工作体系操作指南》开创性地构建了循证矫正具体的操作流程及各步骤具体操作方法。系列矫正项目除必备的脱盲(国家标准语)教育、法律道德认识提升两个公共矫正模块外,直接针对各类型罪犯的犯因进行模块化矫正。每个矫正项目中均有相应的矫正方法、技巧介绍、说理教育,让罪犯能结合理论与实践,学有所知,学以致用。矫正项目立足于监狱,按需定项;形式上立足于单个的警察,有矫正目标、矫正重点与难点、矫正作业等,警察易讲易教;内容选择与编写上立足于罪犯实际,内容丰富、文字通俗、好懂易学、不枯燥不深奥,好用实用,学到的道理能够较容易地应用到日常生活中。

这套循证矫正系列丛书对循证矫正中国化、本土化进行了有益的探索,能够使矫正对象增长知识、改变想法、有所启发,甚至发生心灵的巨变;对监狱工作人员的工作也富有助益。在此特向课题组诸位同志以及帮助、指导编撰工作的各级领导、各位专家学者致以衷心的感谢。这套丛书的出版,得到了法律出版社的大力支持和帮助,在此也深表谢意。

中国监狱工作协会

2021 年 4 月

前　言

毒品问题早已成为世界性的灾难，毒品的泛滥危害着人的身心健康，毒品的肆虐能对一个国家、一个地区的经济发展和社会进步产生巨大的威胁。每年都有人为了吸食毒品出卖自己的良心，背弃家人与朋友，失去活在世上的意义。据联合国发布的《2019 年世界毒品问题报告》统计，2017 年约有 2.71 亿人在前一年使用过毒品，全球阿片类药物使用者增加了 56%，超过 5300 万人，非法生产的可卡因数量达 1976 吨，创历史新高，比前一年增加了 25%。该报告通过更先进的研究和更精确的数据表明，毒品使用对健康造成的不良后果比此前认为的更为严重和广泛，2017 年全球有数百万种注射毒品，其中 140 万人感染艾滋病病毒，560 万人患有丙型肝炎，因吸毒死亡 58 万人。

《2019 年世界毒品问题报告》再次给国际社会敲响警钟。人一旦沾染毒品，首先是身体上的危害，对神经系统、心脑血管系统、内分泌系统、免疫系统、呼吸系统、消化系统及泌尿生殖系统都会造成破坏性的危害，继而就是陷入经济破产、亲属离散甚至家破人亡的困难境地。吸毒成瘾的人就像一条喝醉酒的流浪狗,没有方向,没有目的,人生中充满了凄惨。上千万人因吸毒丧失学习机会和劳动能力,数以万计的人为获取毒资继续吸毒而违法犯罪,同时,因高额非法利润的引诱,每年有不计其数的人因牟利,生产、制作、走私、贩卖、运输毒品而受到法律的制裁。

毒品问题极其复杂,涉及成因方方面面。对监狱来说,建立一套完整、科学、有效的矫正方法,有针对性地矫正涉毒罪犯,进一步提高矫正质量,降低此类罪犯的重新犯罪率,是一项有着重要意义的研究。

有吸毒史的罪犯(吸食型毒品罪犯)是涉毒罪犯中特点较为突出的,这类罪犯一般存在法律、道德意识淡薄,对毒品危害认识不足,缺乏自我保护意识,错误地认为毒品的危害程度不大等问题。而且,此类罪犯基本没有正向的兴趣爱好,心瘾难戒,反复吸毒戒毒,逐渐丧失自信心,情感变得脆弱,他们的吸毒行为伤害了亲情,辜负了他人的信任。另外,在被毒品侵害身心后,面对社会上复杂的环境,又不能正确对待处理,当期望与现实存在落差时,还容易重入"毒友圈",刑满释放后较易出现复吸。一旦复吸后,他们为满足毒瘾筹集毒资,有的以贩养吸、运输毒品,有的盗窃抢劫等,使吸食毒品与系列犯罪形成恶性循环,这些都成为社会的不安定因素。为解决上述涉毒罪犯的矫正问题,确保此类罪犯在监狱能平安服刑,回归社会能戒断毒品,做一名守法公民,特编写此矫正项目。

本矫正项目讲述禁毒立法的意义、发展、特点，引导矫正对象树立正确的道德观念，同时深入分析毒品对人身体健康、家庭关系及个人前途的危害，还介绍了一些可以从个人角度操作的心瘾戒断方法技术。另外，通过本矫正项目的学习能帮助矫正对象重塑自信、亲情、信任，并给予其职业匹配的指导及脱毒自律的指引。这是一本专门针对吸食型毒品罪犯矫正的实用书籍，此外，也希望此矫正项目能成为一把为监狱人民警察提供矫正思路启迪的钥匙，帮助和促进监狱人民警察更有针对性地开展好对罪犯的矫正工作。

如前所述，本矫正项目不仅是教材，还是一本实用性书籍，有较强的针对性和明确的面向对象，其特点是“立足监狱，按需定项；立足警察，易讲易教；立足罪犯，易学实用”。但由于时间仓促、水平有限，错误和不妥之处在所难免。敬请广大监狱警察在教学和使用中多提宝贵意见，也希望服刑人员在学习中，结合个人体会多提建议，以促进本矫正项目的进一步完善。在此，也向为本项目提供帮助的专家、学者和禁毒相关工作人员表示诚挚的谢意！

目　录

道德提升篇

重塑新生矫正篇

职业匹配指引篇

矫正效果评估篇

吸食型毒品罪犯矫正
项目简介

一、矫正项目简介

为便于精准矫正,我们将涉毒罪犯分为“吸食型毒品罪犯”及“牟利型毒品罪犯”。吸食型毒品罪犯主要是指,曾经有吸毒史以及因吸毒衍生犯罪(如以贩养吸、运输毒品、盗窃、抢劫等)入狱的罪犯;牟利型毒品罪犯主要是指,自己不吸毒,专门利用毒品牟利入狱的罪犯(如走私、贩卖、运输、制造、非法持有毒品)。本矫正项目专指:吸食型毒品罪犯矫正项目。

吸食型毒品罪犯矫正项目共设5个大矫正模块(5个矫正篇),分别为:脱盲教育篇、禁毒立法教育篇、道德提升篇、重塑新生矫正篇、职业匹配指引篇,其中,重塑新生矫正篇是针对性矫正模块,它包含了毒品危害教育、心瘾戒断方法技术、三项重塑(自信、亲情、信任)以及脱毒自律指引。共计17章456课时。另外,矫正效果评估篇包括6个主题活动和两套矫正考核试卷及其参考答案。

在矫正实施阶段,主要采取课堂讲授、内视观想、情景模拟、警示教育、歌曲学唱、禁毒演讲等形式,也可结合内容选择相应的视频教学进行矫正。

矫正的主要内容包括:促使矫正对象理性认识毒品危害,讲解毒品对个人、对家人的危害,结合禁毒相关法律的教育,增强对法律的敬畏心,重树道德观念。教授矫正对象有效戒除对毒品心理依赖的方法,使其重塑自信和信任感,培养积极健康的生活方式。从毒品伪装、毒友圈分析、现实与落差等多个方面进行讲解,提高矫正对象对毒品的防范意识,让矫正对象学会处理社会关系和家庭关系,增加自律意识,能做到自我管理;能分辨易涉毒场所和易涉毒人员,能自觉远离毒品,抵制毒品侵害,增强对有毒环境和毒友的识别能力,树立自我保护意识,提高识毒、防毒、拒毒能力,彻底与毒品说"不";提高自尊、自爱意识,增强自身自制力,以积极的态度面对、承受改造和学习的压力,把刑期当学期,逐渐修复家庭关系,重获社会支持,学习一技之长,重新培养对生活的信心。

因此,在吸食型毒品罪犯的系列矫正模块中,我们主要通过"普及文化""敬畏法律""提升道德""重塑新生""刑释发展"5 个阶段进行矫正。

矫正项目实施流程如图 1 所示:

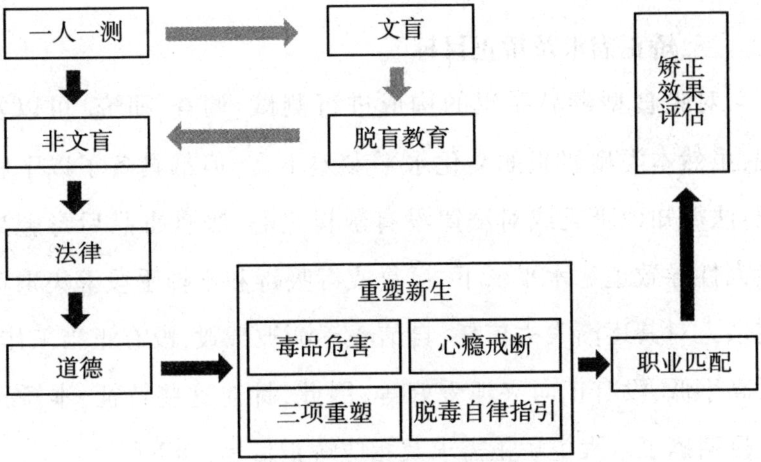

图 1　矫正项目实施流程

二、吸食型毒品罪犯矫正项目适用对象

符合以下条件的属于吸食型毒品罪犯矫正项目的适用对象：

1. 有吸毒史的罪犯；

2. 因吸食毒品而犯罪的罪犯。

备注：

1. 1 年以上刑期的男女罪犯通用。

2. 以贩养吸类毒品罪犯既是“吸食型毒品罪犯”，又是“牟利型毒品罪犯”，对此类型罪犯，先安排其参加本矫正项目，结束后再安排其参加“牟利型毒品罪犯矫正项目”。

三、矫正需求及矫正目标

对吸食型毒品罪犯的构成进行测试、调查、研究，可以发现，虽然本类型罪犯的文化水平参差不齐，但都具备了以下特征：法律知识匮乏或对法律没有敬畏之心、吸食毒品后毒瘾战胜人性导致道德水平低下、反复戒毒吸毒和不择手段筹集毒资使亲人对其逐渐失去信任、自信心逐渐被摧毁、没有正当工作、眼高手低、没有正向兴趣爱好等，因此，针对这些特征，本矫正项目明确了八大类矫正需求及相应矫正目标，如下所示：

矫正需求一：文化水平参差不齐。

矫正目标：通过开展脱盲教育，使文化程度较低的矫正对象能够掌握基本的文化知识，为后续系列矫正打下基础。

矫正需求二：对毒品相关法律知之甚少，或对法律没有敬畏之心。

矫正目标：通过对毒品相关法律法规进行系统学习，使矫正对象了解相关禁毒立法的立法环境、禁毒立法的发展、禁毒立法体系以及禁毒立法背后的渊源，从而敬畏法律，知法守法，远离毒品。

矫正需求三：道德认知水平不高或被毒瘾侵蚀后导致道德低下，甚至沦丧。

矫正目标：通过学习相关道德的基本含义、特征、作用等，使矫正对象提升道德认知水平。

矫正需求四：对吸食毒品的危害认识不深刻。

矫正目标：使矫正对象结合自身实际分析毒品给自己、家庭带来的系列危害，筑牢其从“不敢吸”到“不想吸”的思想防线。

矫正需求五：心瘾难戒，没有系统地学习过一些较好的戒毒方法或手段。

矫正目标：介绍心瘾戒断的一些方法、手段，使矫正对象通过学习可以系统地掌握这些帮助戒断心瘾的技术，在往后的戒毒中能结合自己实际情况进行这些戒断技术的使用实操，帮助其提高戒断心瘾的能力水平。

矫正需求六：反复吸毒戒毒，自信心严重受挫，多次让亲属失望后失去亲情，吸毒导致个人可信度大幅度降低，陷入失信危机。

矫正目标：帮助矫正对象找回自我，重塑自信心，指导其修复亲情关系的方法，教会其如何走出信任危机，重新建立个人可信度。

矫正需求七：职业观缺失，自我认识不清，缺乏适宜的职业规划。

矫正目标：使矫正对象明确自身职业需求，认清自身职业能力，能结合自身能力和社会需求，制定适宜自身的职业规划。

矫正需求八：刑释重回社会后缺乏自律，对原毒友圈关系处理不当，不能认清新型毒品的真面目，不会正确对待现实生活与个人期望的落差，容易走上复吸道路。

矫正目标：通过讲解面对刑释后的生活环境，应当如何划定“警戒禁区”的方法，帮助矫正对象养成自律习惯，学会剖析毒品离奇多变的陷阱，使其能够做到识毒防毒；教会矫正对象当理想与现实产生落差时，能正确看待与处理，筑牢识毒拒毒思想防线，不再陷入毒品的泥潭。

脱盲教育篇

脱盲即脱离文盲状态，能读书识字，能理解书面材料，能用书面语言表达自己的思想。在参加脱盲教育的识字和学习过程中，矫正对象要跟随矫正官进行一系列的思维活动及其他智力活动，如观察、比较、想象、推理等，这些或分析或综合或形象或抽象的思维活动，可以使矫正对象的智力得到训练并不断提升其读、写、听、看的学习认知能力，还可以逐渐培养矫正对象对是非对错的辨识能力。

中华文化博大精深，从《三字经》《千字文》的识字开始，就饱含着纲常伦理的道德教育。汉字映射着中华民族博大的文化内容和独特的文化心理，反映中华民族认识世界的方式。

本篇是其余矫正模块的基础，语文部分从生活常识到四季更替，从学习历史到了解现在的祖国；数学部分讲述基本的加、减、乘、除和常见的各种图形形状。在学字认字识字的同时，更加重视激发矫正对象的爱国情怀，培养其自主学习和勇于创新的精神,形成健康的审美情感,从而有效地提升矫正对象的素养,为后续矫正工作打下坚实的基础。

本矫正模块总课时:282 课时

矫正目标:能正确地认、读、写;了解汉字与汉语拼音的关系,认读声母表、韵母表;能够阅读涉及日常生活的通俗文字材料内容;可以利用字典等工具进行扩展练习;数字及其符号认读;了解数学单位;学会使用计算工具;学会两位数以内的加、减、乘、除运算。

建议课时:282 课时(见表 1 所示)

表 1　脱盲教育教学课时安排

教学内容	课时数
生活中的读与写	212
第一单元　汉语拼音	20
第一课　ɑ　o　e	1
第二课　i　u　ü	1
第三课　b　p　m　f	1
第四课　d　t　n　l	1
学习园地(一)	2
第五课　g　k　h	1
第六课　j　q　x	1
第七课　zh　ch　sh　r	1
第八课　z　c　s	1
学习园地(二)	2
第九课　ɑi　ei　ui	1
第十课　ɑo　ou　iu	1
第十一课　ie　üe　er	1
第十二课　ɑn　en　in　un　ün	1
第十三课　ɑng　eng　ing　ong	1
学习园地(三)	2
怎样查字典(一)	1
第二单元　识字	192
识字(一)	6
第一课　一去二三里	1
第二课　数量词	1
第三课　常用的计量单位	1

续表

教学内容	课时数
第四课　票据用语	1
语文园地(一)	2
识字(二)	7
第一课　亲属的称呼	1
第二课　生活用品(一)	1
第三课　生活用品(二)	1
第四课　常见食物	1
第五课　蔬菜	1
语文园地(二)	2
识字(三)	6
第一课　人体健康	1
第二课　医院就诊科室	1
第三课　健康饮食	1
第四课　饮食疗法歌	1
语文园地(三)	2
识字(四)	6
第一课　城市公用标志	1
第二课　城市常见禁止标志和限制标志	1
第三课　城市常见安全警示标志	1
第四课　交通出行	1
语文园地(四)	2
识字(五)	7
第一课　国旗　国徽　国歌	1
第二课　歌唱祖国	1

续表

教学内容	课时数
第三课　我们的祖国(一)	1
第四课　我们的祖国(二)	1
第五课　中国传统节日	1
语文园地(五)	2
识字(六)	6
第一课　春	1
第二课　春风吹	1
第三课　春来了	1
第四课　古诗两首	1
语文园地(六)	2
识字(七)	7
第一课　夏	1
第二课　太阳岛上	1
第三课　盛夏	1
第四课　古诗两首	1
语文园地(七)	2
怎样查字典(二)	1
识字(八)	7
第一课　秋	1
第二课　秋天到	1
第三课　秋天的图画	1
第四课　秋天	1
第五课　古诗两首	1
语文园地(八)	2

续表

教学内容	课时数
识字(九)	6
第一课　冬	1
第二课　我爱你,塞北的雪	1
第三课　瑞雪图	1
第四课　古诗两首	1
语文园地(九)	2
识字(十)	7
第一课　农作物名称	1
第二课　传统农业常用名词	1
第三课　现代农业常用名词	1
第四课　多种经营奔小康	1
第五课　科学种菜能致富	1
语文园地(十)	2
识字(十一)	7
第一课　珍惜时光	1
第二课　董遇勤学的故事	1
第三课　匡衡借光读书	1
第四课　“黑板”跑了	1
第五课　学棋	1
语文园地(十一)	2
识字(十二)	7
第一课　古今科技	1
第二课　梦圆飞天	1
第三课　太空生活	1

续表

教学内容	课时数
第四课　电子邮件	1
第五课　克隆	1
语文园地(十二)	2
识字(十三)	7
第一课　改造三字经(一)	1
第二课　改造三字经(二)	1
第三课　吴明德学文化	1
第四课　从 20 岁到 60 岁	1
第五课　左新民的故事	1
语文园地(十三)	2
识字(十四)	6
第一课　品德	1
第二课　孔子谈道德	1
第三课　孙叔敖的故事	1
第四课　在金色的沙滩上	1
语文园地(十四)	2
总复习	8
生活中的数与算	70
第一单元　数	42
1.1　数的认识	4
1.2　加法	5
1.3　减法	5
1.4　乘法	9
1.5　除法	9

续表

教学内容	课时数
1.6　四则混合运算和应用题	6
数学园地(一)	4
第二单元　认识平面图形	26
2.1　线段、射线和直线	3
2.2　角	4
2.3　垂线和平行线	4
2.4　三角形	5
2.5　四边形	7
2.6　圆	1
数学园地(二)	2
第三单元　计算器	2
3.1　计算器的认识	1
3.2　计算器的使用	1
总课时数	282

入监4周内,开展文化水平摸底测试,测试内容难易程度可以参照《三十二字循证矫正工作体系操作指南》中的罪犯入监文化水平摸底测试;成绩低于60分的,认定为文盲。同时,符合司法部《教育改造罪犯纲要》规定的入学条件,为本模块的适用对象。鼓励年满45周岁且能够坚持正常学习的罪犯参加脱盲教育。脱盲教育统一使用司法部监狱管理局编写的"文化教育"系列教材之《扫盲》。脱盲教育结束后,由监狱统一组织考试;考试合格者,颁发地方教育部门认可的脱盲证书。

禁毒立法教育篇

恩格斯曾说过,“人来源于动物的事实已经决定了人永远不能摆脱兽性,所以问题永远只能在于摆脱得多一些或少一些,在于兽性与人性的差异程度。”因此,人类制定法律来规范和约束人的行为,确保社会秩序,使人和动物更加有所区别。法律是一种外在性、他律性的规范,法律对人的行为产生约束力,公民依照法律行使权利及履行义务。吸食毒品不仅害人害己,使吸毒人员失去健康,形同没有灵魂的躯壳,让其家人伤心欲绝,而且严重违反了法律法规。毒品制造、运输、交易等更是严重破坏了社会秩序,危害公共安全。世界各国为维护社会的安全稳定,拯救被毒品危害的人类,都在为禁毒而立法,严厉打击毒品犯罪。

本篇从法律的基本概念谈起,深度解析禁毒立法的根源,分析禁毒立法背后深层次的法律渊源,使矫正对象认识到禁毒立法的重要性,从敬畏法律的角度引导矫正对象远离毒品,遵纪守法,做一名合格公民。

本矫正模块总课时:24 课时

第一章　遵守法律是对人的基本要求

矫正目标：通过学习，使矫正对象明白法律是公民的行为准则，必须依照法律行使权利，履行义务。法律对个人行为产生约束力，遵守法律是维护社会公共生活正常秩序的必要条件，是对人的基本要求。在监狱，法律同样起到约束和规范的作用。

建议课时：6 课时

第一节　法的含义及作用

建议课时：2 课时

法是由国家制定或认可，由国家强制力保证实施的，反映国家意志和利益的规范体系。法的目的，在于维护社会关系和社会秩序。广义的法，是指国家制定或认可并由国家强制力保证实施的各种行为规范的总和；狭义的法，是指拥有立法权的国家机关依照立法程序制定和颁布的规范性文件，即法律。

根据国家机关地位的不同，立法可分为中央立法和地方立法。宪法是国家的根本大法，是治国安邦的总章程，适用于国家全体公民,是特定社会政治经济和思想文化条件综合作用的产物,集中反映各种政治力量的实际对比关系,确认革命胜利成果和现实的民主政治,规定国家的根本任务和根本制度。在社会主义新中国,《宪法》由全国人大通过、颁布并修改;法律由全国人大及其常委会制定;国务院制定行政法规;省、自治区、直辖市及较大的市的人大及其常委会制定地方性法规;国务院各部、委员会制定部门规章;地方省政府和较大的市可以制定政府规章。

一、当代中国法律在构建和谐社会中的地位与作用

中国有一句众所周知,而且非常得民心的谚语:“天子犯法与庶民同罪”,这就充分体现了老百姓对于法治的向往和追求,法治象征着公平,代表着正义。“依法治国”4 个字简单明了地表达了法律在我国构建和谐社会中的地位,法治简单来说,就是依据法律来制约国家权力,强调用宪法来制约国家权力。构建社会主义和谐社会,是全面建成小康社会、开创中国特色社会主义事业新局面的一项重大任务,适应了我国改革发展进入关键时期的客观要求,体现了广大人民群众的根本利益和共同愿望。

在历史上,有过各种各样关于和谐社会的构想和实践,而今所要构建的是社会主义和谐社会,其基本特征是:民主法治、公平正义、诚信友爱、充满活力、安定有序、人与自然和谐相处。

社会主义和谐社会的这些基本特征是相互联系、相互作用的。和谐社会绝不会自发地生成,也不会自然地实现。和谐社会的构建,必须借助法律制度的推动与保障。如果法律制度完善而且合理,社会成员就能和睦相处,社会关系就能和谐顺畅。反之,如果法律制度欠缺失当,社会成员之间则可能冲突频发,社会关系必然扭曲动荡。因此,法律是整个社会关系调节器的中心,在构建和谐社会的进程中居于支配地位,起着关键作用。

就其本质而言,社会主义和谐社会应当是一个法治社会,构建社会主义和谐社会的过程就是建设社会主义法治国家的过程。只有依照法律规则来治理社会,人们和政府的行为才会有章可循,有法可依,社会才会有和谐的基础。这是由法律本身的特点决定的。作为法治社会最主要的规则,法律是所有社会规范中最具有明确性、确定性和国家强制性的规范,法律规范的这些特征使法律成为社会控制的主要手段。因此,法治可以而且应该成为社会和谐发展的基石和保障,社会主义和谐社会的本质应该是一个法治社会。

社会主义法律对和谐社会的保障主要体现在制定、实施、遵守及法律监督 4 个方面:

第一,法治对构建社会主义和谐社会的保障作用体现在立法方面。有法可依是实行社会主义法治的前提,只有完备的法律体系作保障,才能更好地引导、规范和约束公民和政府的行为,使之依法办事,循章而为,为构建和谐社会创造良好的基础。

第二，法治对构建社会主义和谐社会的保障作用体现在执法、司法方面。对于所有执法者而言，只有彻底转变思想观念，清除官本位思想、特权思想等封建专制意识的影响，正确认识和处理“人治”与“法治”的关系、权力与法律的关系，才能让各个社会阶层人民群众各得其所、和谐相处。公正、文明、规范执法是构建和谐社会的有力保障。

司法往往被视为社会公正的最后一道防线，而社会公正则是和谐社会的内在要求。只有牢固构筑法律至上的思想防线，正确树立法律权威至上、权力服从法律的观念，才能抵制各种歪风邪气的侵袭，确保秉公执法、文明执法，建立一个公正、高效的司法体制，真正形成公平和公正的社会环境，各个社会阶层人民群众才能各得其所、和谐相处，才能最终实现社会安定。

第三，法治对构建社会主义和谐社会的保障作用体现在守法方面。社会成员遵纪守法，政府严格依法办事是构建和谐社会的内在要求，遵纪守法是每个公民应尽的社会责任和道德义务，是保持社会和谐安宁的重要条件。国无法不治，民无法不立，如果没有法律的规范和控制，各项秩序就无从保证，人们生存和发展的环境就会遭到破坏，人民群众就无法正常生活，更谈不上安居乐业。

第四，法治对构建社会主义和谐社会的保障作用还体现在法律监督方面。法律监督是社会主义民主政治的必要内容和重要组成部分,是实施依法治国战略、建设法治国家的关键措施和有效环节,更是保障公民权利的最后武器。可以通过对立法、司法、守法三个方面的作用,间接保证和促进构建和谐社会的进程。试想一下,如果没有法律监督,立法者、执法者、司法者为所欲为,凌驾于法律之上,那么社会就没有公平正义可言;个人失去了最后的保障,人人自危,都没有安全感,没有任何保障。所以,法律监督不仅是国家实现其职能的重要手段,而且还对健全国家法制有着非常重要的意义。

二、法律在监狱中的作用

监狱是国家刑罚的执行机关,依照我国《刑法》《刑事诉讼法》以及《监狱法》的规定,被判处死刑缓期 2 年执行、无期徒刑、有期徒刑的罪犯,在监狱内执行刑罚。

简单来说,法律在监狱中主要有两个作用:一是强制约束;二是保障安全。作为一名服刑罪犯,首先必须明确的是自己的身份,从法律的角度来说,服刑罪犯必须遵守监狱的相关监规纪律,学习《服刑人员行为规范》,并且要能背诵和遵守,文盲罪犯也必须按照要求学习和背诵“十不准”,也就是“十个禁止”。每一名服刑罪犯都必须无条件遵守这些监规纪律的要求,因为这也是监狱基本秩序的保障,这就是法律在监狱中的第一个作用——强制约束。

另外,法律在监狱的第二个作用就是保障安全,保障每一名服刑罪犯的安全。例如,我国《刑法》第 248 条规定,“监狱、拘留所、看守所等监管机构的监管人员对被监管人进行殴打或者体罚虐待,情节严重的,处三年以下有期徒刑或者拘役;情节特别严重的,处三年以上十年以下有期徒刑。致人伤残、死亡的,依照本法第二百三十四条、第二百三十二条的规定定罪从重处罚”。我国《监狱法》第 7 条规定:“罪犯的人格不受侮辱,其人身安全、合法财产和辩护、申诉、控告、检举以及其他未被依法剥夺或者限制的权利不受侵犯。罪犯必须严格遵守法律、法规和监规纪律,服从管理,接受教育,参加劳动。”第 51 条规定:“罪犯的被服由监狱统一配发。”第 52 条规定:“对少数民族罪犯的特殊生活习惯,应当予以照顾。”第 53 条规定:“罪犯居住的监舍应当坚固、通风、透光、清洁、保暖。”第 54 条规定:“监狱应当设立医疗机构和生活、卫生设施,建立罪犯生活、卫生制度。罪犯的医疗保健列入监狱所在地区的卫生、防疫计划。”第 63 条规定:“监狱应当根据不同情况,对罪犯进行扫盲教育、初等教育和初级中等教育,经考试合格的,由教育部门发给相应的学业证书。”第 64 条规定:“监狱应当根据监狱生产和罪犯释放后就业的需要,对罪犯进行职业技术教育,经考核合格的,由劳动部门发给相应的技术等级证书。”第 65 条规定:“监狱鼓励罪犯自学,经考试合格的,由有关部门发给相应的证书。”第 72 条规定:“监狱对参加劳动的罪犯,应当按照有关规定给予报酬并执行国家有关劳动保护的规定。”上述这些法律条文都是对服刑罪犯的基本保障,由此可见,监狱不是法外之地,在监狱同样需要遵守相关法律法规,学习法律的含义及作用,这样不仅能更好地保障服刑人员在服刑期间的基本安全,而且使其在有朝一日回归社会时,也能做到自律,远离毒品和违法犯罪的事情,做一名遵法守法的合格公民。

矫正作业:

1. 什么是法以及法律在监狱中的两个作用是什么?

2. 通过学习,认识到法律在监狱中除了有强制约束,还有保障安全的作用,列举两条服刑必须遵守的监规纪律,以及两条对服刑罪犯起到保障安全作用的法条。

将答案填写在《矫正足迹》上。

第二节 法的特征

建议课时:2 课时

一、法是调整人的行为的一种社会规范

社会是由人与人形成的关系总和,法是调整人与人之间社会关系的基本准则,也是一种社会规范,这种规范是对普遍的人、普遍的事情有约束力的规则,只要违反这些规则就会受到相应的惩罚。法律面前人人平等,一旦触犯了法律,违反法律

规则,无论是谁都将受到惩罚。在监狱中,违反监规纪律同样如此,惩罚小则扣减考核分,大则警告、记过、禁闭。

因此,人人都应该遵守这些规范,在面对利益时,因为有法的规范在约束,大家会理智地去考虑面前的利益是否正当,能不能合法取得。如果违反了法的规范,不择手段地获取利益,或者侵害了别人的利益,就会受到法律的制裁。因此,法在调整人行为的时候就促使人们在面对利益或做事的时候不能随心所欲,基于这样的规范,人们在生活中才会有安全感,可以接纳和相信他人,因为人们心里知道自己的合法行为是受到保障的。

二、法是由公共权力机构制定或认可的

法律的形成有两种基本方式:一种是制定法律,即享有国家立法权的机关,按照一定的权限划分,依照法定的程序将国家的意志转化为法律。通过制定方式形成的法律就是成文法或制定法。另一种是通过国家认可的方式形成法律,这种形成法律的方式是对社会中已有的社会规范(如习惯、道德、宗教教义、政策)赋予法的效力。

三、法的普遍性

法的普遍性具有两层含义:一是普遍有效性,即在国家权力所及的范围内,法具有普遍效力或约束力。二是要求平等地

对待一切人，要求法律面前人人平等。

四、法是以权利义务为内容的社会规范

法是通过设定以权利义务为内容的行为模式的方式，指引人的行为，将人的行为纳入统一的秩序之中，以调节社会关系。法所规定的权利义务，不仅是针对公民来说的，而且适用于一切社会组织、国家机构。法不仅规定义务，而且赋予权利。法的存在，意味着人们谋求自身利益行为的正当性，意味着个人追求现实利益的正当性。

权利是规定或隐含在法律规范中、实现于法律关系中的，主体以相对自由的作为或不作为的方式获得利益的手段。我国《宪法》规定了公民的基本权利，主要包括以下几个方面：

(1)法律面前一律平等；

(2)政治权利和自由，包括选举权和被选举权，言论、出版、集会、结社、游行、示威的自由；

(3)宗教信仰自由；

(4)人身与人格权，包括人身自由不受侵犯，人格尊严不受侵犯，住宅不受侵犯，通信自由和通信秘密受法律保护；

(5)监督权，包括对国家机关及其工作人员有批评、建议、申诉、控告、检举并依法取得赔偿的权利；

(6)社会经济权利，包括劳动权利，劳动者休息权利，退休人员生活保障权利，因年老、疾病、残疾或丧失劳动能力时从国

家和社会获得社会保障与物质帮助的权利；

(7)社会文化权利和自由，包括受教育权利，进行科研、文艺创作和其他文化活动的自由；

(8)妇女保护权，包括妇女在政治、经济、文化、社会和家庭生活等方面享有同男子同等的权利；

(9)婚姻、家庭、母亲和儿童受国家保护；

(10)华侨、归侨和侨眷的正当权利和利益受国家保护。

义务是规定或隐含在法律规范中、实现于法律关系中的，主体以相对被动的作为或不作为的方式保障权利主体获得利益的手段。我国《宪法》规定了公民的基本义务，主要包括以下几个方面：

(1)维护国家统一和全国各民族团结；

(2)遵守宪法和法律，保守国家秘密，爱护公共财产，遵守劳动纪律，遵守公共秩序，尊重社会公德；

(3)维护祖国的安全、荣誉和利益；

(4)保卫祖国、抵抗侵略，依照法律服兵役和参加民兵组织；

(5)依照法律纳税；

(6)其他义务，如劳动、受教育，既是公民的权利又是公民的义务。

五、法是以国家强制力为后盾，通过法律程序保证实现的社会规范

无论法律的规范性，普遍性，还是权利与义务，法律都具备了强制特征。强制是一种国家强制，是以军队、监狱等国家强制力为后盾，以相应的法律制裁措施为保证。因此，法律就一般情况而言是一种最具有外在强制性的社会规范。

矫正作业：

1. 法的5个特征有哪些？

2. 我国《宪法》中规定的公民的基本权利及基本义务有哪些？

将答案填写在《矫正足迹》上。

第三节　法的规范作用

建议课时：2课时

根据行为主体的不同，法的规范作用可以分为：指引、评价、预测、教育和强制作用。学习法的规范作用有利于知法懂法遵法守法。

一、指引作用

法的指引作用，是指法律作为一种行为规范，为人们提供

了某种行为模式,指引人们该怎么做或者不该怎么做。法的指引作用的对象是本人的行为。法律的指引作用就是一种典型的规范性指引。

二、评价作用

法的评价作用,是指法律具有判断、衡量他人行为是否合法或违法以及违法性质和程度的作用。评价作用的对象是他人的行为。法律是一种判断标准,一种评价尺度。在对他人的行为进行判断或评价时,离不开一定的判断标准或评价尺度。法律的评价更客观、更明确、更具体。为人们提供了一种维护社会秩序、促进社会发展的可靠的评价工具。如果说法的指引作用可以被视为法的一种自律功能的话,法的评价作用则可以被视为法的一种他律功能。

例如,53 岁的李某因在毒瘾发作时产生幻觉,认为路过的妇女要对自己不利,作出杀害无辜妇女的行为,故意非法剥夺他人生命,依据我国《刑法》第 232 条的规定,其行为已构成故意杀人罪。人民法院依照我国《刑事诉讼法》第 246 条、第 250 条和最高人民法院《关于适用〈中华人民共和国刑事诉讼法〉的解释》第 350 条第 1 项的规定,对被告人李某以故意杀人罪判处死刑,剥夺政治权利终身的刑事裁定。这就体现了法的评价作用,对李某已发生的行为,依照法律规定作出判决。

三、预测作用

法的预测作用，是指当事人可以根据法律预先估计他们相互将如何行为，以及某种行为在法律上的后果。预测作用的对象是人们相互的行为。可以分为两种情况，即行为人依据法律调整相互关系和行为人依据法律预测国家对某种行为的态度。在第一种情况下，当事人可以相互预测对方的行为，是指由于法律规范的存在，在一定法律关系中的当事人可以预先估计对方应当如何行为，从而自己采取相应的行为。例如，在合同关系中，甲方在履行自己的合同义务时，可以合理地预计对方也会履行合同义务；如果任何一方违约，违约方也会估计另一方将采取哪些求偿行为。在第二种情况下，是指人们可以依据法律，预先估计国家对某种行为所采取的态度，预见某种行为是合法还是违法，在法律上是有效还是无效，国家会予以肯定、保护或奖励，还是否定或制裁。

当然，人们也可以预先知道该种行为是否属于法律干预的范畴。对于试图违反法律的人来说，法律起着预警的作用；对于希望在一个合理、公正社会中生活的公民来说，法律起着预示、提示的作用，帮助人们自觉在理性、法制的轨道中生活。因此，法律的预测作用对于市场经济的运行是必不可少的，对于一个有序社会的建立、维护和发展也是十分重要的。

四、教育作用

法的教育作用,是指通过法律的实施对一般人今后的行为所产生的影响。这种作用的对象是一般人的行为,包括正面教育和反面教育。一方面,对违法行为实施法律制裁,对包括违法者本人在内的一般人来说都具有教育和警戒作用;另一方面,对合法行为加以保护、赞许或者奖励,对所有人都有鼓励和示范作用。法的教育作用可以将法律中体现的某种思想、观念灌输给社会成员,将外在的规范内化,形成习惯。

五、强制作用

法的强制作用,是指法律对违法行为具有制裁、强制、约束的作用。强制作用的对象是违法者的行为。法的强制作用有时通过制裁违法犯罪行为直接显现出来;有时则作为一种威慑力量,起着预防违法犯罪行为,增进社会成员的社会安全感的作用。

遵守法律是每个公民应尽的责任和义务,是保持社会和谐安宁的重要条件,是维护社会公共生活正常秩序的必要条件,是成为一个守法公民的最基本要求。

法律在社会中是一种权威,人们需要遵照它来生活。法律是一道屏障,是那些弱小的人温暖的家,他们的利益在这里得到了保障,他们的权利在这里得到了实现。法律更是一条粗大的铁链,它紧紧地绑住犯罪分子,让他们无法在这个社会中胡作非为。

遵守法律的现实意义非常重大,基本上可以分为3个基本保障:

(1)遵守法律是维护人民、国家利益的基本保障;

(2)遵守法律是实现公平正义的基本保障;

(3)遵守法律是实现社会稳定、长治久安的基本保障。

国无法不治,民无法不立。倘若没有法律的规范,失去法度的控制,各项社会秩序就得不到保障,生存、发展的环境就会遭到破坏,人们就不可能安居乐业。只有人人遵法律、守法纪,凡事依法纪,才能实现社会安定,经济繁荣,生态良好,人民幸福。

矫正作业:

1. 法律有什么重要的现实意义?

2. 谈谈遵守法律的重要意义;或结合自身实际,谈谈违反法律或监规纪律受到的惩罚。

将答案填写在《矫正足迹》上。

第二章　禁毒立法的重要意义

矫正目标:通过讲授,使矫正对象明白,国家禁毒立法的历史渊源及重要意义。

建议课时:4 课时

约 19 世纪 30 年代,我国清政府闭关锁国,而欧洲资本主义国家迅速崛起。英国在 19 世纪二三十年代就基本完成了工业革命,在当时代表了最先进的生产力水平。中国拥有庞大的人口资源,正是英国资产阶级梦寐以求的潜在市场。而中国自给自足的自然经济和清朝统治者坚持奉行的闭关锁国政策,正是英国向中国倾销其工业产品的“绊脚石”。

在那个时候,中国对英贸易每年都保持出超二三百万两白银的优势,实在没有办法的英国人只有打起了毒品鸦片的主意。英国资产阶级先把纺织品输往印度,然后把印度的鸦片输往中国,再从中国把茶叶、生丝等输往英国。英国人在这种三角贸易中大获其利,丝毫不顾毒品给老百姓带来的危害,疯狂掠夺中国的财富。之后,毒贩如蝇群一般,蜂拥而至,除了英国,美国也从土耳其向中国输入鸦片,俄国从中亚向中国北方输入鸦片。随着鸦片的入侵,中国大量黄金白银外流,引起了中国的财政危机。而且,鸦片腐蚀了中国的统治机构,许多贵族、官僚、地主吸食鸦片以后,更加腐败,加剧了统治集团的寄生性和腐朽性。他们接受贿赂,包庇鸦片走私,用加租增税等种种方法,把购买鸦片的花费转嫁到百姓身上,加重了百姓的负担,老百姓有的为了生活,有的为了吸毒,散尽家财,卖儿卖女,家破人亡。同时,鸦片还渗透进入了军队,削弱了军队的战斗力。清军的将领和士兵也有人吸食鸦片。如在广东水师中,官兵不但吸鸦片,还大量受贿。水师巡船竟和英国鸦片船约定"每箱鸦片收5万元到10万元",大批"缉私船"甚至变成了鸦片走私船。一时之间,民不聊生,国将不国。彼时的中国即将面临国破家亡的重大危机,当朝政府任命官员林则徐为钦差大臣,准备开展一场大型的禁毒禁鸦片运动,用以救国救民。

想一想林则徐虎门销烟的壮观场面,再看看圆明园断壁残垣的场景,不禁回溯我国的近代史,想起祸国殃民的鸦片,给我国人民带来的巨大伤害。

一、以史为鉴,禁毒事关国家存亡

1838年,道光帝派湖广总督林则徐为钦差大臣,奔赴广东查禁鸦片。林则徐到任后,严行查缴鸦片2万余箱,并于虎门海口尽数销毁,打击了英国鸦片走私商贩,维护了我国的权益,史称"虎门销烟"。它在一定程度上遏制了鸦片在中国的泛滥,在民间产生了积极的影响。这次禁烟运动大大增加了中国广大民众对吸食鸦片危害性的认识,使很多人看清了英国向中国贩卖鸦片的本质,唤醒了千千万万的中国人。但是,"虎门销烟"也成为外国列强发动鸦片战争的导火索。1840 年 6 月,英国政府以此为借口,派遣英军舰船 47 艘、陆军 4000 人在海军少将懿律、驻华商务监督义律率领下,陆续抵达广东珠江口外,封锁海口,入侵我国,发动了第一次鸦片战争。战争以英国获胜而结束,清政府被迫在南京签订了中国近代第一个不平等条约——中英《南京条约》,英国逼迫清政府割让香港岛、赔款,开放 5 个通商口岸,同清政府议定关税,取得领事裁判权及自由通商的权利。法国、比利时、瑞典等国家也借机胁迫清政府签订了类似条约,加剧了对我国的关税、贸易、司法等主权的破坏,导致了我国自给自足的自然经济的进一步解体,中国逐渐成为世界资本主义的商品市场和原料供给地,开始沦为半殖民地半封建社会。

1856 年,英国以"亚罗号事件"为借口,再次发动侵略,史称"第二次鸦片战争"。英国等列强用战争的方式逼迫清政府签订了《天津条约》等一系列不平等条约,让我国主权再遭重创。两次鸦片战争使国家主权遭到严重破坏,国库被掠夺一空,国家一贫如洗,鸦片继续销售,吸食者不断增加,白银外流,银价上涨,民不聊生,出现令人悲愤的凄惨局面——"国家无可以充饷之银"。

从上述历史当中,不难发现,毒品对国家的危害是巨大的,具有毁灭性的,禁毒事关国家存亡。

二、禁毒立法是社会发展的需要

中华人民共和国成立后,几十年的无毒环境让人们的毒品危害观念逐渐淡化,但20世纪70年代末以来,国际毒潮不断侵袭中国,过境贩毒引发的毒品违法犯罪死灰复燃。

自1979年云南武警边防部队查破第一起携带毒品过境案以来,仅不足1年时间,全国公安机关破获的贩毒案件就迅速攀升到900起。在暴利的刺激下,人们漠视国家关于禁毒相关的法律规定,毒品犯罪问题愈演愈烈。

据《2016年中国毒品形势报告》数据显示,吸毒人员总量缓慢增长。截至2016年年底,全国有吸毒人员250.5万名(不含戒断3年未发现复吸人数、死亡人数和离境人数),同比增长6.8%;滥用合成毒品人员151.5万名,占60.5%;滥用阿片类毒品人员95.5万名,占38.1%;滥用大麻、可卡因等毒品人员3.5万名,占1.4%。全国查获复吸人员60万人次,其中,滥用合成毒品人员占62%,滥用阿片类毒品人员占37.4%,滥用大麻、可卡因等毒品人员占0.6%。全国查获复吸人员已由过去以滥用阿片类人员为主转变为滥用合成毒品人员为主。全国禁毒执法部门在批发环节缴获的“金三角”海洛因、冰毒片剂分别占同期国内缴获海洛因、冰毒片剂总量的95.2%和87%。全国吸毒人数众多,涉及面广,境外毒品从未停止向国内渗透入境，吸毒死亡屡见不鲜，由此可见，毒品对我国的危害严重。

《2017 年中国毒品形势报告》数据显示，全国共破获毒品刑事案件 16.5 万起，抓获毒品犯罪嫌疑人 19.4 万名，缴获各类毒品 102.5 吨，同比分别增长 13.2%、15%和 48.7%。

《2018 年中国毒品形势报告》数据显示，现有吸毒人数首次出现下降，但规模依然较大。截至 2018 年年底，全国吸毒人员达240.4 万名（不含戒断3 年未发现复吸人数、死亡人数和离境人数），同比下降 5.8%；新发现吸毒人员同比减少 22.6%，其中，35 岁以下人员同比下降31%，有 30 个省区市涉毒违法犯罪人员中未成年人所占比例下降，青少年毒品预防教育成效继续得到巩固。

上述数据显示，全国吸毒人数众多，吸毒致病、吸毒致死的人数量巨大，虽然随着国家的禁毒宣传教育、管控和有力打击，青少年吸毒人数得到控制和减少，但是也无法阻挡毒品对个人、对社会、对国家的侵蚀。因此，加强禁毒立法，依法打击毒品犯罪和推进禁毒执法行动，对我国社会的发展具有重大意义。

三、禁毒立法是青少年健康成长的重要保障

梁启超曾说："少年智则国智，少年富则国富，少年强则国强，少年进步则国进步。"一个国家的进步与富强离不开青少年群体，而目前，中国毒品形势低龄化明显，状况不容乐观。

《2017 年中国毒品形势报告》凸显了吸毒人员低龄化的特点。在 2017 年全国已有的 234.5 万名吸毒人员中，不满 18 岁的有 4.3 万名，占 1.8%；18 岁到 35 岁的有 142.2 万名，占 60.6%；36 岁到 59 岁的有 87 万名，占 37.1%；60 岁以上的有 1.1 万名，占 0.5%。报告中的数据显示，年轻人成为吸毒人员的主要群体。

目前，在市面上所流行的冰毒、摇头丸、氯胺酮等新型毒品，与海洛因等传统毒品相比，戒断症状和生理依赖性相对较弱，特别是青少年对其危害认识不足，因而具有较强的迷惑性、欺骗性。新型毒品迎合了青少年爱刺激、追潮流的特点，披上娱乐化的“糖衣”，出现在青少年常常参与的 K 歌、蹦迪、开 Party 等很多娱乐活动中，成为部分青少年追捧的“时尚”。加之一些娱乐场所不法业主为追逐暴利，纵容或直接贩卖新型毒品，导致一些娱乐场所吸贩新型毒品的问题日益突出。另外，新型毒品的原料易得，制取和售卖都很容易，形态多为片剂或粉末，有些以奶茶、果汁以及跳跳糖等“零食”的包装出现，易被误食滥用，这对青少年的成长极为不利，因误吸食毒品而毁掉自己人生道路的年轻人在新闻中不时出现。

如果青少年的生活中满是毒品的朦胧、虚幻身影，则他们的生活环境将会被毒品及其伴生物毁坏，社会和谐、国家发展就难以实现。因此，禁毒立法有利于教育、引导青年培养积极、健康的生活情趣，是营造良好生活氛围的需要，是青少年健康成长的重要保障。

矫正作业:

1. 从历史的角度,讲述毒品带来的危害,解读立法禁毒的必要性和必然性。

2. 禁毒立法的重要意义是什么?

将答案填写在《矫正足迹》上。

第三章　禁毒立法的发展

矫正目标：通过课堂教学，促使矫正对象了解我国禁毒立法的发展过程。

建议课时：4 课时

史料记载，我国最早的禁烟立法可追溯到明代末年。崇祯十二年（公元 1639 年）、崇祯十六年（公元 1643 年），崇祯皇帝两次发出敕令，规定违令者可处死。清初，皇太极曾下令禁烟，"贩运一斤以上烟草者，捉拿后可先斩后奏。一斤以下者处徒刑"；后又明令"不许种植，不许贩运"烟草。

雍正七年（公元 1729 年），雍正皇帝颁布了第一道查禁鸦片谕旨，规定，"兴贩鸦片烟照收买违禁物例，枷号一个月，发边卫充军。若私开鸦片烟馆，引诱良家子弟者，照邪教惑众律拟监候，为从杖一百，流三千里。船户，地保，邻右人等俱杖一百，徒二年。如兵役人等藉端需索，计赃照枉法律治罪。失察之讯口地方文武各官，及不行监察之海关监督，均交部严加议处"。在《海关则例》药材项下订有鸦片税银等。

中华人民共和国成立以来，我国政府坚持严厉禁毒立场，采取了一系列措施严厉打击毒品犯罪。回顾这段历程，可将我国禁毒立法分为 4 个阶段。

一、第一个阶段:起步阶段

20 世纪 50 年代到 70 年代末,立法禁毒开门红,创造了“无毒国”奇迹。

中华人民共和国成立之初,全国罂粟种植面积达 100 万公顷,吸毒人员 2000 万名,平均 25 人中就有一个吸食毒品的瘾君子,以贩毒为业者 30 多万名,这是旧中国遗留下来的遗毒。中华人民共和国成立后,于 1950 年 2 月 24 日发布了《关于严禁鸦片烟毒的通令》,党和政府发动人民群众,在全国开展了轰轰烈烈的禁烟禁毒运动。通令发布后,党和政府坚持惩办与教育相结合的禁毒方针,收缴毒品,禁种罂粟,封闭烟馆,严厉惩治制贩毒品活动,8 万多名毒贩被判处刑罚,2000 万名吸毒人员被戒除毒瘾。短短 3 年,我国就基本禁绝了为患百余年的鸦片烟毒,创造了举世公认的奇迹,巩固了新生的人民政权,树立了党和政府的威信和形象,赢得了广大群众的信任和爱戴。

二、第二个阶段:禁毒立法的春天

20 世纪 70 年代末至 1997 年我国《刑法》修订实施,成立国家禁毒委员会,全面立法禁毒。

针对来自“金三角”地区的过境毒品导致我国烟毒死灰复燃的问题,党中央、国务院于 1981 年、1982 年连续发布了《关于重申严禁鸦片烟毒的通知》《关于禁绝鸦片烟毒问题的紧急通知》，在西南地区开展了以堵源截流为主的区域性禁毒斗争。国务院针对特殊药品的管理出台了《麻醉药品管理办法》（1987年11月）和《精神药品管理办法》（1988年12月），在相当长的一段时期内发挥了重要作用。

中央政治局常务委员会于1990年12月专题研究禁毒工作。中共中央、国务院于1991年2月下发加强禁毒工作的五号文件。国务院成立全国禁毒工作领导小组，对外称国家禁毒委员会，加强对全国禁毒工作的统一领导，为全国公安机关增加3000名禁毒编制和专项补助经费，并于1995年1月发布《强制戒毒办法》。全国禁毒工作领导小组于1991年6月召开了第一次全国禁毒工作会议，在全国范围内全面部署禁毒斗争。

1997年3月，第八届全国人大第五次会议修订《刑法》，增加了惩处走私、贩卖、运输、制造毒品罪的专门章节，进一步完善了打击毒品犯罪的刑事法律。

三、第三个阶段：禁毒立法的发展阶段

20世纪90年代中后期，国际毒潮泛滥对我国影响加大。中央政治局常务委员会于1996年12月召开专门会议，进一步加强禁毒工作。中共中央、国务院于1997年1月下发五号文件，明确各级党委、政府主要领导是当地禁毒工作的第一责任人。1997年3月，国家禁毒委员会召开第二次全国禁毒工作会

议，部署开展了20世纪80年代以来我国第一次全国范围的禁毒专项斗争，并在此基础上，于1998年5月至7月在北京中国人民革命军事博物馆举办了以“珍爱生命、拒绝毒品”为主题的全国禁毒展览。这次展览，被媒体誉为中华人民共和国成立以来展览时间最长、观众最多、规格最高、教育面最广、社会效果最好的一次展览。国务院于1998年批准公安部成立禁毒局，于1999年重新组建了新一届国家禁毒委员会，1999年8月国家禁毒委员会在包头召开了第三次全国禁毒工作会议，我国禁毒工作进入一个新阶段，自1998年以来，国家禁毒办每年都会发布《中国毒品报告》，通报我国的禁毒形势和成效。

2005年8月，国务院废止《麻醉药品管理办法》和《精神药品管理办法》，出台了《麻醉药品和精神药品管理条例》和《易制毒化学品管理条例》。

四、第四个阶段：禁毒立法新起点

2007年12月29日，全国人大常委会通过《禁毒法》。《禁毒法》在起草、制定时主要遵循了以下原则：

第一，广泛动员，全员参与。禁毒工作涉及面广，社会性强，是一项系统工程，既需要公安机关、检察机关、人民法院等专门机关加强执法、严厉打击毒品违法犯罪活动，更需要依靠广大人民群众、动员社会力量广泛参与，才能打好这场禁毒人民战争。

第二,预防与惩治相结合。毒瘾一旦染上,非常难戒,因此,要十分重视预防工作,既要动员全社会加强禁毒宣传教育,严格麻醉药品、精神药品和易制毒化学品管制,积极落实各项防范措施,也要加大对毒品违法犯罪行为的惩治力度,使禁毒工作获得国家强制力的保障。

第三,救治与教育相结合。吸毒人员既是违法者,又是病人和受害者。对吸毒违法行为要依法处罚,但对吸毒人员则应重在教育和救治。要大力推进社区戒毒、社区康复和强制隔离戒毒,同时还要加强教育,引导吸毒人员重返正常的社会生活状态。

《禁毒法》共 7 章 71 条,全面吸收了我国多年来禁毒工作积累的丰富经验、做法和禁毒工作模式,规定了禁毒工作方针和工作机制,还有禁毒宣传教育、毒品管制、戒毒措施、禁毒国际合作以及法律责任等内容。《禁毒法》的颁布实施为新形势下全面加强禁毒工作提供了有力的法律保障,这标志着我国禁毒工作由此进入了全面依法治理的新阶段。

矫正作业:

1. 我国禁毒立法分为哪 4 个阶段?

2. 从禁毒立法的 4 个阶段可以看出我国禁毒的决心,你对此有何看法?

将答案填写在《矫正足迹》上。

第四章　我国禁毒法律体系

矫正目标：引导矫正对象了解我国的禁毒立法体系，促使矫正对象知法、懂法，思考毒品违法犯罪的风险。

建议课时：4 课时

从立法主体角度，禁毒法分为国际公约、法律、行政法规与部门规章、司法解释及司法机关规范性文件、地方性法规和地方政府规章 5 个构成部分。

一、国际公约

20 世纪 90 年代中期，国际社会有关毒品和毒品犯罪的国际公约、协定及议定书共 10 多个，其中最重要的有 3 个：《经〈修正 1961 年麻醉品单一公约的议定书〉修正的 1961 年麻醉品单一公约》、《1971 年精神药物公约》和《联合国禁止非法贩运麻醉品和精神药物公约》。我国参加或者批准了这 3 个国际公约，这 3 个国际公约属于我国禁毒法律体系的重要组成部分，我国有责任和义务遵守和执行。

1990 年 2 月 20 日至 23 日，国际合作取缔麻醉药品和精神药物非法生产、供给、需求、贩运和分销问题的联合国大会禁毒特别会议在纽约举行,包括中国在内的100多个国家派团参加,会议通过了《政治宣言》和《全球行动纲领》。这些纲领和宣言对于促使世界各国加大对毒品犯罪的打击力度,严惩国际毒品犯罪,具有极为重要的作用。

二、法律

法律是全国人大及其常委会制定并通过的基本法律,其法律效力仅次于《宪法》,普遍施行于全国。我国现行涉及禁毒的法律主要有3部:《刑法》《禁毒法》《治安管理处罚法》。

三、行政法规与部门规章

由国务院及其各部委、直属机构制定并施行全国,其法律效力低于法律。比较重要的有《麻醉药品和精神药品管理条例》、《中华人民共和国戒毒条例》(以下简称《戒毒条例》)、《戒毒药品管理办法》、《公安机关强制隔离戒毒所管理办法》等。

四、司法解释及司法机关规范性文件

司法解释,是指根据全国人大常委会《关于加强法律解释工作的决议》(1981年6月10日)的规定,最高人民法院对属于法院审判工作中具体应用法律、法令的问题进行的解释,以及最高人民检察院对属于检察院检察工作中具体应用法律、法令的问题进行的解释。例如,最高人民法院发布的《全国法院毒品犯罪审判工作座谈会纪要》(2015 年 1 月 15 日)等。

司法机关规范性文件,其含义比司法解释广,包括司法解释在内。具体包括最高人民法院、最高人民检察院、公安部、司法部、国家安全部制定通过的,并可施行全国的规范性文件,如规定、决定、解释、批复、通知等。例如,最高人民法院、最高人民检察院、公安部发布的《办理毒品犯罪案件毒品提取、扣押、称量、取样和送检程序若干问题的规定》(2016 年 5 月 24 日)等,都属于司法机关规范性文件。

五、地方性法规和地方政府规章

地方性法规是由省、自治区、直辖市或者较大的市的人大及其常委会根据本行政区域的具体情况和实际需要,在不同宪法、法律、行政法规相抵触的前提下制定的,如《云南省禁毒条例》《江苏省禁毒条例》等。地方政府规章是由省、自治区、直辖市和较大的市的人民政府,根据法律、行政法规和本省、自治区、直辖市的地方性法规所制定,如《云南省戒毒规定》等。

矫正作业:

简述我国的禁毒立法体系由哪 5 部分组成?

将答案填写在《矫正足迹》上。

第五章　我国禁毒立法的特点

矫正目标: 让矫正对象了解我国禁毒立法愈加严厉,处罚加重的演进特点,促使矫正对象充分认识毒品违法犯罪带来的严重后果。

建议课时: 4 课时

党和政府高度重视毒品问题,自《关于严禁鸦片烟毒的通令》的发布到现在适用的《刑法》《戒毒条例》《治安管理处罚法》等,我国现已有一整套禁毒法律体系。回顾禁毒立法的全历程,我国禁毒立法有以下特点。

一、加重处罚

(一)加重对走私、贩卖、运输、制造毒品行为的惩罚

1997 年《刑法》修改以前,对毒品犯罪的处理有毒品数量的限制,修改以后无数量要求。我国现行《刑法》第 347 条第 1 款规定:"走私、贩卖、运输、制造毒品,无论数量多少,都应当追究刑事责任,予以刑事处罚。"

(二)规定了较重的刑罚

除对毒品犯罪行为规定死刑外,还规定了其他较重的刑

罚,体现在有期徒刑的量刑幅度调整上,由修改前的两个量刑幅度修改为后来的3个量刑幅度。具体变化内容:1979年《刑法》第171条规定量刑幅度为5年以下有期徒刑和5年以上有期徒刑。1997年《刑法》规定的量刑幅度修改为3年以下有期徒刑、3年以上7年以下有期徒刑、7年以上有期徒刑。此外,2015年《刑法修正案(九)》取消了走私武器、弹药罪等9个适用死刑罪名,而涉毒罪名适用死刑的情况没有变化,体现了国家对毒品犯罪从严惩处的立法精神没有变。

(三)针对毒品犯罪以获取暴利为目的的特点,普遍规定了适用财产刑——罚金和没收财产

罚金主要适用于贪财图利和与财产有关的犯罪,就现行《刑法》而言,主要的财产刑是罚金。罚金的适用,由原来的"可以"修改为"并处"。例如,1979年《刑法》第171条的罚金规定,为可以并处没收财产或可以并处罚金。而《关于禁毒的决定》及1997年《刑法》中关于罚金的规定,则修改为并处没收财产或并处罚金。

(四)增加了适用刑罚种类

一是主刑种类增加。1979年《刑法》第171条规定的主刑有拘役、有期徒刑,而《关于禁毒的决定》和1997年《刑法》的主刑规定修改为管制、拘役、有期徒刑、无期徒刑和死刑。二是普遍适用罚金这种附加刑。

二、细化条例

对个人吸毒行为，原来以劳动教养等方式处理，而现行法律则规定个人吸毒行为是一种违法行为，除受《治安管理处罚法》规制外，还受《禁毒法》《戒毒条例》等法律法规的约束。从总体上来说，国家对吸毒行为的管理呈现出严格、细化的特点。

（一）细化了一般吸毒行为立法处罚，提高了罚款上限

罚款数额在《治安管理处罚条例》第 24 条规定为“200 元以下”，《关于禁毒的决定》第 8 条提高到“可以单处或者并处 2000 元以下罚款”，现行《治安管理处罚法》第 72 条规定为“可以并处 2000 元以下罚款”。

（二）对成瘾吸毒行为的处罚加重，体现在强制戒毒的时间大大延长，还增加了社区康复治疗

《强制戒毒办法》第 6 条规定：“强制戒毒期限为 3 个月至 6 个月，自入所之日起计算。对强制戒毒期满仍未戒除毒瘾的戒毒人员，强制戒毒所可以提出意见，报原作出决定的公安机关批准，延长强制戒毒期限；但是，实际执行的强制戒毒期限连续计算不超过 1 年。”而现行的《禁毒法》和《戒毒条例》规定：强制隔离戒毒的期限为 2 年，最长可以延长 1 年。对于被解除强制隔离戒毒的人员，强制隔离戒毒的决定机关可以责令其接受不超过 3 年的社区康复。

三、完善国际禁毒合作机制

加入国际公约，让逃亡国外的毒贩无处遁形。上章提到20世纪90年代中期，国际社会有关毒品和毒品犯罪的国际公约、协定及议定书共10多个。近年来，为加大打击处理毒品犯罪，我国加强禁毒国际合作，扩大禁毒合作领域，完善双边、多边禁毒合作机制，以解决犯罪分子逃避法律制裁的问题，使毒品犯罪无处遁形，让毒贩无论逃到世界任何一个地方都会成为“过街老鼠，人人喊打”。

“缅北毒王”谭晓林的落网就是最好的例证。谭晓林，四川省乐至县人，毒枭，先后向我国境内贩运大宗毒品55次。拥有4亿余元资产，有一支达270人、配备先进美制武器的“武装部队”。其私人部队成员都是一些退伍军人，专业水平不亚于正规军人。谭晓林有雄厚的财力、装备精良的私人武装，加上其身处缅甸，认为中国禁毒法律的适用范围不能覆盖缅甸，我国公安机关无法对其进行抓捕。然而，令谭晓林没有想到的是，毒品犯罪及其伴生的洗钱犯罪属国际犯罪，为国际所痛恨，世界各国对此零容忍，加之我国早已加入国际公约，国家间能以国际合作的方式处理此类犯罪。2000年8月1日，云南省人民检察院批准了云南省公安厅提请对谭晓林进行逮捕的意见，并经公安部报国际刑警组织，于2000年10月25日批准对其签发红色通缉令。2001年4月20日，谭晓林被缅甸警方抓获。

2001 年 4 月 23 日下午，中国警方代表到达缅甸木姐警察局，缅甸政府向中国警方移交了谭晓林。最终，烜赫一时的“缅北毒王”被判处死刑。

打击国际大毒枭，还有一个著名的案例。糯康（Naw Kham，1969 年 11 月 8 日～2013 年 3 月 1 日），又名宰糯康、岩糯康，掸族，缅甸掸邦人，外号“教父”，是特大武装贩毒集团“糯康集团”首犯。他长期从事制贩毒品、绑架杀人等犯罪活动。2011 年 10 月，糯康贩毒集团制造了震惊国际的“湄公河惨案”。糯康认为泰、老、缅 3 国交界的“金三角”地带属于特别地带，但他低估了世界各国打击毒品犯罪的决心。2012 年 4 月 26 日，中国在与缅甸、老挝、泰国等国的合作下，在老挝博乔省的一个码头附近将其抓捕，2013 年 2 月 26 日，云南省高级人民法院作出终审裁定，主犯糯康、桑康、依莱、扎西卡 4 人数罪并罚，被判处死刑；另 2 名被告人扎波、扎拖波分别被判处死缓和有期徒刑 8 年。

还有很多案例表明，无论是中国人还是外国人，无论是在国内还是在国外，毒品犯罪都是“过街老鼠，人人喊打”。随着国际禁毒合作机制愈加完善，毒品罪犯最终难逃法网。

矫正作业：

1. 简述我国禁毒立法的 3 个特点。

2.《禁毒法三字经》学习，见主题活动一。

将答案填写在《矫正足迹》上。

第六章　遵纪守法，做一名合格公民

矫正目标：促使矫正对象明白做一名合格公民最基本的要求是遵纪守法。

建议课时：2 课时

遵纪守法，是公民应尽的社会责任和道德义务，是保持社会和谐安宁的重要条件，是对每一位公民最基本的要求。逆法而动，越规而行，不是什么勇敢的举动，而是无知和愚昧的表现。这种无视法律法规，无视道德规范的行为，绝不会带来什么好的结果，终究会受到法律的惩处。

那么，如何做一名遵纪守法的合格公民？

首先，要心中有法。每一位公民都要学法、知法、懂法，提高自身辨别是非的能力。不仅学生要学，老师也要学；警察要学，服刑罪犯也要学；各行各业的人都要学。把法律知识普及全社会，使其家喻户晓，人人皆知。

在现代社会中，有些人为了追求个性化，认为被规矩束缚着，不利于自己的发展，只有干一些违反规则的事才能体现自己的特立独行、与众不同；还有些人认为，讲法律就没有自由，讲自由就不能受法律的约束。其实，自由是相对的，是有条件的。鸟在空中飞翔,它们是自由的;鱼在水中嬉游,它们是自由的。如果把鸟放入水中,让鱼离开了水,那么它们不仅得不到自由,而且很快就会死掉。人走在马路上是自由的,但如果不遵守交通规则,乱窜马路,被车辆撞倒,那就会失去行走的自由。个人的思想体系中若没有遵纪守法意识,很容易让坏习惯成为自然而然的行为模式,小事变大事,从违纪逐步走向违法,这绝不是危言耸听。

“以遵纪守法为荣,以违法乱纪为耻”,要求大家确立法律意识,自觉地维护法律的权威,严格依照法律法规办事,不越规、不逾纪,提升法律意识和观念。这有利于形成健康向上的社会风尚,有利于进一步构建社会主义和谐社会。

其次,要心存敬畏。树立敬畏法律意识,“有所畏”才能“有所为有所不为”。“有所畏”是对国家法律法规的一种敬畏,是一种自律,一份清醒,是自觉把自己的行为关进制度的笼子、法律的笼子。要求大家在行使权利时常怀敬畏之心,自觉接受法律约束和监督,“有所畏”是为了更好地“有所为”。否则,就会因为不遵纪守法而走上违法犯罪的道路。

《明史》记载,明太祖朱元璋在一天早朝时突然问群臣:“天下何人最快活?”有人说功成名就者最快活,有人说富甲天下者最快活……答案五花八门,朱元璋听着这些回答只是颔首捻须,不以为然。这时一个名叫万钢的大臣回答:“畏法度者最快活。”朱元璋连连点头,称其见解“甚独”。这话有哲理,也有远见。法度是人类社会的“保护神”，不可亵渎和违反。违背、忤逆法度，可乘一时之机，可图一时之快，可获一时之利。然而，古往今来又有几人真正得快活？

敬畏法律是发挥法律指引功能的文化心理机制。指引大家在日常生活中明白什么事能做、什么事不能做。比如，人们在过马路时，无论有没有警察，都会按照红绿灯的指示过马路，这就叫敬畏法律。因此，做遵纪守法的合格公民要对法律心存敬畏。

最后，要自觉守法。遵纪守法，贵在习惯养成。守纪律、讲规矩，知易行难，这就要求大家时时、事事、处处养成遵纪守法的行为习惯，从小处着手，从小事做起，将“守法律，讲规矩”的要求落实到生活中，落实到具体的行动中，不断增强自身遵纪守法的自觉性。对于全社会成员来说，就是把法律和规矩放在自己的行动前面，自觉把遵规守纪作为人生戒律，把法纪真正写在心里。

遵纪守法既是法律的要求，也是道德的要求。公民只有坚守法律底线，筑牢道德防线，才能更好地适应社会，实现个人的人生价值，社会也才能实现真正的和谐。所以在做一件事之前，一定要先想想，这件事对不对、该不该做、能不能做，三思而后行。

随着人类社会的不断进步和发展，法律越来越受到人们重视。做遵纪守法的合格公民，就要做到学法、知法、懂法、守法、用法。只有每个公民都遵纪守法,家庭才会和睦,生活才会幸福,经济才能平稳发展,社会才会和谐,国家才会稳定。因此,遵纪守法对公民和国家来说,都十分重要。

矫正作业:

结合所学内容,谈谈怎样做一名遵纪守法的合格公民。

将答案填写在《矫正足迹》上。

道德提升篇

道德是中华民族的传统美德,它激发人的理性,让人分清善恶,使人明辨是非。其实,从开始吸毒那一刻起,吸毒人员就走向了道德滑坡这条路。当深陷毒品的沼泽之后,他们往往难以自拔,将诚信、礼仪、廉耻、忠孝统统抛在一旁。随着毒瘾的增大,经济负担逐渐增加;当支出大于收入时,一辈子的积蓄被渐渐花光,为了筹集毒资,吸毒人员开始变卖家产,不顾道德约束做出有违常理之事,先是有借无还地骗尽亲朋好友,接着将道德观念完全抛诸脑后,作奸犯科,最后走上犯罪的道路。

本篇讲解道德的基本概念,介绍不同领域的道德,引导矫正对象学习社会主义核心价值观,提升其道德素质。

本矫正模块总课时:14 课时

第一章　道德的基本概念

矫正目标:通过学习道德的含义和功能,促使矫正对象能够明白,道德是人们立身做人的内在需要。引导矫正对象在生活中要做到修身律己,学会用道德准则来约束自己的行为。

建议课时:2 课时

一、道德的含义

道德是一种社会意识形态,是以善恶为标准,通过社会舆论、传统习俗和内心信念来评价人们的行为;它是调整人与人之间以及个人与社会之间相互关系的行为准则和规范的总和,是做人做事的底线和成人成事的基础。

二、道德的功能

道德的功能,是指道德作为社会意识的特殊形态对于社会发展所具有的功效和能力。道德的功能集中表现为,它是处理个人与他人、个人与社会之间关系的行为规范及实现自我完善的一种重要精神力量。道德最主要的功能有认识功能、规范功能和调节功能。

（一）认识功能

道德的认识功能，是指道德反映社会关系，特别是反映社会经济关系的功效与能力。道德往往借助道德观念、道德理想、道德准则等形式，帮助人们正确认识社会道德生活的规律和原则，认识自己对社会、他人、家庭的道德义务和责任，使人们的道德选择、道德行为建立在明辨善恶的道德认知基础上，从而正确选择自己的行为，积极塑造自身的善良道德品质。

人们在付诸行动前，也就是什么都还没有做的时候，如果知道了道德，掌握了道德，道德就可以帮助人们去认知"这么做是道德的，那样做是不道德的"，人们就会通过思考来决定要不要采取行动，这就是一种认知，是道德的认知功能。例如，在人们没有吸毒的时候，或者正在吸毒的时候，道德都会告诉人们："吸毒是不道德的，吸毒最终会导致道德滑坡和缺失，吸毒会让人良知泯灭……"这就是道德的认识功能在发挥作用。

（二）规范功能

道德的规范功能，是指在正确善恶观的指引下，规范社会成员在职业领域、社会公共领域、家庭领域的行为，并规范个人品德的养成。

当人们正在做一件事情的时候，道德会在人们的大脑里面规范其行为，让其知道这样做是不对的，要克制住，不这样做；而那样做是很好的，鼓励人们继续那样做。这就是道德的规范功能。比如，当一个人不小心接触毒品的时候，道德会告诉他：

“吸毒是不道德的,吸毒最终会导致道德滑坡和缺失,千万不要去吸毒啊!”这就是道德规范功能的体现。

（三）调节功能

道德的调节功能,是指道德通过评价等方式,指导和纠正人们的行为和实践活动,继而协调其社会关系和人际关系的功效与能力。道德调节的形式主要是道德评价,通过社会舆论、传统习惯和人们的内心信念来发挥调节作用。道德的调节功能能够不断调节社会整体和个人的关系,调节个人与个人的关系,使个人、他人与社会的关系逐步完善和谐。

例如,当一个人做完一件事情,这件事情产生了不良的结果,别人就会指责他,“这么做是不道德的”,他便会反思,今后若再遇到此类事件,其心里就会对自己说“这样做是不道德的”,并学着调整自己的行为方式,不再继续做或者采取措施来弥补过失;如果这件事情产生了良好的结果,别人就会鼓励他、表扬他,向他学习,道德的行为就成了榜样。这就是道德在人们行为后的调节功能。继续上一个例子,当事人会对自己说:“这样一直吸毒下去会导致道德沦丧、良知泯灭,一定不能再吸毒了!”从认识到规范,再到调整自己错误的吸毒行为,这就是道德的功能。

道德的功能彰显了道德的力量。道德的力量是广泛的、深刻的,它影响着人们的意志、行为和品格,也影响着社会的进步和发展;道德的力量随着时代的发展而发展,是推动人类文明不断向前的重要力量。

矫正作业：

1. 道德的含义及功能是什么？
2. 如何理解道德的调节功能？

将答案填写在《矫正足迹》上。

第二章　不同领域的道德

矫正目标:道德是调节人们思想行为、人际关系和维护社会秩序的一个重要手段,根据调节领域、调节方式、调节目标不同,道德从实践领域来看,又可分为社会公德、职业道德、家庭美德和个人品德 4 个方面。通过学习,促使矫正对象提高对道德的认知,了解不同领域中道德的特点以及如何自觉遵守道德。

建议课时:4 课时

一、社会公德

社会公德,是公民在社会交往和社会公共生活中应该遵守的道德准则。它是人类长期社会生活实践中逐渐积累起来的,是生活于社会中的人们,为了群体的利益而约定俗成的,应该做什么和不应该做什么的行为规范;是维护社会成员之间最基本的社会关系秩序、保证社会和谐稳定的最起码的道德要求。

（一）社会公德的内容及含义（如表2所示）

表2 社会公德的内容及含义

内容	含义
文明礼貌	要求人们在公共生活中举止文明、礼貌待人、和谐相处。文明礼貌是社会交往最起码的道德要求
助人为乐	要求人们在公共生活中团结友爱、互相关心、互相帮助、见义勇为。助人为乐是人们在公共生活的交往中用以调整相互关系的一般的行为规范
爱护公物	要求人们在公共生活中爱惜和保护全民和集体所有的公共财物。爱护公物是社会公德极其重要的内容之一，是社会文明程度的重要标志
保护环境	要求人们讲究公共卫生、保护自然环境和人文环境。保护环境是社会公共生活中人们应当遵循的最基本的行为规范，是当今社会公德的重要内容
遵纪守法	要求人们在公共生活中自觉遵守法律、法规、纪律。遵纪守法是社会公德最基本或最低层次的要求，是维护公共生活秩序的重要条件

（二）社会公德的特点

1. 基础性。社会公德是社会道德体系的基础层次，是每个社会成员都应该遵守的最起码的道德准则，是为维护社会公共生活的正常进行而提出的最基本的道德要求。

2. 全民性。社会公德是社会全体成员都必须遵守的道德规范，具有最广泛的群众性和适用范围。在社会中，社会成员无论属于哪个阶级或从事何种职业，对于社会公共生活的简单规则,都必须遵守,否则,就会受到社会舆论的谴责。

3. 稳定性。社会公德作为“多少世纪以来人们就知道的、千百年来在一切行为守则上反复谈到的、起码的公共生活规则”,是人类世世代代公共生活中最一般关系的调整经验的结晶。社会公德大多是生活经验的积累和风俗习惯的提炼,往往不需要做更多的说明就能被人们理解。如遵守公共秩序,保持公共卫生,敬老爱幼,互相帮助,礼貌待人,拾金不昧,见义勇为等。

(三)自觉遵守社会公德

社会公德作为人们公共生活中最起码、最简单的行为准则,是适应社会和人的需要而产生的,和广大人民群众的切身利益密切相关。

第一,认真学习社会公德规范的内容,是自觉遵守社会公德的前提和基础,是维护社会公共生活正常秩序的必要条件。人们要通过学习,明确认识社会公德规范的基本内涵、要求,在公共生活中自觉规范、调整自己的行为方式,以良好的品格和风范影响他人。

第二,自觉培养社会公德意识,是成为一个有道德的人的最基本要求。一个具有社会公德的人,不仅要熟知社会公德规范,而且要有自觉遵守、维护社会公德的意识。培养良好的社会公德意识,要在形成正确道德认知的基础上,增强社会责任感和使命感,养成履行社会公德的行为习惯。培养公德意识的实践活动有很多具体方式,人们既可以通过社会公德的宣传活动普及公德规范,传播文明新风,也可以结合自身的优势和特点服务社会、回报社会;既可以参加各种社会公益活动,也可以结合自己的兴趣爱好加入各种社会公益组织。参与公德实践活动本身就是一种学习,人们可以从实践中体会什么是符合社会公德规范的言行,什么是不符合社会公德规范的言行,从而在实践中不断提高自身的道德素养。

第三,努力提高践行社会公德的能力。“勿以恶小而为之,勿以善小而不为。”社会公德需要从小事做起,在点点滴滴的日常小事中践行。社会公德所规范的行为包括社会公共生活中各方面最微小的行为细节,比如,见到长辈,主动问候是讲社会公德;乘坐公交车,主动为老幼病残乘客让座是讲社会公德;在银行、邮局等公共场所排队时,自觉站在“一米线”外是讲社会公德;随手关水关灯、不随手扔垃圾、不随地吐痰是讲社会公德;等等。人们的社会公德意识就是在这些不起眼的一举手、一投足间慢慢升华的。

二、职业道德

职业道德,是从业人员在一定的职业活动中应遵循的、具有自身职业特征的道德要求和行为准则。

(一)职业道德的内容及含义(如表3所示)

表3 职业道德的内容及含义

内容	含义
爱岗敬业	要求从业人员,无论从事什么职业,都应该干一行爱一行,爱一行钻一行,精益求精,尽职尽责,“以辛勤劳动为荣,以好逸恶劳为耻”。爱岗敬业是社会主义职业道德的最基本要求或是最低层次的要求
诚实守信	要求从业人员,在职业活动中诚实劳动、表里如一、信守承诺、讲求信誉、遵守职业纪律,“以诚实劳动为荣,以见利忘义为耻”。诚实守信既是做人的准则,也是对从业者的道德要求
办事公道	要求从业人员,在职业活动中自觉遵守规章制度、秉公办事、平等待人、清正廉洁,不谋私利、不滥用职权、不损人利己、不假公济私
服务群众	要求从业人员,在职业活动中尽力满足服务对象的要求,处处为群众的实际需要着想,尊重群众的利益,取得群众的信任和信赖
奉献社会	要求从业人员,在职业活动中树立为社会、为他人做奉献的职业精神。奉献社会是社会主义职业道德中最高层次的要求

(二)职业道德的特点

1. 规范性和专业性。职业道德是基于一定职业的特殊需要以及与社会联系的特定方式,所产生的对本职业行为规范的基本要求。每种职业都有各自的具体规定,即各自的职业规范,不同职业的职业道德规范的具体内容是不同的,具有很强的专业性。职业道德调节的范围则主要限于该职业的成员,而对于从事其他职业的人就不一定适用。职业道德的调节范围主要是:从事同一职业人员的内部关系;本行业从业人员同其服务对象之间的关系。

2. 可操作性与准强制性。职业道德往往采取制定诸如制度、章程、守则、公约、誓词、条例等简洁实用、生动明快的形式表现出来,具有很强的可操作性。同时,这种道德要求又与行政纪律结合起来,具有一定的强制性。

3. 稳定性和连续性。由于人们的职业生活具有历史的连续性和相对稳定性,职业道德相对于其他行为规范来说,更具有稳定性和连续性。一般来说,职业道德所反映的是本职业的特殊利益和要求,而这些要求是在长期的反复的特定职业社会实践中形成的,独具特色、代代相传。不同民族有各具特色的职业生活方式,从事特定职业也有其特定的职业生活方式。这种由不同职业、不同生活方式长期积累逐渐形成的相对稳定的职业心理、道德传统、道德观念以及道德规范、道德品质,形成了职业道德相对的连续性和稳定性。如医生的宗旨是救死扶伤,军人要服从命令,商人要诚信无欺,教师要为人师表,领导应以身作则等,这些均已是约定俗成的社会共识,已流传上千年。

(三)自觉遵守职业道德

第一,加强职业道德建设。加强职业道德建设是社会主义道德建设的重要任务,是社会主义精神文明建设的重要内容。加强职业道德建设是纠正行业不正之风,形成良好的社会道德风貌的重要手段。加强职业道德建设是提高从业者素质的重要途径。加强职业道德建设是提高工作效率和质量,促进社会生产力发展的必要条件。

第二,提高职业道德素质。从业人员应该认真学习、积累和掌握职业道德要求的基本内容,明确职业活动的基本规范和目的,增强职业道德意识,并将其体现在职业活动中;努力塑造良好的职业品质,提升职业道德素质;努力锻炼实际履行职业道德规范的能力,只有不断地实践职业道德,才能真正提高从业人员的职业道德素质,使其知识、意志、能力在服务社会的职业劳动过程中得到提高和升华。

三、家庭美德

家庭美德,是调节人们在家庭生活方面的关系和行为的道德准则,涵盖了夫妻、长幼、邻里之间的关系。

(一)家庭美德的内容及含义(如表4所示)

表4　家庭美德的内容及含义

内容	含义
尊老爱幼	要求在家庭生活中尊敬、照顾和赡养老人,抚养、热爱和教育子女
男女平等	要求在家庭生活中男女享有平等的地位、权利和尊严
夫妻和睦	要求在家庭生活中夫妻互敬互爱互助互信互谅,夫妻关系是家庭生活的核心。夫妻和睦是夫妻之间最基本的道德要求
勤俭持家	要求在家庭生活中勤奋劳作,节约俭朴,合理持家。勤俭持家是兴家之本、富家之路,是中华民族的传统美德
邻里团结	要求邻里之间友好往来、互相帮助、和睦相处。邻里团结是中华民族的传统美德,也是社会主义新型道德关系的要求

（二）弘扬家庭美德

第一，认识家庭美德的重要性。中华民族自古以来就重视家庭、重视亲情。天伦之乐、尊老爱幼、贤妻良母、相夫教子、勤俭持家等，都体现了中国人的这种观念。“家和万事兴，家齐国安宁。”实现中华民族伟大复兴的中国梦，离不开千千万万“家和”的力量，离不开许许多多“最美家庭”的滋养。

第二，营造良好家风。家风，是指一个家庭或家族的传统风尚或作风。良好的家风，对家庭成员的个人修养、品德操守等将产生重要而积极的作用；反之，家风不正，家庭成员的个人品行也容易出问题。家教是实现家庭美德与良好家风的重要环节，要通过家教来推动良好家风的传承和落实。

第三，遵守婚姻家庭法律规范。婚姻家庭关系不仅需要道德来维系，也需要法律来调整；遵守婚姻家庭生活中的法律规范，是自觉遵守家庭美德的集中体现。

四、个人品德

个人品德，是通过个人自觉的道德修养和社会道德教育而形成的稳定的心理状态和行为习惯。

（一）个人品德的特点

1. 实践性，指品德是做出来的，不是说出来的。如果一个人满嘴仁义道德，却不付诸实践，那不是真的有品德；因为只有做出来的事情有价值，那才是真的有品德。

2. 综合性，指品德是涵盖方方面面的，无论做什么事，无论在哪一方面都做得好，才叫有品德。例如，有的人爱护家人，对家人无私奉献，毫无保留，但是在对待他人、对待同事的时候，却特别苛刻，甚至损人利己，那么这种人不能被认为有品德。应对人进行综合考察，看他在方方面面的为人处世。

3. 稳定性，指一贯如此，不是临时的、短暂的道德思维，它一经形成，就会长时间影响人的知、情、意、行各方面，使人形成一定的道德评价“定式”、道德行为习惯等。

（二）个人品德的作用

第一，个人品德对社会道德的发展变革起着重要的推动作用。整个社会是由个人组成，是社会道德建设的基础。社会道德只有同个人品德相结合，才会转变为现实的道德力量。同时，个人品德提升的过程也是能动地作用于社会道德的过程，它能够为社会道德的发展进步创造条件、提供动力。个人品德是社会公德、职业道德、家庭美德建设的基础，是弘扬以爱国主义、集体主义为核心的社会主义道德的重要内容。如果每个人都品德高尚，那么整个社会的道德就会被推动着向前进步，文明程度就会越来越高，社会也就会越来越和谐。

第二，个人品德是个人实现自我完善的内在依据。个人在行为过程中整合行为动机、确定行为目标、自觉调控行为过程等都是个人品德功能和作用的体现。

（三）加强个人修养

首先，提高个人道德修养的自觉性。“见贤思齐焉，见不贤而内自省也”出自《论语·里仁》,意思是当几个人在一起时,向品德高尚的人靠拢,学习他的长处;而面对没有德行的人,要将他作为一面镜子来反省自己,看看自己是否有和他一样的不足和错误;如果有,就要及时改正。提高道德修养要依靠自己,要自觉自愿地通过学习来提高修养,而不应由他人来逼迫自己提高修养。

其次,运用有效方法提高道德修养。提高个人品德的方法主要有:其一,省察克治。省察,就是自我反省,指人的自省、自我省察,即反思检查自己的思想行为。克治,就是自我改正,即克制自己感情用事并自觉修正言行,先“知耻”,后“改过”。省察克治,就是要求人们对自己日常行为进行自我反省和检查,自觉克服自身不足、不良之处,以使自己的行为始终保持在符合社会道德的规范之中。省察克治,既是一种自我修养能力,又是一种道德实践方法。其二,学思并重。对于道德修养来说,为学是一个不可缺的步骤。为学之道,在强调好学、博学的学习态度之后,还要求人们学会运用正确的学习方法,学思并重,通过思维活动把所学的知识融会贯通。其三,慎独自律。慎独是要求人们在个人独处、无人监督时,也坚守自己的道德信念,对自己的言行,小心谨慎,自觉按道德要求行事,不做不道德的事。其四,陶冶情操。其要求人们增强对自然、社会和艺术美的感受,在丰富的社会生活实践中,以各种丰富、高尚的感情和志趣,启迪自我的心灵,不断培养和加深自己的道德情感。

最后，勤于实践，加强道德行为训练，是提升道德修养的根本途径。其一，知行统一。人们应通过道德实践，保持道德认识与道德行为的有机统一，把外部的道德教育转化为个人内在的道德品质。只有在亲身参加道德活动和社会实践的过程中，人们才能真正懂得加强道德品质修养的重要性和迫切性，才能深刻理解和自觉地接受社会主义道德的基本原则和规范。也只有在各种道德活动中，通过具体处理个人与他人、个人与社会的错综复杂的道德关系，人们才能最终分辨是非善恶，改过迁善并检验自我道德修养的实际效果，才能把外部的道德教育转化为内在的道德信念和道德品质。其二，积善成德。所谓"积善成德"，意思是个体的道德品质是由其平时一个一个的善的行为长期积累的结果。个体道德的形成和发展不是一蹴而就的，要成为一个有道德的人，唯有从现在做起，从小事做起，持之以恒，日积月累，方能收到实效。

社会公德、职业道德、家庭美德、个人品德这 4 种道德是一个有机的统一体，其外延由大到小，内涵由浅到深，共同构成了一个完善的道德体系。个人品德是基础，支撑起了社会公德、职业道德和家庭美德；社会公德是素质准则，要求社会中所有人都遵守，指引着每个人的道德方向；职业道德是行业品质及工作基本要求，确保职业规范，促进社会发展；家庭美德是生活调节剂，营造良好家风，推动实现家和国安。

每个人先有良好的个人品德,才能有以“爱”为核心的家庭美德,有了无数个美好和谐的家庭,才能使社会大家庭安定团结,亿万人民才能在新时代的征程中,同心协力,共同奋斗,不断努力,把美好生活的蓝图变成现实。

矫正作业:

社会公德、职业道德、家庭美德、个人品德的具体含义与内容。

将答案填写在《矫正足迹》上。

第三章　社会主义核心价值观

矫正目标：通过学习，帮助矫正对象认识和掌握社会主义核心价值观的含义和内容，使其能够深刻体悟，在国家、社会、个人3个层面明确价值取向，真正做到社会主义核心价值观的有关要求。在此重点学习个人层面。

建议课时：4课时

在中华民族历史的长河中，人们经过不断的发展、弘扬，提炼出越来越符合我国现阶段的国情、民情的社会主义核心价值观。

社会主义核心价值观内容为：富强、民主、文明、和谐、自由、平等、公正、法治、爱国、敬业、诚信、友善。这24个字蕴含着丰富的内容(如图2所示)，分别从国家、社会、个人3个层次进行了全面的阐述，对“要建设什么样的国家、建设什么样的社会、培育什么样的公民”等重大问题进行了深刻解答。

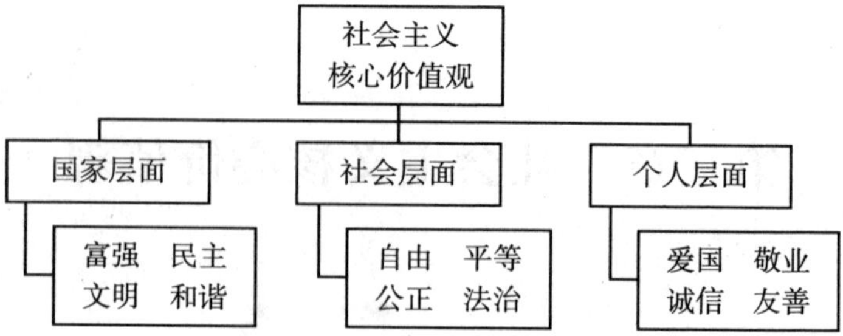

图 2　社会主义核心价值观

一、国家层面的价值目标

“富强、民主、文明、和谐”为国家铸魂。

这 8 个字从国家层面标注了社会主义核心价值观的时代刻度。社会主义新中国的经济应是富强的，国富则民强；政治应是民主的，民主也是人民当家做主的重要标志；文化应是文明的，表明了社会主义现代化国家文化建设的应有状态；社会应是和谐的，体现经济社会稳定和持续健康发展。这些都是我国社会主义现代化国家的建设目标，也是从价值目标层面对社会主义核心价值观基本理念的凝练。国家层面的价值目标在社会主义核心价值观中居于最高层次，对其他层次的价值理念具有统领作用。

二、社会层面的价值取向

“自由、平等、公正、法治”为社会安心。

这一价值追求回答了要建设什么样的社会，揭示了社会主义社会发展的价值取向。自由、平等更多地表现为公民层面的价值取向,自由象征人的意志自由、存在自由和发展自由,是马克思主义追求的社会价值目标;平等指的是公民在法律面前一律平等,要求尊重和保障人权,人人依法享有平等参与、平等发展的权利。公正、法治更多地表现为国家层面的价值取向,公正代表社会公平正义,法治则为治国理政的基本方式。社会发展的价值取向源自公民而作用于国家,是对美好社会的生动表述。它反映了中国特色社会主义的基本属性。

三、个人层面的价值准则

"爱国、敬业、诚信、友善"为个人树德。

社会是由若干个体组成的,社会整体的文明、进步、发展必须建立在个体积极性和创造性得到充分发挥的基础上。没有个体公民道德素质的提升,社会风气的净化便是空中楼阁;缺少了全体社会成员的共同努力,健康社会风尚的形成就无从谈起;不改善社会个体成员的情操修养,全民族精神气质的升华也会遥遥无期。共性需要表现为个性,普遍需要具体到个别,要实现国家富强、民族振兴、人民幸福的中国梦,就需要向每一个公民提出爱国、敬业、诚信、友善的道德要求,社会主义核心价值观不能缺失公民个人层面的价值准则。

当前,我国正处于经济、社会迅猛发展的阶段,进一步全面深化改革的重要时期,围绕经济社会转型期面临的不同矛盾逐渐显现,各种思潮交织激荡,人们思想行为的独立性、选择性、多变性、差异性明显增强。但越是纷繁复杂,越要站得住脚,越需要以社会主义核心价值观为思想的指南、价值的航标,培育昂扬向上的公民品格。

"爱国、敬业、诚信、友善",这一价值准则明确回答了要成为什么样的公民;这一价值准则是其他两个"倡导"的基础,是从个人行为层面对社会主义核心价值观基本理念的凝练。它覆盖了社会公德、职业道德、家庭美德、个人品德等各领域,是公民必须恪守的基本道德准则,也是评价公民道德行为选择的基本价值标准。

(一)爱国:民族精神的核心

爱国是公民最基本的价值准则,是爱国主义的思想感情和行为标准,包括坚决维护中国共产党的领导,对中华民族大家庭的归属认同,对实现中国梦的强烈期盼,对优秀民族文化的自豪等。

爱国主义是中华民族精神中最稳定的文化基因。自古以来,以热爱祖国为荣,以危害祖国为耻,一直都是国人普遍认可的道德标准。时至今日,经过数千年的沉淀,特别是近百年来自强斗争的洗礼,爱国主义已然内化成为中华民族的精神核心,构成了实现中国梦的精神支柱。

我国自有文字记载以来,在不同的历史时期中,爱国有不同的内涵。在中华人民共和国成立以后,爱国的内涵进一步发展，爱国就是爱中国共产党领导下的社会主义祖国。虽然时代不同、内涵不同，但是爱国都有一个共同点，就是人们都怀有一颗赤诚的爱国之心，比如，文天祥的“人生自古谁无死？留取丹心照汗青”，戚继光的“封侯非我意，但愿海波平”等，这种爱国主义的英雄豪迈，从古至今是相同的，脚踏实地的爱国主义行为也是相同的，爱国从来不是空洞的口号，而是脚踏实地的行为。我们都应有“为万世开太平”这种博大的胸怀和高远的志向，为实现中华民族伟大复兴之梦，而共同奋斗终身。

“国家兴亡，匹夫有责”，这句名言表达了中华儿女，对祖国无限的热爱和勇于担当历史责任的精神，是所有爱国之人的心声。作为中华儿女中的一员，我们应该如何理解爱国呢？

爱国是一种信仰，一个连自己国家都不爱的人，怎么能让人看得起？身在中国就得爱这个国家，爱国就是我们看到祖国不断建设，不断强大，心里油然而生的那种自豪的感情，爱国就是无论走到哪个地方，都骄傲自己是一个中国人，时刻为国家的利益着想。

有爱国的心，更要有爱国行动。我国有一个传统，就是在孩子刚刚懂事的时候，家长就会教孩子认识国旗、学唱国歌，教孩子爱祖国的山河、历史和文化，从小就熏陶、培养孩子的爱国情操，把爱国的美德融入血液中。要把爱国的思想落实到行动上，从我做起，从小事做起。爱国要以心热爱、以身践行，一旦祖国需要，民族召唤，人人将前仆后继，排除万难，不怕牺牲，勇往直前,捍卫祖国的独立主权和尊严。

(二)敬业:职业道德的灵魂

敬业是社会主义核心价值观个人层面中最重要的一条,也是最基本的一条。敬业是社会主义核心价值观的一个立足点,一个重要抓手,个人要培养和践行社会主义核心价值观,先要从敬业开始。

首先,公民应该热爱、珍视自己的工作和职业,踏踏实实地诚实劳动。我们知道,劳动是人类最高尚的事,劳动不但创造了物质财富,还创造了精神财富,没有劳动,一切都不可能实现,天上不会掉馅饼,所以我们需要勤勉努力,扎实肯干,日积月累地通过劳动实现自我价值。其次,敬业除了需要辛勤劳动,还需要严守纪律,严守职业道德。任何工作都有它的规范和章程,因此,敬业要求人们一定要严格遵守各行各业的规章制度,要信守职业道德和工作纪律,这是保证单位、公司业务、个人事业发展和正常运行的一个最根本的条件。所有生气蓬勃的企业都把敬业作为核心价值加以强调,将之作为对自己成员的基本要求。

敬业是职业道德的灵魂,最通俗的理解就是干一行,爱一行,专一行。但为什么要敬业呢?要从个人角度来回答这个问题,原因包括 4 个方面。

第一,人有实现人生价值的需要。人不能通过其他方式来表现自己的力量和智慧,只能将自己的能力与才干投射到自己的工作中，通过自己的劳动创造来改变事物，从而用自己的工作成果证明自己。在这个过程中，人二重化为自己和自己的工作结果，将逝去的工作时间和耗费的劳动力凝结在产品中，并用这个现实的成果展现自己的力量与价值。如果不敬业，人的力量就得不到表达，人的价值就无从实现。

第二，人提高自身能力需要敬业。人的多数能力都不是与生俱来的，而是后天历练的产物。历练的过程，就是学习、实践的过程，越是敬业的人，实践的程度越深，得到锻炼的机会就越多，能力也就提高得越快。对工作敷衍了事、不负责任的人，表面上看起来是占了便宜，少付出了努力，结果却是丧失了实践机会，长此以往，便会技不如人。

第三，人的性格完善需要敬业。敬业使人变得严谨认真，有条不紊，明事理而又坚毅顽强。一方面，工作有其自身的规律，要求敬业的人让自己的行为符合这样的规律；另一方面，在工作中往往需要与人合作，这又要求敬业的人让自己的行为符合与他人交往的要求。这样就形成了对敬业者性格的锻炼；久而久之，敬业者的性格就会发生潜移默化的变化，变得适应工作和合作，并散发一种特有的性格魅力。

第四，人的生活需要敬业。无论是个人生活品质的提高，还是家庭生活条件的改善，都依赖经济收入。而在按劳分配为主的社会里，人所取得的社会产品的份额是与他的劳动成果直接相关的。越是敬业的人，他的劳动成果越多，对社会的贡献越大，社会给予他的回报自然也越多。总而言之，从个人的角度来看，敬业是一种对个人有多方面提高并使其得到相应回报的美德。

（三）诚信：公民道德的基石

诚实守信，是人类千百年传承下来的优良道德品质。诚信既是个人道德的基石，又是社会正常运行不可或缺的条件。诚信缺失的个人将失去他人的认可，诚信缺失的社会将失去人与人之间正常关系的支撑。

诚信在人际关系、社会秩序、治国理政等诸多领域发挥着重要作用，是文明社会道德和法律的根基。在现代社会中，从普遍的道德要求出发，诚信包括诚实劳动、恪守承诺、真诚待人3个方面。其一，诚信是劳动创造的态度和品德问题，要求人们在认识、改造自然和社会的活动中，尊重客观事实，不作假，不投机取巧，不偷奸耍滑。其二，诚信要求人们遵守诺言、契约，既包括由人们自己的承诺而产生的特定权利和义务，也包括国家法律、法规、规章制度等规定的普遍权利与义务，反对毁约和违背诺言的行为。其三，诚信要求为人做事实在、实诚，不欺人亦不自欺，反对虚伪和欺骗。

诚信被称为公民的第二张“身份证”。诚，侧重于人之真诚坦荡、真实无妄的内在道德修养；信，侧重于人之处事无欺、外信于人的做事原则的践行。诚与信组合起来，便是内外兼备、表里如一的道德人格。人们常说“诚信者赢天下，失信者寸步难行”。诚信一直是立人之本，齐家之道，交友之基，经商之魂，为政之要。

无论是“富强、民主、文明、和谐”的国家层面的价值目标，还是“自由、平等、公正、法治”的社会层面的基本社会属性，或是“爱国、敬业、诚信、友善”的公民层面的基本价值追求，其立足点都是诚信。以国家层面为例，诚信在现代市场经济健康有序发展中起着基石作用，是经济持续健康发展的基本保障；健全社会主义民主政治，发展社会主义政治文明要以诚信为基础；以诚信为重点的思想道德建设本身就是文化建设的重要内容和基本手段。诚信是构建和谐社会的道德基础，诚信的缺失，将导致社会道德沦丧、世情冷漠、腐败横行、犯罪高发。可见，社会主义核心价值观各要素之间是互相联系的，而诚信则处于基础地位。

需要特别指出的是，诚信的内涵是有条件的，而不是绝对的，它需要由更高、更重要的价值来引领和统率。当诚信的要求与更高、更重要的价值相冲突时，诚信需要服从那些更高、更重要的价值。例如，当诚信与爱国相冲突时，诚信就应该服从爱国。当外国间谍向公民刺探、索要事关我们民族利益的机密时，如果公民在这种情境中讲求诚信，那无疑是非常愚蠢的，因为这样的诚信会损害国家利益。

诚信是中华民族的传统美德。社会主义核心价值观的培育和践行，离不开诚信这一道德基石，只有人人从“我”做起，在社会中普遍培育诚信意识,社会主义核心价值观才能内化为人们的自觉追求并转化为其实际行动,让诚信真正根植人心,社会文明才能更进一步。

(四)友善:社会和谐的润滑剂

友善思想在我国传统文化中源远流长。古人很早就提出了“仁者爱人”“出入相友,守望相助”“推己及人”等观点。当前,社会主义核心价值观在个人层面倡导友善,既是对传统道德精华的继承,又反映了人类社会发展和我国现实的需要,具体表现为:一是与他人相处,要相互尊重、理解宽容、协调合作;二是对外部世界,要尊重自然、保护环境、珍惜资源。践行社会主义友善的价值观,是社会主义条件下处理人际关系、建设和谐家园、实现民族梦想的重要精神条件和价值支撑。

“友”在甲骨文中像两只手,象征着朋友之间的援手,因此其本意是帮助。“善”由一个“羊”和一个“言”组成,“羊”是吉祥的代表,而“言”意为讲话,因此“善”的本意是吉祥的话语。两者结合起来,寓意是互相帮助和互相祝福。互相帮助意味着,在其他人处于困境时要伸出援手;互相祝福意味着,在其他人不需要自己帮助时要保持心态良好。具体来说,友善需要公民做到待人平等、待人如己、待人宽厚与助人为乐 4 个基本方面。

友善,需要公民做到待人平等,这是友善的前提。所有人,无论地位高低、财富多寡,都是社会中平等的成员。成员之间的互相支持和帮助,由于其平等的前提,自然是友善之举,而非逢迎与恩赐了。

友善,需要公民做到待人如己,这是友善的重要方法。人从生存、发展的需要出发,不会对处于困境的自己无动于衷,也不会恶意加害自己。如果人能够把对待自己的这种态度扩及他人,无疑能够做到扶危济困、以善待人。待人如己,从消极的方式来说,就是对自己的行为要有所限制,不要将自己不愿意承受的事情强加在别人身上,即“己所不欲,勿施于人”。待人如己,从积极的方式来说,就是要对自己的行为有所激发,将自己想做到的和想得到的给予他人,成人之美,即“己欲立而立人,己欲达而达人”。

友善,需要公民待人宽厚,这是友善的重要要求。友善不仅需要在与他人趣味相投、关系良好时表现出来,更重要的是,对与自己不同,甚至小有过节的人能够心平气和,要容人之过。人的脾气性格难免不同,兴趣爱好常有差别,甚至利益还会时常冲突,有时感到他人冒犯了自己也就相当正常了。如果这时针锋相对,就谈不上真正的友善;只有化干戈为玉帛,才能表现出友善的价值。中国传统文化非常强调宽厚的美德,提出应该“贤而能容罢,知而能容愚,博而能容浅,粹而能容杂”,意思就是君子贤能能容纳软弱无能的人,聪明的人能容纳愚笨的人,才学渊博的人能容纳才学疏浅的人,道德纯粹的人能容纳品行不端的人。在现代社会中,公民的公共空间较传统社会更大、更复杂,进入社会交往范围的人也更多,更加凸显出人与人之间性格各异、看法悬殊、智愚不等,因此宽厚待人对于构造和谐的社会公共空间来说也变得尤为重要。当然,宽厚不等于盲目迁就,更不等于姑息养奸,对于社会败类仍然应该疾恶如仇,而不应该将之纳入友善的范围。

友善,还要能够做到助人为乐,这是友善的直接表现。友的最初意思便是互相帮助,这是善意最直接、也是最真实的表达。爱自己、爱家人都不难,难的是对自己不那么熟悉的人也能够伸出援手;表达善良的意愿、讲出祝福的话语也不难,难的是给予实实在在的帮助。友善并不是要人们在自己的能力范围之外去关心他人,而只是要求公民在力所能及的范围之内帮助别人解决问题,有时甚至仅是自己举手之劳,却能够给别人帮上大忙。只要做到了助人为乐,就一定能够让他人感受到友善。

在个人层面的 4 项价值观中,友善相对处于更为基础的地位,其他 3 项价值观都与友善相关联。如果一个人在日常交往中对身边人都不能以善相待,就不能指望其会爱国,也不能指望其会在具体工作岗位上兢兢业业、为他人和社会作奉献。一个不爱他人、只关心自己利益的人,是很难在人际交往中做到尊重他人、诚信无欺的。因此,友善是社会和谐的“润滑剂”,在实践中积极倡导、培育友善价值观,对于社会主义核心价值观的整体培育与践行具有极为重要的意义。

矫正作业：

1. 社会主义核心价值观国家层面、社会层面、个人层面各自包含哪些内容？

2. 服刑期间如何做到诚信、友善？

将答案填写在《矫正足迹》上。

第四章　践行社会主义核心价值观

矫正目标：践行社会主义核心价值观，对服刑人员顺利改造具有重要意义。通过学习，促使矫正对象明白，只有把践行社会主义核心价值观作为服刑改造中的一项既具基础性、内在性，又具目标性、规定性的重大任务来认识和落实，才能确保在改造中始终沿着正确的方向前进。

建议课时：4 课时

社会主义核心价值观，是社会主义核心价值体系的内核，体现社会主义核心价值体系的根本性质和基本特征，反映社会主义核心价值体系的丰富内涵和实践要求，是社会主义核心价值体系的高度凝练和集中表达。社会主义核心价值体系，是以马克思主义指导思想为灵魂、以中国特色社会主义共同理想为主题、以民族精神和时代精神为精髓、以社会主义荣辱观为基础的价值观。

社会主义核心价值观落实到个人层面，就是将其作为人们的行动向导、行为准则，将社会主义核心价值观的要求，转化为人们的行为操守和行为准则。《监狱服刑人员行为规范》就是社会主义核心价值观在监狱里的延伸，其以社会主义核心价值观为引领，把社会主义核心价值观的要求转化到服刑人员改造行为准则中。它是社会主义核心价值观在监狱里面的制度化、日常化、具体化和形象化体现，把社会主义核心价值观融入了服刑改造的日常行为中，渗透到服刑生活的各个方面。因此，遵守《监狱服刑人员行为规范》，是服刑人员践行社会主义核心价值观的有效途径。

《监狱服刑人员行为规范》是罪犯接受改造必须遵守的行为准则，是考核罪犯改造表现的一项基本内容，是实施奖惩的重要依据。《监狱服刑人员行为规范》从基本规范、生活规范、学习规范、劳动规范、文明礼貌规范5个方面，教育、指引、规范服刑人员的思想和行为，是对罪犯这一特殊群体的特殊要求。它比一般意义上的行为规范更具强制性，是伴随每一名服刑人员从入监到出监的行为指南。

一、遵守基本规范

基本，指根本的、主要的，是事物的本源，贯穿事物的始终。《监狱服刑人员行为规范》中的基本规范，是一名服刑人员在监狱里最根本的、最主要的行为指引，是贯穿整个服刑改造始末的行为准则。

《监狱服刑人员行为规范》中的基本规范，是服刑人员行为选择及定向的工具，是维持监狱良好秩序的重要手段，是制定其他规范的基础。同时，它也是服刑人员在监狱里立身行事的基本要求，是对服刑人员进行奖惩的总依据。

基本规范中明确规定：

“第一条　拥护宪法，遵守法律法规规章和监规纪律。

第二条　服从管理，接受教育，参加劳动，认罪悔罪。

第三条　爱祖国，爱人民，爱集体，爱学习，爱劳动。

第四条　明礼诚信，互助友善，勤俭自强。

第五条　依法行使权利，采用正当方式和程序维护个人合法权益。

第六条　服刑期间严格遵守下列纪律：（一）不超越警戒线和规定区域、脱离监管擅自行动；（二）不私藏现金、刃具等违禁品；（三）不私自与外界人员接触，索取、借用、交换、传递钱物；（四）不在会见时私传信件、现金等物品；（五）不擅自使用绝缘、攀援、挖掘物品；（六）不偷窃、赌博；（七）不打架斗殴、自伤自残；（八）不拉帮结伙、欺压他人；（九）不传播犯罪手段、怂恿他人犯罪；（十）不习练、传播有害气功、邪教。”

服刑人员应遵守基本规范，不断调动和激发自己的改造内驱力，使自己自觉地按照基本规范的要求进行自我修正和自我监督，增强身份意识、改造意识、集体意识以及规范意识，对规范从依从到认同，不断强化行为的规范性，深刻认识自我改造的必要性与重要意义。

二、遵守生活规范

生活，是指人们的衣、食、住、行等方面的情况。顾名思义，

《监狱服刑人员行为规范》中的生活规范，规定了服刑人员每天从起床到就寝，应按行为准则的要求，规范地执行自己的改造行为，逐渐养成良好的行为习惯。

行为习惯，是指稳定的、经常的、在一定条件下自动化的行为方式。服刑人员应严格遵守生活规范，从良好的作息习惯养成开始，强化自身行为规范意识的培养，矫正原有恶习，有效提升自身的规则意识。服刑人员在日常生活中应遵守生活规范，反复学习和训练，从小处着眼，由小处入手，寓大于小，由小及大，日积月累，逐步固定下来形成行为定式，从而在改造中养成良好的行为习惯。

生活规范中明确规定：

"第七条　按时起床，有秩序洗漱、如厕，衣被等个人物品摆放整齐。

第八条　按要求穿着囚服，佩戴统一标识。

第九条　按时清扫室内外卫生，保持环境整洁。

第十条　保持个人卫生，按时洗澡、理发、剃须、剪指甲，衣服、被褥定期换洗。

第十一条　按规定时间、地点就餐，爱惜粮食，不乱倒剩余饭菜。

第十二条　集体行进时，听从警官指挥，保持队形整齐。

第十三条　不饮酒，不违反规定吸烟。

第十四条　患病时向警官报告，看病时遵守纪律，配合治疗。不私藏药品。

第十五条　需要进入警官办公室时，在门外报告，经允许后进入。

第十六条　在野外劳动现场需要向警官反映情况时，在三米以外报告。

第十七条　遇到问题，主动向警官汇报。与警官交谈时，如实陈述、回答问题。

第十八条　在指定铺位就寝，就寝时保持安静，不影响他人休息。”

生活规范，是服刑人员日常生活中看得见、摸得着、好操作、能固化的行为准则。服刑人员应严格遵守生活规范，每天严格、反复训练，令行禁止，提高自我约束、自我规范、自我管理的能力，变被动为主动，将规则意识贯穿改造的方方面面，使各种规范内化于心、外化于行，逐步形成自觉行为。

三、遵守学习规范

学习，指从读写、听看、研究、实践中获得知识或者技能。社会在发展，人类在进步，社会对每个人的要求也在不断发生变化，要适应时代的变化，就需要通过不断的学习来更新自己的认知。在监狱中，服刑人员要进行自我改造，更需要文化的洗礼和熏陶，学习就显得尤为重要。

通过学习更新知识结构和思维认知，成为落实各项行为规范,提升改造质量的前提条件。只有在正确思想的指导下,《监狱服刑人员行为规范》才能真正落实并收到实效,服刑人员自我改造才能收到成效。

学习规范中规定:

“第十九条　接受法制、道德、形势、政策等思想教育,认清犯罪危害,矫治恶习。

第二十条　接受心理健康教育,配合心理测试,养成健康心理。

第二十一条　尊重教师,遵守学习纪律,爱护教学设施、设备。

第二十二条　接受文化教育,上课认真听讲,按时完成作业,争取良好成绩。

第二十三条　接受技术教育,掌握实用技能,争当劳动能手,增强就业能力。

第二十四条　阅读健康有益书刊,按规定收听、收看广播电视。

第二十五条　参加文娱活动,增强体质,陶冶情操。”

服刑人员应遵守学习规范,将学习融入日常改造中,其不仅需要汲取知识的能量,还要明确学习目的,增强学习自觉性,自觉深挖犯罪根源,加强自我修养,培养良好兴趣,陶冶高尚情操,增强心理承受能力和自我情绪调控能力,使自己的精神世界健康、充实,并将所学知识入脑入心,形成自己的见解,知荣辱、明是非、辨善恶、分美丑,进而与原有的错误人生观、价值观割裂开,逐步形成正确的道德认知和高尚的道德情感。

四、遵守劳动规范

劳动,是人类社会生存和发展的基础,是人类维持自我生存和自我发展的唯一手段,而且是人类最基本的实践活动。

劳动规范中明确规定:

“第二十六条　积极参加劳动。因故不参加劳动,须经警官批准。

第二十七条　遵守劳动纪律,坚守岗位,服从生产管理和技术指导。

第二十八条　严格遵守操作规程和安全生产规定,不违章作业。

第二十九条　爱护设备、工具。厉行节约,减少损耗,杜绝浪费。

第三十条　保持劳动现场卫生整洁,遵守定置管理规定,工具、材料、产品摆放整齐。

第三十一条　不将劳动工具和危险品、违禁品带进监舍。

第三十二条　完成劳动任务,保证劳动质量,珍惜劳动成果。”

服刑人员应遵守劳动规范,脚踏实地劳动,提升劳动能力,在劳动中培养劳动观念,磨炼劳动意志,端正劳动态度。劳动是培养劳动技能的有效途径,劳动技能的形成无一例外,都是在实践中获得的。服刑人员应珍惜劳动的机会,在劳动改造中努力学习劳动技能,获取生产经验,练就一技之长,最终成为自食其力的人。

五、遵守文明礼貌规范

文明,是社会发展到较高阶段表现出来的状态。礼貌是在人际交往中言语动作谦虚恭敬,符合一定的礼仪的表现。《监狱服刑人员行为规范》中的礼貌规范从内容上来看,有仪容、举止、表情、动作、语言、谈吐、待人接物等方面的准则;从对象上来看,有公共场所礼仪、文明交往等方面的要求。文明礼貌是一种品质,文明礼貌是一种修养,讲文明懂礼貌的人会给人以友善之感,能很好地调节人与人之间的关系。

文明礼貌规范中明确规定:

“第三十三条　爱护公共环境。不随地吐痰,不乱扔杂物,不损坏花草树木。

第三十四条　言谈举止文明。不讲脏话、粗话。

第三十五条　礼貌称谓他人。对人民警察称‘警官’,对其他人员采用相应礼貌称谓。

第三十六条　服刑人员之间互称姓名,不起(叫)绰号。

第三十七条　来宾、警官进入监舍时,除患病和按规定就寝外,起立致意。

第三十八条　与来宾、警官相遇时，文明礼让。”

服刑人员应遵守文明礼貌规范，在日常的改造、待人接物中，展现自己文明友善的形象。文明礼貌的重塑是自我改造的有力补充，是改造成果的直观外在表现。服刑人员逐步端正自身的言行举止，有助于营造文明有序的改造环境，健康良好的氛围也有利于加快改造的进程。服刑人员迟早要从监狱这一狭小封闭的环境中走出来，除应具备一些必备的生存技能外，更需要掌握与他人相处的法则和规范，对文明礼貌规范的学习能够帮助服刑人员顺利地走向社会，适应社会，融入社会。

社会主义核心价值观的根本在于实践，而公民是实践主体。服刑人员也是社会成员之一，在监狱践行社会主义核心价值观，就是要从遵守《监狱服刑人员行为规范》做起。作为一名积极向上、改邪归正的服刑人员，应严格遵守《监狱服刑人员行为规范》，从现在做起、从点滴做起，在思想上提高自己遵守规范的主动性，在行动上不折不扣地按照规范要求行动，自觉成为一名社会主义核心价值观的践行者，在遵守《监狱服刑人员行为规范》的基础上，不断深化对社会主义核心价值观的理解和认同，并在不断积累和实践中，最终形成社会共识。

矫正作业：

1. 在服刑期间如何践行社会主义核心价值观？

2. 基本规范包含哪些内容？

3. 生活规范包含哪些内容?

4. 学习规范包含哪些内容?

5. 劳动规范包含哪些内容?

6. 文明礼貌规范包含哪些内容?

将答案填写在《矫正足迹》上。

重塑新生矫正篇

“新生”的解释为：初学的儒生，又指精神上的再生或者刚入学的学生。就入监服刑的罪犯而言，新生的含义即为自觉改正，重新做人。新生意味着，要有针对性地矫正自己过去的缺点及错误，唤醒自己被遮蔽的良知，与自己的过去一刀两断，不在同一个坑里跌倒两次，不再犯类似的错误，开启自己全新的一段生命旅程。

重塑新生矫正篇在不同的矫正项目中装载的是对应各自矫正项目的针对性矫正内容，根据不同的犯罪类型，抓住各不相同的犯因，开展针对性矫正，指导罪犯正确解决在刑满后可能面对的一些困难和问题，引导矫正对象重塑新生，唤醒良知，深刻认识犯罪危害，从根源上解决犯罪相关问题，找回天生的善性，为重回社会、走向新生打下坚实的基础。

吸食型毒品罪犯矫正项目的重塑新生矫正篇主要内容包括：毒品危害、心瘾戒断、三项重塑及脱毒自律指引。

本矫正模块总课时：114 课时

第一章　毒品危害教育

毒品种类多种多样，成分合成变化多端，虽然吸食不同种类的毒品有不同种类的吸食症状表现，但是吸食毒品都会危害人的身体，摧残人的精神和意志，甚至能造成吸毒者家破人亡，可见毒品危害之大，除此之外，吸毒是最易传播艾滋病（AIDS）的，一旦因为吸毒传染上艾滋病，将对人造成毁灭性的打击。

本章对毒品及吸毒的危害进行深度解析，讲解毒品对人体的危害，吸毒导致艾滋病的发病原因，介绍如何预防、控制艾滋病，从毒品及吸毒对家庭、亲情关系的危害，到吸毒对个人前途的危害等方面出发，以知识讲解、内视观想、"算账"等多种形式引导矫正对象进一步认识毒品的危害。

建议课时：40 课时

第一节　毒品知识概述

矫正目标：要了解毒品的危害，就要先认识毒品，本节将由浅至深，系统地介绍毒品相关知识，让矫正对象能够全面认清毒品的定义、种类、特征，了解毒品的成瘾原理，增强拒毒意识，提高自觉抵御毒品的能力。

建议课时:8 课时

毒品的定义

建议课时:2 课时

毒品,一般是指使人形成瘾癖的药物,这里的药物一词是广义的概念,主要指吸毒人员滥用的鸦片、海洛因、冰毒等,还包括具有依赖性的天然植物、烟、酒和溶剂等,与医疗用药是不同的概念。国际禁毒公约将具有依赖特性的药物分为麻醉药品和精神药物两大类进行国际管制,它们有时候被统称为"精神活性药物",这些药物如果被滥用即是毒品。简单来说,只要让人吸食成瘾,难以离开,为之神魂颠倒直至失去理智的都是毒品。

从自然属性来说,这类物质在严格管理条件下合理使用具有临床治疗价值,就是药品。从社会属性来讲,如果为非正常需要而强迫性寻求,失去了药品的本性,这时这类物质就成了毒品。因此,毒品是一个相对的概念。当然也有些物质极易成瘾,早已被剔除出药品范围,只被视为毒品,如海洛因。"毒品""吸毒"是我国的习惯讲法,而国际上习惯称为麻醉品、精神药品的滥用。

从法律层面来说,根据我国《刑法》第 357 条规定,毒品是指鸦片、海洛因、甲基苯丙胺(冰毒)、吗啡、大麻、可卡因以及国家规定管制的其他能够使人形成瘾癖的麻醉药品和精神药品。

从医学层面来说,毒品是指能使人形成瘾癖的麻醉药品和精神药品。《麻醉药品及精神药品品种目录》中列明了121种麻醉药品和149种精神药品,其中,最常见的主要是麻醉药品类中的大麻类、鸦片类和可卡因类,因滥用这类药品会损害身心健康,所以被称为毒品。

矫正作业:

抄写《禁毒三字经》在《矫正足迹》上。《禁毒三字经》内容详见“矫正效果评估篇”附件一之“主题活动二”。

毒品的特征

建议课时:2课时

一、依赖性

毒品的依赖性分为生理依赖性和心理依赖性两个方面。

生理依赖性,是指在某一段时间内不断地使用某种药物带来的生理上的变化,表现为一种周期性的或慢性中毒状态,需要继续使用该药方能维持机体的基本生理活动。否则就会产生一系列机能紊乱和损害性反应,这种反应被称为戒断症状或撤药反应。生理依赖性的产生及其严重程度除与吸毒人员个体的生理、心理特点有关外,还与所滥用药物的种类、用药时间、频度和剂量有关。据研究,鸦片类毒品所产生的生理依赖性最为强烈,甚至从第一次用药后就会出现,用药者一般在停药 8 ~12 个小时后表现出一系列戒断症状。

心理依赖性,是指人在多次用药后产生的在心理上、精神上对所用药物的主观渴求或强制性觅药的心理倾向。心理依赖性的产生有 2 个方面的动力:一是由以往用药所体验到的某种效果或感受,驱使用药者为不断追求这种效果或感受而产生继续使用该药物的强烈欲望。二是为了逃避停药时出现的烦躁、不安等心理反应而渴望继续用药。毒品的心理依赖性虽然表面上不如生理依赖性明显、强烈,但实际上其副作用十分顽固,是导致吸毒人员在生理脱瘾后复吸率居高不下的主要原因。

二、耐受性

耐受性是机体对毒品反应的一种适应性状态的结果。当长期反复使用某种毒品时,机体对该毒品的反应敏感性降低,药效随之减弱,为了达到与原来相同的反应和药效,就要逐步增加剂量,这种现象就是毒品的耐受性。不同种类的毒品产生耐受性的快慢不同,鸦片类毒品产生耐受性快,镇静催眠类毒品较慢,致幻剂则多不产生耐受性。某些毒品还产生交叉耐受性,即当机体对某种毒品产生耐受性后,对另一种毒品的敏感性降低。如对鸦片产生耐受性的个体,对其他鸦片类毒品的耐受性也会提高。耐受性产生的快慢与用药模式有关，在停止用药后，其耐受性即很快消失。医疗上有控制地间断用药，可在一定时间内保持治疗剂量的药物效能。毒品的耐受性也是可逆的，在停止使用毒品后，机体对其的耐受性将逐渐消失，机体对毒品的反应又会恢复到原来的水平。

三、非法性

根据我国法律规定，吸食毒品是违法行为，必须受到法律处罚。如我国《治安管理处罚条例》第 24 条第 3 项规定，违反政府禁令，吸食鸦片、注射吗啡等毒品的，处 15 日以下拘留、200 元以下罚款或者警告。对走私、贩卖、运输、制造毒品，非法种植毒品原植物、非法持有毒品、强迫他人吸毒等行为是作为犯罪而予以严惩的（详见我国《刑法》相关条款）。

四、危害性

毒品的泛滥不仅对吸毒人员本人，而且对其家庭、社会也有极大的危害。毒品的危害，可以概括为“毁灭自己，祸及家庭，危害社会”12 个字。具体而言，毒品的危害性表现为：（1）毒品严重危害人的身心健康；（2）毒品问题诱发其他违法犯罪，破坏正常的社会和经济秩序；（3）毒品问题给社会造成巨大的经济损失。

上述毒品的 3 个特征是相互联系的。依赖性和耐受性是毒品区别于其他毒物的自然特征，非法性是毒品的法律特征，对吸食者本人、家庭及社会产生的巨大危害性则是毒品的后果特征，为防范毒品的危害性，法律必然要对违法犯罪活动加以惩处。

矫正作业：

1. 毒品有哪些特征？

2. 结合自己的吸毒经历，谈一谈在吸毒期间对毒品的依赖性。

将答案填写在《矫正足迹》上。

毒品的种类及吸食症状表现

建议课时：4 课时

一、毒品的分类

毒品的分类方法有很多，可从不同的角度进行不同的分类：(1)根据国际公约的有关规定，可将毒品分为麻醉药品和精神药品。(2)根据毒品来源和生产方法不同，可分为天然毒品和合成毒品。(3)根据毒品对人体的作用，可分为麻醉剂、抑制剂、兴奋剂、镇静剂和致幻剂。(4)根据毒品对人的危害程度，分为软性毒品和硬性毒品。

联合国麻醉药品委员会将毒品分为 6 大类：(1)吗啡型药

物,包括鸦片、吗啡、可待因、海洛因和罂粟植物等最危险的毒品;(2)可卡因和可卡叶;(3)大麻;(4)安非他明等人工合成兴奋剂;(5)安眠镇静剂,包括巴比妥药物和安眠酮;(6)精神药物,即安定类药物。

二、常见毒品

(一)鸦片

鸦片,又称"阿片",俗称"大烟""鸦片烟""烟土"等,来自鸦片罂粟。鸦片有生鸦片和熟鸦片之分。

(二)海洛因

海洛因即二乙酰吗啡,是鸦片毒品系列中最纯净的精制品,也是目前我国吸毒人员吸食和注射的主要毒品之一。1874年英国化学家C.莱特在吗啡中加入冰醋酸等物质,首次提炼出镇痛效果更佳的半合成化衍生物二乙酰吗啡,即海洛因。海洛因为白色粉末,微溶于水,易溶于有机溶剂,盐酸海洛因易溶于水,其溶液无色透明。目前,国际上对毒品的排列分为10个号,主要是鸦片、海洛因、大麻、可卡因、安非他明、致幻剂等10类。其中,海洛因占据第三、第四号,即三号毒品和四号毒品,因此人们普遍称为"三号海洛因""四号海洛因"。一号、二号海洛因是吗啡(盐基物)或吗啡盐类和粗制的海洛因,其中,粗制吗啡(就是鸦片)称为"一号海洛因",其所含的盐酸吗啡占总重70%~90%。经过基本乙酰化(或单乙酰化)的粗制海洛因,或者叫海洛因碱，被称为“二号海洛因”。三号海洛因又被称为“香港石”“棕色糖”“白龙珠”等，是将盐酸吗啡经化学过程产生二乙酰吗啡后，再添加大量的稀释剂（如士的宁、喹啉、莨菪碱、阿司匹林、咖啡碱等）而制成的颗粒状毒品，也有粉末状的，颜色从浅灰色到深灰色。三号海洛因中二乙酰吗啡和单乙酰吗啡的总含量一般为25%～45%，咖啡因含量在30%～60%，一般有掺假。四号海洛因是在盐酸吗啡经乙酰化反应后不对其进行稀释，而是提纯，然后经过沉淀，予以干燥。其中，二乙酰吗啡含量一般在80%以上，最高可达98%，纯或高纯的四号海洛因是一种白色、无味、透明的粉末，且非常细腻以至擦在皮肤上会消失，但制造不好则会呈现为浅黄色、粉红色、沙色或棕色的粗糙粉末甚至是颗粒状。目前，国际上对毒品海洛因的鉴定只定性不定号。海洛因可用鼻嗅、吸食、皮下注射和静脉注射，其中，后两种方法较常见。

（三）冰毒

冰毒，即甲基苯丙胺，又称甲基安非他明、去氧麻黄素，为纯白色晶体，晶莹剔透，外观似冰，俗称“冰毒”，吸、贩毒者也称之为“冰”。当小剂量服用它时，有短暂的兴奋抗疲劳作用，故其丸剂又有“大力丸”之称。

冰毒属于苯丙胺类中枢神经兴奋剂，是我国规定管制的精神药品。苯丙胺药物强烈的兴奋作用，使它们刚应用于临床不久就开始被滥用。

从1932年起就有人为寻求感官刺激而吸食安非他明。冰毒(甲基安非他明)虽然问世较晚,但是见效快、药效维持时间长的特点使它蔓延速度极快。1996年11月25日,联合国禁毒署在上海召开的国际兴奋剂专家会议上,一致认为,苯丙胺类兴奋剂将逐步取代20世纪流行的鸦片、海洛因、大麻、可卡因等常见毒品,成为21世纪全球范围内被滥用最广泛的毒品。

(四)大麻

大麻在我国俗称"火麻",为一年生草本植物,雌雄异株,原产于亚洲中部,现遍及全球,有野生,也有人为栽培。大麻的变种很多,是人类最早种植的植物之一。大麻的茎、杆可制成纤维,籽可榨油。作为毒品的大麻主要是指矮小、多分枝的印度大麻。大麻类毒品的主要活性成分是四氢大麻酚(THC)。

(五)可卡因

可卡因俗称"可可精",学名苯甲酰甲基芽子碱,是1860年德国化学家尼曼从古柯叶中分离出来的一种最主要的生物碱,属于中枢神经兴奋剂,其盐类呈白色晶体状,无气味,味略苦而麻,易溶于水和酒精,兴奋作用强,也是一种局部麻醉剂,它对人体有两种作用:

1. 能阻断神经传导,产生局部麻醉作用,对眼、鼻、喉黏膜神经的效果尤其明显。因此,在早期曾被广泛用于眼、鼻、喉等五官的外科手术中作为麻醉剂。

2. 可卡因通过加强人体内化学物质的活性刺激大脑皮层

兴奋中枢神经,并继而兴奋延髓和脊髓,服食后人体表现为情绪高涨、思维活跃、好动、健谈,能较长时间地从事紧张的体力和脑力劳动,甚至胜任繁重的、平时不能承担的工作。但需注意的是,人服用可卡因后很可能具有一定的攻击性。

(六)"摇头丸"

"摇头丸"是安非他明类衍生物,是亚甲二氧基甲基苯丙胺的片剂,属中枢神经兴奋剂,是我国规定管制的精神药品。"摇头丸"有强烈的中枢神经兴奋作用,有很强的精神依赖性,对人体有严重的危害。人体服用后表现为:活动过度、感情冲动、性欲亢进、嗜舞、偏执、妄想、自我约束力下降以及出现幻觉和暴力倾向等。该毒品现主要在舞厅、歌厅、夜总会等公共娱乐场所,以口服形式被一些疯狂的舞迷滥用。

(七)K 粉

K 粉是氯胺酮的俗称,属于静脉局麻药,临床上被用作手术麻醉剂或麻醉诱导剂,具有一定的精神依赖性潜力。近年来在一些歌厅、舞厅等娱乐场所发现了氯胺酮被滥用的现象。2001 年 5 月 9 日,国家药品监督管理局将氯胺酮列入二类精神药品管理。

(八)咖啡因

咖啡因是从茶叶、咖啡果中提炼出来的一种生物碱,适度使用有祛除疲劳、兴奋神经的作用,临床上用于治疗神经衰弱和昏迷复苏。但是,大剂量或长期使用也会对人体造成损害,特别是它也有成瘾性,一旦停用会出现精神委顿,浑身困乏疲软等各种戒断症状。

由于药物的耐受性而导致用药量不断增加时,咖啡因就将不仅作用于大脑皮层,还能直接兴奋延髓,引起阵发性惊厥和骨骼震颤,损害肝、胃、肾等重要内脏器官,诱发呼吸道炎症、妇女乳腺瘤等疾病,甚至导致吸食者下一代智能低下,肢体畸形。因此,也被列入受国家管制的精神药品范围。

(九)吗啡

吗啡是鸦片中最主要的生物碱(含量10% ~15%),1806年法国化学家F.泽尔蒂纳首次将其从鸦片中分离出来。他用分离得到的白色粉末在狗和自己身上进行实验,结果狗吃下去后很快昏昏睡去,用强刺激也无法使其兴奋苏醒;他本人吞下这些粉末后也长眠不醒。

据此,他用希腊神话中的睡眠之神吗啡斯(Morphus)的名字将这些物质命名为"吗啡"。纯净吗啡为无色或白色结晶或粉末,难溶于水,易吸潮;随着杂质含量的增加,其颜色逐渐加深,粗制吗啡则为咖啡似的棕褐色粉末。

三、各毒品来源及特性介绍

(一)罂粟

来源:草本植物,以印度与土耳其为两大主要产地;亚洲方面,以中国、泰国、柬埔寨、缅甸边境的金三角为主要非法种植

地区。

性状:一年生或两年生草本,花单一、顶生型、美丽,花瓣四瓣成白色、淡红或紫红,果实成卵状球或长椭圆形,种子不含吗啡。

滥用方式:茎干及叶含少量生物碱,成熟枯干后切碎末吸食,未成熟的果割裂取其乳汁,干燥凝固成鸦片后用烟袋锅抽吸,未割裂的果成熟后,乳汁自行凝固于果壳成为鸦片的原体。

不良反应:急性中毒、慢性中毒。

(1)急性中毒的表现可分为3期。初期:表现为面色潮红、头晕、心动过速、有舒服感,此期较短。中期:面色苍白、黏膜发绀、知觉减退、四肢无力、昏睡、呼吸深而慢、瞳孔缩小似针尖样,对光反射存在,并有恶心、呕吐,有时有剧烈的呕吐,口干。后期:完全昏迷、血压下降、体温下降、皮肤湿冷、排尿困难、反射基本消失,最后因呼吸衰竭而死亡。(2)慢性中毒的表现为:食欲不振、便秘、早衰、阳痿、消瘦、贫血。

(二)鸦片

品名或常用名:Laudanum

来源:罂粟未成熟蒴果经割伤果皮后,渗出白色乳汁干燥凝固而得。含鸦片生物约25种。

性状:呈圆球形、扁平形、砖形或不规则形,棕色或黑色,俗称阿芙蓉、福寿膏。

滥用方式:用烟袋锅抽吸。

作用时间:3～6小时。

可能作用:欣快、昏睡、呼吸抑制、瞳孔缩小、恶心、皮肤刺痒、便秘。

用法:口服、吸烟。

过量效应:呼吸浅慢、冷黏皮肤、痉挛、昏迷、可能致死。

戒断症状:水样眼、鼻涕横流、无食欲、哈欠、易怒、颤抖、惊慌、忽冷忽热、腹部绞痛、恶心。

(三)大麻

来源:基源植物,印度大麻生长于温带或热带气候。

性状:一年生植株为单一茎草本,主根明显;多年生植株形如灌木。大麻植物顶端的树脂分泌物干燥为大麻制剂,为含大麻酚浓度最高者。

滥用方式:吸烟。

作用时间:2～4小时。

可能作用:欣快、放松性抑制、食欲增加、行为辨不清方向、反射协调能力改变、对时空的感知混乱。

过量效应:疲乏、偏执,可能产生精神错乱。

戒断症状:失眠,偶有出现活动增加和食欲减退。

(四)大麻脂

来源:印度大麻。

性状:黏而油性的物质,灰黄色至近乎黑色。效力最强,仅需少量即可产生强力效果。含大量主成分四氢大麻酚。

滥用方式:涂在香烟顶端或卷于纸上。

不良反应:加快心跳、降低血压、短期内增加食欲,令人置身于极度兴奋中,大麻脂主要成分会渗透进中枢神经,损害掌管记忆、协调、疼痛感的大脑区域。过度吸食者会因此产生恶心、极度饥饿、幻觉等不良反应。

(五)海洛因

来源:鸦片,由吗啡经乙酰化改变构造而成。

商品名或常用名:二乙酰吗啡。

性状:白色结晶粉末,流行的品种纯度不一,有浅棕色或白色;亦有混杂奶粉、糖或葡萄糖等物质。以纯度及杂质的不同而以一号、二号、三号、四号海洛因区分。常见纸片包装和封口塑胶袋包装两种。

滥用方式:口服、抽吸、鼻吸或注射。

作用时间:3 ~6 小时。

可能作用:欣快、昏睡、呼吸抑制、瞳孔缩小、恶心、皮肤刺痒、便秘。

过量效应:呼吸浅慢、冷黏皮肤、痉挛、昏迷、可能致死。

戒断症状:水样眼、鼻涕横流、无食欲、哈欠、易怒、颤抖、惊慌、忽冷忽热、腹部绞痛、恶心。

(六)吗啡

商品名或常用名:吗啡。

医疗用途:镇痛、止咳。

作用时间:3～6 小时。

可能作用:欣快、昏睡、呼吸抑制、瞳孔缩小、恶心。

用法:口服、注射、吸烟。

过量效应:呼吸浅慢、冷黏皮肤、痉挛、昏迷、可能致死。

戒断症状:水样眼、鼻涕横流、无食欲、哈欠、易怒、颤抖、惊慌、忽冷忽热、腹部绞痛、恶心。

(七)可卡因

来源:由古柯树叶提炼而得,哥伦比亚、秘鲁、玻利维亚、古巴为主要产地。美国及中南美洲为主要滥用地区。

性状:盐酸古碱(cocaine HCL)为无色或白色薄片状结晶性粉末,味苦,口舌麻痹感,由于从古柯树叶提取而来,又称古柯碱。

医疗用途:局部麻醉药,血管收缩剂。

作用时间:1～2 小时。

可能作用:提高警觉、激动、欣快、心率加快、失眠、食欲减退。

用法:口服、注射、吸烟。

过量效应:冲动、体温升高、产生幻觉、痉挛、可能突发心脏病、可能致死。

戒断症状:淡漠、长时间的睡眠、易怒、抑郁、丧失对方向的知觉、产生自杀念头、鼻中隔受损、鼻涕横流。

(八)MADA

商品名或常用名:亚甲双氧甲基安非他命的简称。为安非他命类似物质。

俗称：忘我、亚当、狂喜、快乐丸。

性状：白色药片、胶囊，亦有粉红色或其他颜色。

滥用方式：口服、以附烟袋锅的长管抽吸。

过量效应：呼吸浅慢、冷黏皮肤、痉挛、昏迷、可能致死。

戒断症状：水样眼、鼻涕横流、无食欲、哈欠、易怒、颤抖、惊慌、忽冷忽热、腹部绞痛、恶心。

（九）红中、青发

来源：属巴比妥酸盐制剂。

性状：白色带苦味无气味粉末、胶囊。

滥用方式：口服、注射。

不良反应：同可卡因。

（十）白板

来源：属禁用的安眠镇静类制剂。

性状：白色结晶性粉末制成锭剂。

滥用方式：口服，常被混在酒精、镇定剂、可待因及大麻中服用。

不良反应：同可卡因。

（十一）摇头丸

摇头丸的主要成分是冰毒，是冰毒的一种。冰毒的成分是甲基苯丙胺，纯品很像冰糖。贩卖者为了便于吸食者使用，将其制作成各种规格的片剂、丸剂，俗称“摇头丸”。人服食后为释放能量会不停手舞足蹈,摇头晃脑。冰毒是一种精神类毒品,吸食一次即可成瘾,吸食后透支人体的能量,对内脏器官伤害很大。有吸毒史的服刑罪犯曾描述吸食冰毒后的感觉:"血液沸腾,敢干平时最不敢干的事。"吸食者有暴力攻击倾向,易引发暴力攻击、性侵害、抢劫等事件,成为社会治安隐患,冰毒对吸食者和社会有巨大的危害性。

矫正作业:

结合自己的吸毒史,至少列举一种常见毒品及危害症状。

将答案填写在《矫正足迹》上。

第二节 毒品危害之健康账
——"以生命为代价的作死"

矫正目标:从个人身体健康的角度出发,由浅入深,从病至死,介绍吸毒的"孪生兄弟"——艾滋病,核算吸毒消耗的健康成本,引导矫正对象迷途知返,助其筑牢从"不敢吸"至"不能吸"的思想防线。

建议课时:10 课时

毒品对个人身心的危害

毒品会从根本上侵害人体的重要器官和组织,摧残人体八大系统,严重损害人的身体健康。除此之外,吸毒者吸毒所采用的方式以及吸食的毒品本身的"质量"问题,也会给人体带来巨大的危害。

建议课时:4 课时

一、吸食毒品对生理的伤害

(一)毒品对神经系统的危害

毒品会极大损害人的生理机能,许多毒品都能直接改变人脑中部分化学物质的结构,破坏、扰乱人体正常的高级神经活动。有的甚至毒害、损伤神经组织,导致人们精神异常、智力衰退、人格扭曲,甚至心理变态,出现跳楼、自伤自残、行凶杀人等极端行为。

吸食海洛因会引起一系列的神经系统病变,如惊厥、震颤麻痹、周围神经炎、远离注射部位的肌功能障碍,长期吸毒会导致智力减退和个性改变。吸食可卡因会导致癫痫慢性化,还会引起颅内出血、抽搐、持续性或机械性重复动作、共济失调和步态异常。

毒品对人体中枢神经系统和周围神经系统都会造成很大的损害,可让人体产生异常的兴奋、抑制等作用,出现一系列神经、精神症状。对吸毒致死者的尸检结果也表明,神经系统的病理变化包括:多发星状细胞病变、广泛脑肿胀和变性、苍白球的退行性变化、脊髓灰质的坏死、周围神经的慢性炎性改变及退行性改变。

由于对毒品产生了强烈的依赖性,吸毒人员成了毒品的“奴隶”,他们生活的唯一目标就是设法获得毒品。他们丧失了工作、生活的能力,精神萎靡,除吸毒之外,对任何事物提不起兴趣,失去了人生的意义。因此,一旦吸上毒就等于掉进了“魔鬼的陷阱”,登上了“死神的名单”,终将走向毁灭。

(二)毒品对心脑血管系统的危害

很多毒品可以对人体的心血管系统产生直接毒性,吸毒经常引起心律失常和缺血性改变,其表现与不同毒品的药理作用有关。海洛因成瘾者在吸毒后24小时内,55%有异常心电图表现,常见有传导阻滞、去极化及复极化异常、心动过缓、心律不齐等,电轴偏移、低电压、高电压,严重的可引起心跳骤停。

可卡因引起心律失常更为常见。注射可卡因后短期内即会出现心动过速,此外,还可能出现心动过缓、室性期前收缩、室性心动过速和室颤及心肌收缩不全等症状,临床资料显示,有些可卡因中毒病人左心室明显扩大,左室肥厚与心律失常、高血压、猝死和脑血管意外有关。此外,可卡因还可导致血管痉挛,冠状动脉痉挛可导致心肌梗死;冠状动脉粥样硬化,可能是由于可卡因促使血小板聚集引起小血管内血栓形成,进而导致栓塞。

细菌性心内膜炎是注射使用海洛因者最常见的全身化脓性并发症之一,如不及时治疗,可导致死亡。金黄色葡萄球菌是最常见的致病菌,链球菌、假单孢杆菌及一些少见的微生物也可引起此病。右侧心内膜炎多由葡萄球菌引起,临床表现为急性心内膜炎综合征,三尖瓣经常受累,但收缩期返流性杂音常难以听到。左侧心内膜炎多由链球菌引起,常累及主动脉瓣及二尖瓣,一般表现为亚急性感染。国外的一项研究指出,在吸毒人员中,70%的细菌性心内膜炎是由葡萄球菌引起的,可见毒品对心脑血管系统将产生严重的危害。

(三)毒品对内分泌系统的危害

长期使用海洛因,机体神经—内分泌系统及其功能也将受到极大的影响,通常多表现在以下几个方面:

1. 对丘脑垂体—肾上腺皮质轴的影响。据报道,长期使用海洛因可引起海洛因依赖者出现丘脑垂体—肾上腺皮质轴功能的明显变化,使促肾上腺皮质激素和皮质醇24小时分泌时发生改变,表现为上午下降而晚上升高。

2. 对丘脑垂体—甲状腺轴的影响。长期使用海洛因可造成丘脑垂体—甲状腺轴的功能改变,使促甲状腺激素明显降低。

3. 对丘脑垂体—性腺轴的影响。长期使用海洛因的男性丘脑垂体性腺轴的功能改变表现为睾丸酮分泌降低,临床表现为性欲减退、性功能减退或消失;女性则表现为黄体生成素、雌三醇、孕酮均低于正常水平,卵泡刺激素高于正常生育女性,进一步表现为月经紊乱或闭经。可见,吸食毒品的男女均可能出现生育能力降低的现象。

4. 对机体其他内分泌腺的影响。有人在对海洛因依赖者体内其他内分泌物质进行研究时发现，海洛因依赖者的心钠素、内皮素、血栓素测定均低于正常；血清胰岛素和胰高血糖素均高于正常人；胃肠道活性肠肽胃动素水平较正常人低。

综上所述，吸食毒品对内分泌系统危害巨大，透支身心，刺激、损伤神经，导致内分泌紊乱，代谢失衡。不论男女，内分泌系统长期失调的话，人就会提前衰老，肌肤恶化，脾气暴躁，永久失去生育能力。

（四）毒品对免疫系统的危害

各种各样的感染是吸毒人员发病和死亡的主要原因之一。研究表明，各类毒品都将不同程度地削弱机体的免疫功能，使人体中各种器官脏器的机会性感染发生率增加。即使应用抗生素也很难治愈，继而形成多年不愈的慢性感染。其毒性作用表现为，长期应用后，对整个免疫系统包括非特异性和特异性（包括体液免疫和细胞免疫）功能的全面抑制。

因为毒品的种类不同，其对机体免疫功能的影响也不尽相同，但毒品都被证实对人体免疫系统有直接的毒性作用。除此之外，近年来的研究还提示：一些毒品，如阿片类，可以通过神经—内分泌—免疫调节网络影响免疫功能。例如，吗啡能作用于人体中枢神经系统，通过中枢的阿片受体介导发挥免疫抑制作用。机体免疫功能降低后的直接影响，是对外界病原入侵的抵抗力降低,再加上吸毒人员大多不注意个人卫生,身体的营养状况等条件也很差,一旦有细菌或病毒侵入机体,很容易形成感染灶,继而造成全身范围的广泛扩散,最终导致吸毒人员死亡。

(五)吸毒对呼吸系统的危害

吸食者采用鼻吸、烫吸的吸食方式吸食毒品,会对人体呼吸系统造成损伤,导致呼吸系统并发症。常见的呼吸系统疾病有:气管炎、支气管炎、肺炎、肺水肿、咳嗽、咳痰、发热、咳血、哮喘、肺间隔积气、气胸、气心包和肺泡出血等,严重的可能会出现嗅觉丧失、鼻中隔穿孔、吞咽困难。并且,通过不同途径进入体内的毒品对呼吸道的特异性毒性作用、由吸毒引起的营养不良和感染也可能波及呼吸系统。比如,可卡因可能会通过抑制脑干延髓导致病人突然呼吸抑制而死亡,过量吸食海洛因会抑制呼吸中枢,使吸毒人员呼吸减慢或停止,导致大脑缺氧,进而出现脑水肿或死亡。

(六)吸毒对消化系统的危害

吸食冰毒、海洛因会引发一系列消化系统并发症。毒品的抑制食欲作用,不仅会导致人的身体消瘦,还可导致某些人体必需的维生素和矿物质缺乏,从而产生一系列营养不良综合征,在吸毒人员中,缺铁性贫血是非常常见的。同时,海洛因成瘾者常伴随有肝功能异常,如转氨酶升高、肝脏血管栓塞等,海洛因还可能抑制肠蠕动引起便秘。肝炎在吸毒人员中广泛流行,甚至国外有人提出:“只要确定是吸毒人员,就一定合并有肝炎。”

阿片类毒品成瘾者在突然停用毒品后会出现胃肠道蠕动异常加快,表现为严重腹痛和腹泻。可卡因对全身血管均有强烈收缩作用,对肠道血管的持续高度收缩可能导致肠缺血和坏死,需手术才能切除。

部分吸毒成瘾者就是误认为,可以用毒品来减肥而开始吸毒的,但毒品的抑制食欲作用不仅可能导致身体消瘦,还可能引起某些人体必需的维生素和矿物质缺乏,从而引起一系列营养不良综合征。维生素 B 族缺乏,会损伤中枢神经系统引起记忆力、注意力、学习能力显著下降,甚至出现意识障碍;维生素 B 族缺乏还会引起末梢神经炎和各种皮炎。铁元素缺乏可引起缺铁性贫血,故而在吸毒者中缺铁性贫血非常常见。

吸毒引起的胃肠蠕动减慢进而会导致便秘,这种便秘非常顽固,成为长期令吸毒者苦恼的痼疾。有时吸毒者每隔 1 周或 10 余天才大便一次,排便时出血非常常见,胃肠蠕动减慢还可引起肠梗阻。某些人为了将毒品偷偷带进医院、教堂等治疗地,利用身体藏匿毒品,也会引起肠梗阻。此外,吸毒者的这种行为也常导致其意外中毒死亡。

(七)对泌尿、生殖系统的危害

吸食毒品对人的泌尿系统、生殖系统都有极大的危害,吸毒使男性性功能受到影响。男性的雄性激素是睾丸酮,它的合成与分泌受大脑、下丘脑的调节,接受血睾丸酮水平反馈的信息,通过促性腺激素释放素刺激垂体合成及释放黄体生成激素。毒品通过下丘脑影响垂体激素的分泌与合成,造成人体内分泌功能紊乱,一些毒品可抑制黄体生成素的分泌,使血液中睾丸酮浓度明显下降,男性血液中睾丸酮的显著缺乏者常伴有性欲减退和阳痿等症状。

吸毒会造成女性经期紊乱、闭经和性功能障碍等问题。就年轻女性而言,由于其生理特征,因吸毒受到的伤害将更大,因为女性身体较易积聚脂肪,而吸收水分的能力较男性低,使毒品容易长期积于体内,造成的后遗症较多。吸毒导致的年轻女性突出的问题为经期紊乱、闭经和性功能障碍。

在海洛因成瘾者中,男性有明显的性欲降低、性功能障碍、生殖能力降低等症状,跟正常男性相比,性欲下降率为61%,长期吸食毒品甚至会导致性功能完全丧失。而女性吸食海洛因则可导致月经异常和停经,其性欲下降比例为60%以上。

国外在研究阿片类对成人淋巴细胞遗传的影响时发现,在海洛因成瘾者中,染色体损害概率比正常人高5倍,在戒毒1年内,DNA的修复缺陷持续存在。滥用K粉会让人体的膀胱丧失正常功能,泌尿功能紊乱。多数男性滥用K粉者还会出现“化学性前列腺炎”等症状。

总之,吸食毒品会对人体的八大系统造成不同程度的损害,甚至摧毁人体八大系统,最终导致人的死亡。据统计,25%吸毒成瘾者在开始吸毒10~20年后死亡。吸毒人群的平均寿命较正常人短10~15年。吸毒成瘾的人,年死亡率为一般人群的15~20倍,持续吸毒人员多在3~7年内死亡,平均寿命仅为30岁。据国外资料估算,每年海洛因吸食者的死亡率高达16%~30%。

相反,如果及时戒毒,那么毒品就会停止侵蚀人的身体,人身体的各大系统将逐渐得到恢复,机能正常运转,免疫能力和抵抗能力都将逐步恢复,身体逐渐健康,寿命自然就将相应的得到延长。

二、吸食毒品对精神的危害

吸毒对人的一个致命危害是在精神方面,吸毒令不少人变得自私自利、不知羞耻、不讲礼仪,而且意志消沉、性格怪僻、谎话连篇,导致人格的改变。吸毒人员经常出现失眠、烦躁、易怒和颓废等症状,他们和未吸毒前比判若两人。临床表现为:初起时类似神经衰弱,如记忆力下降、智力受损、失眠、焦虑,严重者出现类似重症精神病一样的幻觉或妄想,如凭空听见别人讲话、流水声、鸣笛声,无故猜测配偶有外遇或别人迫害自己等。

吸毒造成的人格改变更是多见,吸毒人员除对毒品产生强烈的心理依赖外,还会变得冷漠、残忍、过分冲动。吸毒不仅对吸毒人员本人的精神造成了极大损害,还给其家庭和社会带来了严重的危害。当吸毒人员情绪偏激,出现幻觉、妄想后,会作出极度偏激的行为,甚至可导致精神的崩溃。在这种精神恍惚的情境下,吸毒人员可能会出现自伤、自残、自杀的行为,甚至会出现行凶、杀人等情形。在吸毒人员的死亡原因中,自杀高居第三位;吸毒人员在吸毒之后行凶伤人的事件也屡见不鲜。

案例:一名“瘾君子”吸食冰毒后到朋友家,在吃包子时产生幻觉,怀疑朋友给他吃的包子是用人肉包的,当场起了杀机,用棍子棒杀朋友。

王某是一名刑释人员,有吸毒前科,此前曾因犯故意伤害罪入狱,刑释后再次复吸毒品。一日,王某吸食冰毒后,到朋友李某家玩,李某拿出包子请王某吃,王某因吸食冰毒后产生幻觉,怀疑包子是人肉所制成,拿起旁边的木棍,毫无征兆地朝李某头部击打,致李某头部流血、倒地身亡。随后,精神异常的王某将已经死亡的李某抱入房间,还以为李某未死,又到厨房找到菜刀,返回房间砍了李某数刀,之后逃离现场。1 个月后,王某被公安机关抓获归案。

从该案例中可以看出,吸食毒品对人精神的危害非常严重,王某本是李某朋友,却因吸毒产生幻觉继而将李某杀害,手段相当残忍。一审、二审法院均判处王某死刑立即执行。吸食毒品产生的精神异常杀死了两条鲜活的生命。

三、吸毒方式的危害

(1)直接嚼食饮用毒品,人的胃部会被腐蚀。贩毒人员在人体藏毒时,如果毒品发生渗漏,其器官肯定会受到损坏。

(2)通过呼吸道吸食毒品,对呼吸道系统将造成恶性刺激,轻则易患气管炎,重则导致肺炎、肺气肿和肺癌等。

(3)在肌肉或皮下注射毒品后,注射部位的皮肤会出现脓肿、感染、色素沉着、疤痕硬结等症状。不洁注射会导致感染各种疾病,也是传播艾滋病的重要途径。

(4)颈动脉注射、股静脉注射,俗称“开天窗”。静脉注射毒品的危害最大,不仅会使吸毒人员的毒瘾越来越重,而且极易引发肝炎、结核、艾滋病等传染病。另外,如果注射过量,吸毒人员的心脏根本承受不起,很容易猝死。

四、戒断反应危害

戒断反应,通常是指吸毒人员在吸毒成瘾后,想要戒断毒品,或者没钱购买毒品继续吸毒,突然终止用药(吸毒)或减少用药剂量后发生的一系列生理、心理上的反应。

虽然主观上想要彻底戒毒是非常正确的选择,但是当吸毒成瘾后,吸毒人员的身体、心理对毒品都产生了极大的依赖,戒毒时产生的戒断反应在短期内对人的身心都会造成一定的危害。所谓的身体依赖,是指在正常人的脑内和体内的一些器官中,存在内源性阿片肽和阿片受体。在正常情况下,内源性阿片肽作用于阿片受体,调节着人的情绪和行为。人在吸食毒品后,毒品抑制了内源性阿片肽的生成,逐渐形成在毒品作用下的平衡状态,一旦停用就会出现忽冷忽热、流泪、流涕、出汗、恶心、呕吐、腹痛、腹泻、全身骨骼疼痛等症状,疼痛严重时会让人痛不欲生,犹如尖刀刺骨等。这也就是人们常说的身体戒断反应。而吸毒人员的心理戒断反应则表现为焦虑不安、极度心慌、烦闷、感到身体不受控制,甚至出现幻听、幻视等幻觉,严重时情绪彻底失控。

许多吸毒人员在戒毒时或没有经济来源购毒、吸毒的情况下,或死于严重的身体戒断反应引起的各种并发症,或由于痛苦难忍而自杀身亡。在长期吸毒的过程中,毒品已经成为其生命中不可或缺的一部分,一旦停止,就会面临身体、心理的双重折磨,痛苦难耐,继而极易自伤、自残,对自身身心造成严重伤害。这也就是戒断反应带来的危害,因此,最好的方法是从一开始就不要接触毒品。

五、毒品“质量”造成的其他危害

毒品有哪些种类?或许熟悉毒品的人知道,有海洛因、冰毒、K 粉……但是,很少有人知道这些毒品里含有什么成分,也不知道那些掺混在毒品中的“其他成分”是否对人有危害,以及毒品的质量如何。现实情况是,毒贩们往往不在意“产品质量”,毒品里的成分物质并不“单纯”,而且质量也并没有吸毒人员想象中的好!

《中国禁毒报》报道了《粤桂警方联手破获特大制贩毒案

件,缴获毒品67公斤!》,在该案的后续报道中,还有一个细节值得注意:发现制毒团伙在毒品中掺杂杂质进行加工。为了增加毒品总重量,牟取更大的利润,毒贩们通常都会在毒品里掺混一些非毒品的物质,这样,毒贩们在贩卖毒品的时候就可以按照总重量来多卖些钱。这并非个案,例如,在近年来破获的多起制贩毒团伙案中,现场除缴获毒品海洛因、可卡因和制毒原料外,还缴获了各式各样的外观类似毒品的其他成分,例如,敌鼠钠盐(杀鼠剂)以及一些掺混制毒的加工工具。

无论从哪个角度来看,用"丧尽天良""谋财害命"来形容毒贩都不为过。毒贩们为了牟取更大的利润,根本不考虑毒品质量如何,更不会考虑掺混了乱七八糟物质的毒品会不会危害吸毒者的人身安全,直接在毒品中加入了多种有害物质。毒贩们的理由很直接,也很简单,除多赚钱以外,他们认为吸食毒品本来就是对人体有害的,吸毒成瘾的人早晚要死,因而多加一点其他的"佐料"也无所谓。接下来,一起看看毒贩们的"加料"名单吧!

(一)葡萄糖、白糖、冰糖

这些糖类都可能被加入毒品之中,尤其是冰糖,因为形态接近,经常会被掺杂进冰毒中以增加重量,牟取暴利。

(二)碱面

做馒头用的碱面也是一种常见"佐料",毒贩们为了省钱,甚至会直接使用工业碱,因其都是粉末,从外观上很难分辨。

（三）淀粉

淀粉呈白色粉末状，掺进某些毒品后很难分辨，也有不少毒贩会用它来压制各种药片。

（四）石灰

石灰具有腐蚀性，但也常被丧尽天良的毒贩掺入毒品中售卖。除了石灰，毒贩掺杂其他各种粉末状物质也毫不犹豫，比如玻璃粉等。

（五）老鼠药

老鼠药有剧毒，但因呈白色粉末状，掺混在毒品里肉眼根本无法分辨，而且这些粉末的重量相对较重，为了牟取暴利，更容易被毒贩当作制毒"佐料"。由于为恶之深，无所不用其极，毒贩们确实难逃罪责。

当然，毒品的质量是不可能有人来保证的，上述物质仅仅是简单举例，只有想不到，没有毒贩们做不到的，其掺混这些杂质，除增加重量牟利外，还有一个可笑又可怕的理由——"据说，这样吸食起来更加刺激，更容易有快感"。

毒贩们只管造、只管掺、只管卖，才无所谓卫生不卫生，他们在毒品里掺混的各式各样的物质，吸食进体内会造成什么样的危害呢？答案是加快生命的结束，轻则致人中毒，重则使人丧命。

六、群体性吸毒导致交叉感染、迅速扩大危害涉及面

吸毒不仅是单独行为，为了增加吸毒后的快感，追求刺激，

吸毒很大可能是交互性的群体行为。一群人聚集在一起吸毒的报道屡见不鲜,甚至还衍生出“溜冰妹”“陪嗨女”等畸形的“职业”,其都是为了聚集在一起吸毒来增加所谓的快感。

群体性吸毒行为的危害巨大,这种行为极大增加了吸毒人员之间疾病传染的概率,使各种病菌感染和并发疾病在吸毒人群中迅速、广泛地蔓延,导致群体性的健康损害、死亡。并且,群体性吸毒还会使各种传染病在吸毒人员周围的健康人群中迅速传播,导致疾病在社会广泛地传染,给社会带来了巨大的传染病危害。例如,细菌性心内膜炎、破伤风、败血病、横断性脊髓炎,并极易传染乙肝、丙肝等血清型肝炎和皮肤病、艾滋病。

由于毒品滥用日益严重,特别是当前越来越多的人采用静脉注射方式滥用药品,导致艾滋病病毒感染者迅速上升。自艾滋病从20世纪80年代开始传播以来,全球已有超过2200万人被其夺去生命。

矫正作业:

1. 在《矫正足迹》上写出毒品对自身的危害。

2. 现身说法专项活动,详见“矫正效果评估篇”附件一之“主题活动四”。

吸毒与艾滋病

毒品与艾滋病关系密切,如孪生兄弟一般,共用针管注射、吸食合成毒品后的乱性等都会大大增加艾滋病感染的风险。

建议课时:2 课时

一、注射吸毒者艾滋病感染风险高

众所周知,艾滋病传播主要通过血液传播、性传播、母婴传播 3 种途径。

吸毒人员在毒瘾发作时,总是不择手段地获取毒品,急不可待地由静脉推入海洛因溶液。因此,一个注射器常常被反复使用或多人共用,再加上吸毒人员本身便是艾滋病的高危群体,只要吸毒人员中有一个是艾滋病病毒携带者,在注射时病毒便可较快地通过血液传染给他人。因此,注射吸毒人员在注射时通过血液感染艾滋病的风险极高。

注射吸毒是艾滋病传染的一种常见途径。由于注射吸毒人群常常共用针具,容易导致这一人群具有较高的感染率。2002 年全国登记在册的注射吸毒人员有 41 万,实际数据可能还远远高于此。根据一项在四川、云南两地进行的调查,曾经有过注射吸毒经历的人数为 1113 例,占被调查吸毒人员总数的 66.3% 。其中,639 例有与他人共用注射器的行为。在杭州,一项 1997 年 4 ~8 月对吸毒人群进行艾滋病感染情况的调查发现,静脉注射毒品者的 HIV 检出率为 38.09% ,远高于1.05% 的口吸毒品的 HIV 检出率。

既然注射吸毒有如此高的感染率,为何还深受吸毒人群青睐呢？根据调查，吸毒人员采用静脉注射方式的基本原因是“上头快”“省药”，以及模仿和相互影响等。在调查对象中，有58%的人有不同程度的共用注射器行为。共用注射器的主要原因是“毒瘾上来、顾不上别的”和“模仿他人”。这一情况极大增加了吸毒人员感染艾滋病的可能性。2001～2005年在广西壮族自治区玉林市对2251名吸毒人员的筛查中，发现HIV感染者102例，感染率为4.5%。其中，有101例为采用静脉注射的毒瘾者，占感染者的99.00%；共用注射器吸毒74例，占感染者的73.27%。在全国范围内，截至2007年10月底，在累计报告的艾滋病病毒感染者和病人中，经注射毒品传播的占38.5%。在这些人中，有40%的注射吸毒人群有共用注射器的行为。

一些研究者对吸毒人群展开分析发现，吸毒人员随着吸毒年限的增加，往往会采用静脉注射的方式吸毒，因而其共用针管的风险也会随之增大。对此，有研究者对382位毒品吸食者展开了调查，发现由首次吸毒发展到静脉吸毒的时间通常只需2年，而且在调查人群中占98.2%的人最终都会由口吸转为静脉注射。

一旦触碰毒品，绝大多数人最终都会走上静脉注射吸毒的道路，而且还往往存在针管共用的问题，这也就是为何注射吸毒人群成为艾滋病高感染群体的原因。

二、吸毒后乱性增加艾滋病感染风险

吸毒人群多为中青年，易发生乱性行为，使艾滋病更易传播给他人。大多数吸毒人员认为,在性交时吸毒可以使他们感到更加快乐。而且在吸食毒品后,他们的性行为也会更频繁,还会和很多不同的人有性行为,这样就再次加大了其患艾滋病的概率。

吸毒人群与实施高危性行为的人群有很强的关联性和重合性。在此,国内外研究主要集中在以下两大群体:一是男男同性恋群体;二是女性性工作者群体。这两个群体本身就是艾滋病传播的高危人群,加上与吸毒相关,很容易感染和传播艾滋病。

(1)男男同性恋人群常常进行不安全性行为,并具有多性伴的特点,加上吸毒所导致性亢奋以及免疫系统功能下降,使这一群体感染艾滋病的概率大大增加。例如,一项国外研究表明,摇头丸等新型毒品的使用,使年轻的同性恋和双性恋更倾向于前往酒吧和色情俱乐部,增加了不安全性行为的可能性。因此,男男同性恋群体一直是艾滋病防范的焦点群体。

(2)许多女性吸毒人员由于承担不起巨额的花费,大多数从事卖淫或采用卖血等方式以获取毒资,极易感染性病和艾滋病,导致艾滋病更加快速地传播。

案例:一吸毒女卖淫致24人染艾滋病

在某市禁毒工作会议上,记者了解到,一名患有艾滋病的吸毒女为筹集毒资卖淫,竟导致24人相继感染了艾滋病。

这起患艾滋病吸毒女卖淫感染24人的案例,大致经过如下:当事人春花(化名)34岁,云南人,10多年前到广州打工,因没有学历,没有特长,她只能在夜总会当服务员。后来,春花认识了一位香港老板,并被其包养成情人。在港商的引诱下,春花开始吸食毒品。在同居半年后,港商将春花抛弃,而此时的春花已经深陷毒潭不能自拔。

当时才24岁的春花走投无路,便走上了卖淫道路,并经常和卖淫的"姐妹们"聚在一起吸毒。后来,春花又开始注射吸毒。由于对艾滋病不了解,她都是和其他人共用一支注射器。直到一天,和她共用注射器的一名女子因艾滋病死亡后,她才害怕起来。但此时已经太晚,春花在因卖淫被抓到看守所后,被查出患有艾滋病。

不久后,春花回到云南,她的心理已经发生畸变,在明知毒品有害的情况下,还劝诱哥哥和妹妹跟自己一起吸毒。随着毒瘾的增加,春花让哥哥和妹妹同自己共用注射器,导致哥哥、妹妹也染上了艾滋病。

在毒品中无法自拔的春花兄妹3人陷入了疯狂。春花姐妹俩发现,勾引有钱男子,并用毒品控制他们,是一个很快的来钱渠道。于是,春花姐妹俩开始主动出击,专门寻找那些好色之徒。在每次和这些好色之徒发生"一夜情"之后,春花姐妹俩都会主动拿出毒品邀请他们吸食,骗他们说是保健药,吃了能增强人的性欲,而这些人大多都上了当。随之而来的就是聚众吸毒,再聚众淫乱,如此反复,相互传染病毒,就像瘟疫一样。

由于聚众吸毒和聚众淫乱春花先后将艾滋病传染给了24人。由此观之,吸毒后发生的乱性,是很危险的事情,极大地增加了感染艾滋病的风险,这也是吸毒的危害之一。

矫正作业:

1. 谈一谈对吸毒与艾滋病的认识,并填写在《矫正足迹》上。

2. 以自己或毒友为例,现场开展对吸毒感染艾滋病的讨论。

艾滋病预防与控制

在上文中,我们学习并了解了毒品与艾滋病犹如孪生兄弟一般,无论是吸毒后乱性,还是共用针管注射毒品都会大大增加艾滋病感染的风险。因此,对于吸毒人员来说,学习艾滋病预防与控制的相关知识是非常重要且必要的,尚未感染艾滋病的可以学会预防以及初步自我检测,已经患上艾滋病的在学习后应懂得如何控制病毒传播,并了解一些国家预防和控制艾滋病的相关政策。

世界艾滋病日的标志是红丝带。其意义为:红丝带像一条纽带,将世界人民紧紧联系在一起,共同抗击艾滋病,它象征着人们对艾滋病病人和感染者的关心与支持;象征着人们对生命的热爱和对和平的渴望;象征着人们要用“心”来参与预防艾滋病的工作。

建议课时:4 课时

一、什么是 HIV

(一)HIV 的定义

HIV 是人体免疫缺陷病毒(Human Immunodeficiency Virus)的缩写,通常又被称为艾滋病病毒,它是一种能生存于人的血液中并攻击人体免疫系统的病毒。它把人体免疫系统中最重要的 T4 淋巴细胞作为攻击目标,大量吞噬、破坏 T4 淋巴细胞,从而使整个人体免疫系统遭到破坏,最终使人体丧失对各种疾病的抵抗能力而导致死亡。科学家把这种病叫作“获得性免疫缺陷综合征”(Acquired Immune Deficiency Syndrome, AIDS),即艾滋病。目前,艾滋病是没有办法治愈的,既然没有办法治愈,那么预防就是最有效的抵御方法,要想预防就要了解艾滋病的传播条件及传播途径。

(二)HIV 传播必须同时具备的 3 个条件

1. 有大量的病毒从感染者体内排出。

2. 排出的病毒要经过一定方式传递给他人。

3. 有足量的病毒进入体内。

在艾滋病流行的早期,大多数的 HIV 感染者是同性恋者。但是,随着艾滋病的流行和流行病学调查的不断深入,人们发现,HIV 在异性人群中传播已经成为主要趋势,占全球总感染人数的 70%。

二、艾滋病如何传播

艾滋病虽然很可怕,但 HIV 的传播方式并不是很多,只有 3 个传播途径。

(一)性接触传播

艾滋病感染者的精液或阴道分泌物中有大量的病毒,在发生性行为时,可以通过生殖器或直肠黏膜传播。生殖器患有性病(如梅毒、淋病、尖锐湿疣)或溃疡,会增加感染 HIV 的危险。

(二)血液传播

1. 如果血液里有 HIV,输入此血者将会被感染。

2. 血液制品传播。有些病人(如血友病人)需要注射由血液中提取的某些成分制成的生物制品。一些血液制品如含有艾滋病病毒,使用这些血液制品就有可能感染上 HIV。

3. 共用针具的传播。使用不洁针具将导致艾滋病病毒从一个人传到另一个人。例如,静脉吸毒人员共用针具;医院里重复使用针具等。另外,使用被血液污染而又未经严格消毒的注射器、针灸针、拔牙工具、美容针、刀等,都十分危险。

(三)母婴传播

如果母亲是 HIV 感染者,那么她很有可能会在怀孕、分娩过程中或是通过母乳喂养使她的孩子受到感染。故建议 HIV 感染者不要生育,如已生育,要禁止母乳喂养。

三、艾滋病的症状与病程

艾滋病的潜伏期较长，一般认为在 2～10 年，有的可长达 10～20 年。在这漫长的潜伏过程中，病毒携带者是危险的传染源，HIV 侵入人体后可分为 5 期。

（一）急性感染期——Ⅰ期

原发 HIV 感染后，小部分病人会出现发热、全身不适、头痛、厌食、恶心、肌痛、关节痛和淋巴结肿大等症状。此时，其血液中可检出病毒和抗原。一般症状持续 3～14 天后自然消失。

（二）无症状感染期——Ⅱ期

此期由原发 HIV 感染或急性感染症状消失后延伸而来。感染者在临床上没有任何症状，但在其血清中能检测到病毒，具有传染性。此阶段可持续 2～10 年或更长。

（三）持续性全身淋巴结肿大综合征（PGL）期——Ⅲ期

在此阶段，感染者主要表现为，除腹股沟淋巴结以外，全身其他部位 2 处或 2 处以上淋巴结肿大。其特点是淋巴结肿大直径在 1cm 以上，质地柔韧、无压痛、无粘连、能自由活动。活检为淋巴结反应性增生。一般持续肿大 3 个月以上，部分患者淋巴结肿大 1 年后逐步消散，亦有再次肿大者。

（四）艾滋病Ⅳ期

本期可以出现 5 种表现：

1. 体质性疾病，即发热、乏力、不适、盗汗、厌食、体重下降、慢性腹泻和易感冒等症状。除全身淋巴结肿大外,可有肝脾肿大。其也曾被称为艾滋病相关综合征(AIDS Related Syndrome, ARS)。

2. 神经系统症状,出现头痛、癫痫、进行性痴呆、下肢瘫痪等。

3. 严重的临床免疫缺陷,出现各种机会性病原体感染。包括卡氏肺孢子虫、弓型虫、隐孢子虫、念珠菌、结核杆菌、鸟分枝杆菌、巨细胞病毒病,如慢性淋巴性间质性肺炎等;疱疹病毒、EB 病毒感染等。

4. 因免疫缺陷而激发肿瘤,如卡氏肉瘤、非霍齐金病等。

5. 免疫缺陷并发的其他疾病。

(五)终期——V 期

免疫功能全面崩溃,病人出现各种严重的综合病症,直至死亡。未经抗逆转录病毒治疗的艾滋病病人平均只能存活约 18 个月。

四、艾滋病的危害

(一)对个人的危害

1. 从生理上来说,艾滋病病毒感染者一旦发展成艾滋病病人,健康状况就会迅速恶化,患者身体上要承受巨大的痛苦,最后被夺去生命。

2. 从心理上、社会上来说,艾滋病病毒感染者一旦知道自己感染了艾滋病病毒，心理上会承受巨大的压力。另外，艾滋病病毒感染者容易受到社会的歧视，很难得到亲友的关心和照顾。

（二）对儿童的影响

艾滋病使千千万万的儿童沦为孤儿，使他们被迫承受失去亲人的痛苦，还要经常忍受人们的歧视、失学、营养不良以及过重的劳动负担。另外，根据2011年的数据，全球共有334万儿童感染艾滋病病毒，由艾滋病病毒阳性的母亲在妊娠、分娩或母乳喂养期间传染所致，每天有900多名儿童新感染艾滋病病毒。

（三）对家庭的危害

社会上对艾滋病病人及感染者的种种歧视态度会殃及其家庭，他们的家庭成员和他们一样，也要背负沉重的心理负担。由此容易产生家庭不和，甚至导致家庭破裂。因为多数艾滋病病人及感染者正处于养家糊口的年龄，往往是家庭经济的主要来源，当他们本身不能再工作，又需要支付高额的医药费时，其家庭经济状况就会很快恶化。有些艾滋病病人的家庭，其结局一般都是留下孤儿无人抚养，或留下父母无人养老送终。

（四）对社会的危害

据统计，艾滋病主要发生在20~45岁的成年人身上，而这些人正值壮年，是社会生产的主要劳动力，在很大程度上影响着社会生产力。一些歧视和不公正待遇等因素使许多艾滋病病人及感染者脱离家庭和社会,容易引发系列犯罪,造成社会的不安,破坏社会的稳定。

五、预防艾滋病的基本知识

(1)艾滋病是一种病死率极高的严重传染病,目前还没有治愈的药物和方法,但可以预防。

(2)艾滋病主要通过性、血液和母婴3种途径传播。

(3)与艾滋病病人及艾滋病病毒感染者一同进行日常生活或者具有工作接触不会感染艾滋病病毒。

(4)洁身自爱,遵守性道德是预防经性途径传染艾滋病的根本措施。

(5)合理使用安全防护措施,能减少感染艾滋病、性病的危险。

(6)及早治疗并治愈性病,可降低感染艾滋病的危险。

(7)共用注射器吸毒是传播艾滋病的重要途径,因此要拒绝毒品,珍爱生命。

(8)避免不必要的输血和注射,使用经艾滋病病毒抗体检测的血液和血液制品。

(9)避免在日常救护时沾上受伤者的血液,救护流血伤员时,要设法不让血液直接沾到自己的皮肤,尤其是在自己身上存在皮肤破伤时更应重视,可用衣服、塑料带来隔开伤员。

(10)不与他人共用有可能刺破皮肤的用具。如牙刷、刮脸刀和电动剃须刀。

(11)不歧视并关心、帮助艾滋病病人及艾滋病病毒感染者是预防与控制艾滋病的重要内容。

六、HIV 安全教育知识讲座

学习了这么多 HIV 的知识,下面我们将通俗易懂的讲解告诉大家,为什么艾滋病病毒是危险的?人体就像一个国家,有着自己的防卫系统,人们称之为免疫系统。国家的防御系统,由指挥官和士兵组成,指挥官负责调集士兵和维持士兵之间的秩序。同样地,我们身体的免疫体系部队,保护我们免受外部的病菌和病毒感染。我们的皮肤像一堵很坚实的墙,保护我们免受病菌和病毒感染,而在我们体内,我们免疫系统部队的指挥官们是 CD4—T 细胞,它维持着士兵之间的秩序,以保持我们的身体健康。免疫系统中的士兵再按照部队指挥官的命令杀死外来入侵者。其中,有一种外来入侵者叫"人体免疫缺陷病毒",也称艾滋病病毒,它是世界上最致命的病毒之一,艾滋病病毒不能像其他病毒一样在空气中存活,所以人不会从空气中感染艾滋病病毒。然而,如果艾滋病病毒进入体内,则会变得非常厉害而危险,这种病毒之所以是致命的,是因为它能够攻击体内防御大军的指挥官,把他们杀死。当一个人艾滋病病毒呈阳性时,就表明艾滋病病毒开始在这个人的体内复制了。没有了指挥官,士兵不知道做什么,因此不能与任何外来入侵者作战。随着时间的推移,艾滋病病毒会摧毁体内防御大军的许多指挥官,最终导致免疫系统的崩溃。而当一个人的免疫系统崩溃时,我们就说这个人得了艾滋病,也就是获得性免疫缺陷综合征(AIDS)。艾滋病病人非常脆弱,以致很微弱的细菌也能够引起严重的感染或死亡。

艾滋病病毒及艾滋病是一个全球问题,世界上有数以百万计的人是艾滋病病毒的感染者或艾滋病病人。任何人都可能感染艾滋病病毒或艾滋病,不分年龄、性别、种族、宗教……在世界上感染艾滋病病毒或患艾滋病的人中,90%都不知道自己感染了艾滋病病毒,你自己或你爱的人就有可能感染艾滋病病毒,所以了解艾滋病病毒和艾滋病的真实情况是非常重要的。

艾滋病病毒很容易感染吗?不,人不会像患普通感冒那样从空气中感染艾滋病病毒,不会从食物或水中感染艾滋病病毒,也不会通过动物感染艾滋病病毒,比如鸡或牛。艾滋病病毒只能在某些人的体液中存活和移动。每个人的身体里都有着各种液体,如眼泪、汗液、唾液等。艾滋病病毒仅通过人体的3种体液传播,我们称为“三液”。“三液”包括:血液、乳液、性液。那体内的其他液体呢?我们怎样知道哪些是安全的,哪些是危险的呢?人的体液有两类:一类是高危体液,另一类是没有危险的安全体液。艾滋病病毒仅通过血液、乳液、性液,这3种高危体液传播。血液是一种高危体液,病毒能够通过输血,使用过的剃须刀刀片或使用过的针头和注射器等进入体内。

艾滋病病毒也会通过母婴传播,当母亲怀孕或分娩时,艾滋病病毒能通过血液传播。母亲用母乳喂养时,艾滋病病毒可能通过乳液传播,所以血液和乳液都是高危体液。当一个艾滋病病毒感染者的性液直接传给没有被感染的人时,艾滋病病毒就通过性液实现了传播,所以性液也是高危体液。艾滋病病毒不能通过其他任何体液传播,如唾液、黏液、鼻涕或痰液、汗液、眼泪等,这些都是没有危险的体液。也不能通过身体排泄的废物传播,尿液跟粪便同样是没有危险的。

艾滋病病毒如何传播?直接传输。我们的皮肤像一堵厚墙保护着我们,艾滋病病毒在空气中不能存活。艾滋病病毒为了生存,必须找到一个路径来直接传输进入人的身体。这就是直接传输,直接传输在两种情况下发生。第一,直接传输是通过皮肤上的伤口让病毒进入血液而发生的,身体上任何地方的伤口都可以让病毒进入。第二,直接传输也可以通过身体中自然对外张开的部位发生,如嘴巴或者身体的隐私部位。

一个人怎么知道自己是否已被感染了呢?可以用三角检测法。第一步,是否有高危体液,如果没有,停止检测,没有感染艾滋病病毒的危险;如果有,继续进行第二步。第二步,高危体液是否被直接传输?如果不是,停止检测,没有感染艾滋病病毒的危险;如果是,继续进行第三步。第三步,如有感染艾滋病病毒的可能,要去看医生!我们也可以用三角检测法看看以下几种情况:

(1)别人向你咳嗽或打喷嚏,你会感染艾滋病病毒吗？不,你不会感染,让我们找出原因,第一步,唾液和黏液是高危体液吗？不是,因此不会感染。

(2)你和别人共用一个针管注射器,你会感染艾滋病病毒吗？是的,你会感染,让我们找出原因。第一步,血液是高危体液吗？是的。进入第二步,存在直接传输吗？存在。那就进入第三步,有感染艾滋病病毒的可能,要和医生谈一谈了。

(3)与别人握手,你会感染艾滋病病毒吗？你不会感染。让我们找出原因。第一步,皮肤是高危体液吗？不是,皮肤连体液都不是,因此不会感染。

(4)上厕所会感染艾滋病病毒吗？不,你不会感染。让我们找出原因。第一步,尿液和粪便是高危体液吗？不是,因此不会感染。

(5)能通过动物被感染艾滋病病毒吗？如鸡或牛？不会。让我们找出原因,我们不必通过三角检测法,因为人不会通过动物或昆虫感染艾滋病病毒,人只有可能通过人类受到感染,因此不会感染。

(6)和别人拥抱会感染艾滋病病毒吗？不会感染。让我们找出原因,第一步,汗液是高危体液吗？不是。因此,不会感染艾滋病病毒。

(7)婴儿会通过母乳感染艾滋病病毒吗？是的,会感染。让我们找出原因,第一步,母乳是高危体液吗？是的。进入第二步,存在直接传输吗?存在。第三步,有感染艾滋病病毒的可能,要和医生谈一谈了。

(8)与人亲吻会感染艾滋病病毒吗?不会感染。让我们找出原因,第一步,唾液是高危体液吗?不是,因此不会感染。

(9)无保护的性行为会导致你感染艾滋病病毒吗?是的,会感染。让我们找出原因,第一步,性液是高危体液吗?是的。进入第二步,存在直接传输吗?存在。进入第三步,有感染艾滋病病毒的可能,要和医生谈一谈。

(10)被蚊子叮咬会感染艾滋病病毒吗?不会感染。让我们找出原因,我们不需要运用三角检测法,因为人不会通过动物感染到艾滋病病毒,人只能通过人感染艾滋病病毒,因此不会感染。有很多人会问,蚊子会吸人的血,血是高危体液啊,为什么没有感染的可能呢?这个问题提得好,蚊子是一个特殊的例子,现在来解释一下为什么没有感染的可能,让我们看一下三角检测法,第一步,血液是高危体液吗?是的。进入第二步,存在直接传输吗?不存在。蚊子仅仅吸血而不会"注射"血液,所以没有直接传输。因此人不会通过蚊子叮咬感染艾滋病病毒。

如何知道一个人是否感染了艾滋病病毒,能通过一个人的外貌知道他们是否感染艾滋病病毒或患艾滋病吗?不能,你不能通过一个人的外貌判断这个人是否感染艾滋病病毒或患艾滋病,不要相信外表。感染者可能看起来完全健康,像正常人一样工作,他们可能不知道自己是感染者。一些人很多年都不会出现感染艾滋病病毒的症状。其他感染者可能出现一些症状,比如,发烧、咳嗽、头痛、皮疹、出很多汗。但是每一个感染者都会变得很严重,一旦艾滋病病毒发展为艾滋病,症状会加重,比如,病人会变得很容易疲劳,体重剧减。这些症状与普通的感冒和流感很相似,而这正是可怕之处。早期的症状与流感很相似,因此,许多人直到病得很重时,才知道自己感染了艾滋病病毒。如果你经历过高危液体可能被直接传输的情况,你就有感染艾滋病的可能,应该和医生谈一谈,并作检测。

怎样保护自己以免感染艾滋病病毒呢?还记得之前我们说的"三液"吗?必须有高危体液的直接传输,才会感染艾滋病病毒。需要注意的有以下3点:

1. 血液

不要与他人共用有关器具,如剃须刀刀片、针管和注射器,这些器具可能被肉眼看不到的极小量的病毒感染。只向那些设备经过消毒的血库献血。如果你要接受输血,必须先确认使用的针头是清洁的,待输的血是通过艾滋病病毒检测的。

2. 母乳

婴儿可能在母亲的子宫里、分娩过程中和母乳哺育时感染艾滋病病毒,但是在医生的帮助下,怀孕的女性可以预防她的孩子感染艾滋病病毒,她仍然能够有一个健康的孩子。如果一个艾滋病病毒感染者打算生孩子,她应该去问医生使用什么来替代母乳。

3. 性液

新郎和新娘在结婚前应该做一次艾滋病病毒检测，记住有90%的感染者不知道自己被感染，伴侣可能不知道自己是感染者，既然没有坏处，为什么不去检查一下呢？避免有多个性伴侣，性伴侣越多，你的危险越多。因此，为了自己和他人的安全，如果你发生过高危动作，请一定要去医院做艾滋病病毒检测。

七、我国预防和控制艾滋病的相关政策

（一）“四免一关怀”政策

“四免一关怀”中的“四免”分别是：

第一，农村居民和城镇未参加基本医疗保险等医疗保障制度的经济困难人员中的艾滋病病人，可到当地卫生部门指定的传染病医院或设有传染病区（科）的综合医院服用免费的抗病毒药物，接受抗病毒治疗。

第二，所有自愿接受艾滋病咨询和病毒检测的人员，都可在各级疾病预防控制中心和各级卫生行政部门指定的医疗机构，得到免费咨询和艾滋病病毒抗体初筛检测。

第三，对已感染艾滋病病毒的孕妇，由当地承担艾滋病抗病毒治疗任务的医院提供健康咨询、产前指导和分娩服务，及时免费提供母婴阻断药物和婴儿检测试剂。

第四，地方各级人民政府要通过多种途径筹集经费，开展艾滋病遗孤的心理康复，为其提供免费义务教育。

“一关怀”，指的是国家对艾滋病病毒感染者和患者提供救治关怀。各级政府将经济困难的艾滋病患者及其家属，纳入政府补助范围，按有关社会救济政策的规定给予生活补助；扶助有生产能力的艾滋病病毒感染者和患者从事力所能及的生产活动，增加其收入。

（二）“关艾计划”

自2010年默沙东公司携手卫生部启动“关艾计划”后，已有1000多名一线艾滋病专科医生接受了面对面的培训，2000多名医生接受了媒体和数字化培训，覆盖了云南、广西、河南、四川、新疆、广东等9个艾滋病高发省区。

2011年11月30日中国性病艾滋病预防控制中心有关专家介绍，2012年“关艾计划”将加强中基层艾滋病医师的继续教育，推广新的第三版《国家免费抗病毒药物治疗手册》在临床中的应用，让更多艾滋病医生接受全面、规范的艾滋病诊治技术培训，获得及时、前沿的艾滋病知识，不断提高临床诊疗水平。

项目支持方默沙东（中国）有限公司表示，“关艾计划”将响应卫生部的艾滋病防控策略，深入推广“治疗与预防同步”理念，亦将利用公司先进的研发技术，及时更新一线艾滋病医生的艾滋病诊疗知识，更好地为患者提供治疗和关怀。毒品的“孪生兄弟”艾滋病害人不浅，而毒品就是艾滋病的头号帮凶，如果不想被艾滋病和毒品祸害，就千万记住从一开始就要远离毒品，如果不慎染毒，也要及时悬崖勒马。

矫正作业：

1. 艾滋病对人的危害有哪些？
2. 为什么说毒品和艾滋病是孪生兄弟？
3. 当不幸感染艾滋病时，国家有什么政策关心患者？

将答案填写在《矫正足迹》上。

第三节　毒品危害之家庭账
——“一人吸毒，全家遭殃”

矫正目标：此分项目从家庭经济和家庭亲情两个方面出发，带领矫正对象一起“算账”。通过这种方式，促使矫正对象深刻认识毒品的危害，学会反思吸毒给家庭带来的伤害，筑牢其远离毒品的思想防线。

建议课时：8 课时

家庭经济账

建议课时：4 课时

曾有人说过这样一句警言：“天下之倾家者，莫速于毒；天下之败德者，亦莫甚于毒。”吸毒需耗费巨资，已是人人皆知的事实。那么,吸毒对家庭经济造成的危害具体表现在哪些方面呢?

一、购买毒品耗费巨资,家庭经济捉襟见肘

大到一个国家,小到一个企业或家庭,当其收入等于支出时,叫作收支平衡;而支出大于收入时,就叫作负债。假设,一个正常的3口之家,收入水平是每人每月3000元,两个成年人收入合计6000元,除去日常生活的衣食住行,还有部分余钱可以用于其他的花销开支,如朋友聚会、休闲娱乐等,其生活质量水平是可以得到保障的。然而,在这个家庭中如果有一个人吸食了毒品,就按1克海洛因100~200元的价格来计算,每天买1克大约花费100~200元,那么1个月30天,需要3000~6000元,几乎占据了全部的家庭收入,且不说提高生活质量,就连基本的生活需要都无法保障,有些地区的毒品价格更高,吸毒人员的消费金额就更高了。而且,随着吸毒成瘾后人体机能对毒品逐渐产生的耐受性,为了达到足够的快感体验,吸毒者每次吸食的数量将会逐渐增多,每月的花费也自然会逐渐增加。这种花费不仅是普通工薪阶层和做小本生意的人无力承受的,即使有一定经济实力的家庭也坚持不了多久。吸毒人员成瘾后对毒品不可中断的需求性及其无节制的觅药行为,将直接导致他们背上沉重的毒资“十字架”,于是他们有的对外借款、借而不还,有的骗人钱财、藏匿消失,还有的甚至为了获取毒资不惜

卖儿卖女、逼妻卖淫。

一位吸食毒品者这样说过："在我们那里，冰毒大概也就是200多元1克（当然纯度越高，品种越稀有的，价格相对就越高），而麻古可以低至50元一粒，300多元钱可以吸上1个星期，1个月毒品的消费成本也就是1000多元人民币。"他说自己曾经有一家公司，1年的收入最少可达6位数，对于他来说，每月用于购买毒品的费用是九牛一毛。被朋友"带上道"的他，刚开始并没有意识到有什么问题，反而觉得1个月花点小钱就能体验到兴奋、快感，很值得。但是几年后他发现，自己越来越难感受到之前的兴奋、快感，只有不停地加大剂量和提高频率才能找回最初的感觉，最疯狂的时候一天消费达到数千元。而公司生意也受其吸毒的影响呈下滑趋势。他甚至疯狂到每次在谈业务之前，都要先来一口，待签完合同回过头重新审查，才发现价格错得离谱，越来越多亏本合同，让公司的收入一落千丈；日益增加的毒资，导致其在经济上越来越入不敷出。

从他身上可以看到，相对昂贵的传统毒品海洛因，他误以为价格低廉的新型毒品并不会消耗多少金钱，然而，随着毒瘾的加大，吸毒副作用的增加，对工作的不努力和不用心，最终让他付出了高额的金钱代价。事实上，新型毒品也正是用这种"温水煮青蛙"的方式，让吸食者逐渐走向倾家荡产之路。

下面这个例子更是让人既愤怒,又心酸。

有一户人家的房子附近贴了几十张“好心人别买我家房”这样的卖房“广告”,上面写着:好心人,别来买我家房,谁来买我家房子,我就跟谁同归于尽。这不是自相矛盾的卖房广告吗?其实,在这个矛盾的背后有一个辛酸的故事。贴这个“广告”的是一个只有15岁的小男孩小童(化名),那么卖房子的又是谁呢?是小童的亲生母亲郑某。郑某是一个吸毒—戒毒—复吸的“瘾君子”,其长期吸毒导致家庭负债累累,最后打算卖掉房子,于是才有了“好心人别买我家房”这一幕。让人愤怒的是,郑某不仅三番五次戒毒失败,还欺骗年幼的小童,同时欺骗小童爸爸到处替她借钱还高利贷,最后偷了房产证和户口本要卖这个家唯一的一套房子。令人心酸的是,小童只是一个15岁的小男孩,却有一个对自己不管不顾的吸毒妈妈,没有母爱,一旦房子被卖掉,小童还会失去唯一的栖身之所,这对孩子的危害有多大!由此可见,毒品的消耗简直就是一个无底之洞,这些都值得大家思考。

二、吸食毒品导致疾病,治疗费用雪上加霜

吸食毒品除与艾滋病形影不离之外,还容易导致身体患上多种疾病。这在前几节课程中已经阐述过,大多数吸毒人员因为受到毒品的侵蚀,身体或多或少都会有一些疾病,对于本来就因购买毒品开支巨大的吸毒人员来说,治疗这些疾病的医疗

费用无疑是雪上加霜。

李某,男,55 岁,小学文化,已婚,有 10 余年吸毒史,因身体不适,自认为吸食毒品治病,后被当地派出所抓获,派出所将其送往医院,确诊为肺癌晚期。李某自述,从吸食海洛因、冰毒以来,只要一停止吸毒,就会不规则胸痛、胸闷、气急、无故咳嗽,晚上都无法安睡,严重的时候咳痰,甚至咳血,并且近年来体重直线下降。

医生解析,冰毒、麻古等新型毒品大多为化学原料制作而成,对呼吸道有腐蚀性,容易造成感染,危害自然很大,而贩毒分子为了将利润最大化,会选择在海洛因中掺入滑石粉、墙灰、咖啡因、淀粉等杂物,这种含有杂质的毒品通过人体呼吸道时将损害吸食者的呼吸道,久而久之就会导致吸食者出现肺颗粒性病变、肺纤维化、肺梗死、肺气肿、肺结核等肺部感染。李某本身有肺病(肺结核初期),一直咳嗽,吸毒后短暂的停止咳嗽,就让其误以为吸毒就能止咳治病,有了毒瘾后更加离不开毒品,就这样恶性循环,毒瘾越吸越大,肺病从可治愈的初期肺结核一步步恶化成肺癌晚期。李某的钱几乎都用来吸毒了,咳嗽厉害的时候,他只能凑出些钱去医院打个针买点药来暂时止咳,这治标不治本,久而久之,李某的病情日益严重,积蓄也全部花光了。

一边需要维持吸毒的费用,另一边又要支出一些医疗费用,这对部分吸毒人员来说已经是常态,但普通老百姓正常的收入、积蓄何以支撑这巨大的花销?

三、吸毒人员无心工作,经济收入下降

在成瘾后,吸毒人员往往整天无精打采、无心工作,经常旷工、迟到或早退。起初是被工作单位考核扣分、扣钱,经济收入下降,最后难免被开除或解聘。做生意的吸毒者则无心经营,导致生意日渐萧条,最终宣告破产,再去找工作,可能遭拒,失去工作机会。依靠土地生存的农民吸上毒后也会荒于耕种,疏于劳作的田间地头早晚杂草丛生,颗粒无收。这样花钱的速度远远快于赚钱的速度,家庭经济呈现"只出不进""进少出多"的局面,必然导致家庭经济水平下降。

女孩张某通过一次偶然的机会认识了桀骜不羁的帅气男孩李某,对他那种"邪气"颇有好感,同时,李某也对其展开了猛烈追求。在此过程中,张某获悉李某吸毒,也曾经犹豫挣扎过,但是在李某的再三发誓和保证戒毒之下,选择了接受他。在两人恋爱的这段时间,李某确实做到了不碰毒品,也开始找工作赚钱。1 年多后两人走进了婚姻生活。但没过多久,张某便发现李某复吸,吵闹无果,李某对她的态度越来越不耐烦,甚至有家暴行为。张某一气之下也陪着李某一起吸毒,直到在一次聚会吸毒中被警察抓获……张某父母听闻女儿吸毒后伤心欲绝,老父亲更是气得心脏病突发被送往医院抢救。直到这时,张某父母才明白女儿不停地找各种理由要钱的原因,张某夫妻 2 人

不仅败光了家产,更是掏空了老人来之不易的积蓄。并且,自从吸毒后,两人无心工作,早已成为无业游民,也没有了后续的经济来源。

家庭中吸毒的人的破坏力是巨大的。上述案例中,张某将自己搭进去不说,还将年迈的父母也拉入了"地狱";母亲伤心欲绝,父亲病重,家里的积蓄被掏空,曾经温馨幸福的家庭,就这样崩溃了。

但是,这并非意味着再也没有希望了。服刑罪犯虽然身在监狱,没有工作,但也可以挣钱。如何挣钱呢?答案就是节省。

富兰克林曾说过,"每节省一分钱就等于挣了一分钱"。对于吸食型毒品罪犯而言,因为身在监狱,其实就已经实现了生理脱毒,那么,按照之前的吸毒成本计算,每克海洛因 100 ~ 200 元,每天吸食 1 克,每月耗资 3000 ~ 6000 元,在监狱服刑 1 年就节省了 36,000 ~ 72,000 元,服刑 10 年就节省了 36 万 ~ 72 万元。

以此类推,省下来的钱可不是一笔小数目,可以让家庭成员都生活得更好一些,可以让他们购买一些自己喜欢的东西,提高物质生活水平。这些仅仅是不购买毒品节省下来的费用,戒毒后,身体不再受毒品的侵蚀,逐渐恢复健康,身体免疫力逐渐恢复正常,吃药、打针、住院的情况越来越少,治病花的钱也就减少了。此外,通过参加狱内的劳动,还可以获得一定的劳动报酬。因此,吸毒人员应及时悬崖勒马,停止吸毒可以获得更多的财富。

矫正作业：

结合自身实际，针对自身的吸毒行为，在《矫正足迹》上写出毒品对家庭经济的危害，并写出自己的感想。

家庭幸福账

上文中我们学习并计算了吸毒的经济成本，知道了吸毒除了会让家庭的经济崩溃，还对家庭幸福造成毁灭性破坏。吸毒人员在筹集毒资时，往往是先借后骗，借是有借无还，骗是从身边的亲戚骗到远房亲戚，导致整个家庭关系逐渐紧张。随着毒瘾的增加、反复的复吸、戒毒的失败，亲人伤心透顶，亲情关系撕裂，甚至亲人反目。原本一个幸福的家庭，就这样被毒品破坏得支离破碎，有的甚至严重到家破人亡的境地。

建议课时：4 课时

一、吸毒导致家庭隔阂加深甚至解体

（一）自我封闭，与家庭的关系逐步僵化

吸毒人员在刚染上毒瘾时，一般都还有一定的经济来源，因为担心被家人发现自己吸毒，往往会出现逃避家人的现象，喜欢独处，不愿与家人沟通，或长期不回家，担心毒瘾犯了家里人看到。慢慢地，吸毒人员就设立了一个自我封闭的空间；由于长期与家庭成员缺乏情感交流，他们的关系逐步僵化。

（二）让家人伤心欲绝，家庭关系进一步恶化

当吸食毒品到达一定程度以后，毒品就会摧毁人的精神意

志，使人神志不清、六亲不认，一心只是想方设法地筹集毒资，这样最先伤害的就是家庭。在刚开始时，亲人们都是苦口婆心地劝说，看着吸毒人员犯毒瘾的样子痛苦难受，家人也是每天以泪洗面。当劝解无用时，有的家庭开始对吸毒人员采取经济控制，进而变成隔离、约束自由的方式，将吸毒者关在房间，小心防范，把家庭变成了“监狱”。整个家庭都将重心放在了吸毒人员身上，家庭成员们承受着吸毒人员带给他们的痛苦，家不成家。

让我们看看下面这个真实的案例。在别人眼里，王先生是一位成功的生意人。不幸的是，他有一个不争气的儿子，学习成绩不好，王先生给儿子请家教，但儿子不想学。儿子初中毕业没考上高中，王先生就拿出好几万元的择校费让他上了高中。儿子还是学不进去，经常旷课逃学，打架斗殴，高中没毕业，就被学校开除了。面对这样的儿子，王先生经常睡不安稳，一想起他的事情就苦恼。不上学后，儿子就开始和社会上的一些不良分子接触，染上了毒瘾。王先生不得已，含着眼泪与妻子一起将儿子锁在家里，但已经有了毒瘾的儿子不但不思悔改，还为了购买毒品，逼迫王先生夫妻拿钱，放自己出去。结果没有拿到钱，他就把家里所有可以砸的东西都砸烂了，而且寻死觅活，趁家人不注意的时候，想办法把窗户撬开以后逃了出去，王先生与妻子为了儿子操碎了心。没有了经济支持，王先生的儿子只有去偷、去抢，做违法犯罪的事情弄钱吸毒，后来因为盗窃、抢劫、运输毒品被公安机关逮捕，等待他的将会是审判和服刑。王先生和妻子几乎一夜之间就白了头，这么多年倾注了许多心血才把儿子养大成人，结果他却因违法犯罪要进监狱。王先生一家伤心欲绝，做梦也想不到会有这样的结果。

毒品对家庭的伤害是巨大的，原本吃穿不愁、经济条件不错的王先生一家人，过着别人羡慕的日子。从儿子呱呱坠地起，一养就是20多年，人生也就短短数十年，又能有几个20年！含辛茹苦地把儿子养大，还没有得享天伦之乐，儿子就因毒品的侵蚀被关进监狱。儿子沾染了毒品，让老两口一夜白头，好好的一个家庭也变得支离破碎。

(三)违法犯罪，家破人亡

吸毒与犯罪往往是密不可分的，吸毒往往导致家庭暴力与犯罪。吸毒会让人性扭曲，让人丧尽天良，甚至为了筹集毒资，不惜违法犯罪。据公安机关调查，80%以上的吸毒人员有犯罪行为。从一定程度上来说，当染上毒品时，一个人的余生也许就只能在拘留所、戒毒所、监狱中度过了；吸毒者的事业将不复存在，经济状况逐渐入不敷出，随着毒瘾的日益增大，为筹毒资，吸毒者只能去偷、抢、骗；吸毒者的社会关系是众叛亲离、糟糕至极的，亲朋好友像躲避瘟疫一样不敢靠近他们，那些曾经相信、爱护他们的人都会唾弃、远离他们，最终他们能做的只有等待死亡。

另外，当毒瘾发作时，有时会产生幻听、幻视等，毒品的摄入使人精神失常。在这种状态下,吸毒者极易作出冲动的暴力伤害行为,严重危及家人的生命安全,可能制造惨案,甚至导致家破人亡。

案例链接 1

某晚,男子夏某在家中吸食麻古和冰毒,精神亢奋且恍惚多疑。次日 8 时许,母亲周某与妻子郑某劝说夏某服用治疗丙肝的中药,夏某认为 2 人企图毒害自己,于是持刀捅刺母亲和妻子,致其母亲和妻子抢救无效死亡。

案例链接 2

李某娥在家中吸食毒品后,极度兴奋,于次日 5 时,找其父亲要 200 元钱购买毒品。未果,他十分生气急躁,产生幻觉,认为魔鬼附在父亲身上,导致父亲不给钱,于是从家中厨房拿出一把菜刀,向父亲头部和颈部连砍数刀,最终将父亲杀死在家中。

案例链接 3

35 岁的邢某龙,由寡母含辛茹苦抚养成人,后结婚生子有了美满幸福的家庭,但他自从染上毒瘾,不仅很快花光了家中钱财,而且开始打妻骂子,弄得家庭鸡犬不宁。妻子被迫离婚,带着孩子离他而去。母亲费尽口舌,苦苦相劝,但他不思悔改。不久,邢某龙因吸毒过量后发生幻听,每时每刻都感觉有人在耳边不停地说他不得好死,在一次与“空气”争吵后,冲动的他纵身跃进池塘,不幸溺亡,家中只剩 82 岁的老母亲孤苦伶仃地生活。

案例链接 4

在一个阳光明媚的上午,银行里存款取款办业务的人络绎不绝,营业大厅里挤满了人,王某持刀走到银行营业大厅的柜台前,用菜刀敲柜台,并威胁在柜台里上班的营业员说:“抢钱,把钱全部拿出来,把我的包装满,否则,我要砸玻璃,杀光你们。”然后,王某对大厅里面正在办理业务的客户说:“你们走开,我在抢银行。”说完话后,王某独自一人坐在柜台前的椅子上吸烟。十几分钟后,民警赶到现场将王某抓获后说:“第一次看见这样在光天化日之下,一把菜刀都拿不稳还来抢银行的人。”后经调查,王某离异后吸毒,产生幻觉后胆子大了起来,才有了之前这幕在光天化日之下抢银行的举动。王某还独自带着一个 13 岁的儿子,却因抢银行面临牢狱之灾,留下一个未成年的孩子孤苦无依,可谓是妻离子散,家也不再是家了。

可能有些吸毒者自己也有类似的经历,或者亲眼看见身边的毒友发生过类似的事情。吸毒导致的后果就是使人非常容易过激冲动,失去理性良知,做出正常人不可能做的事情,严重的时候很可能导致家破人亡,最后只能追悔莫及。可见,毒品对家庭的伤害几乎是毁灭性的。

二、吸毒影响后代

在前面讲解毒品危害健康时,已经从医学的专业角度介绍过，毒品不仅侵蚀个人健康，而且会传染艾滋病等多种疾病。除此之外，吸毒还会严重影响下一代。

(一)对孕育下一代及身体机能的影响

一般来讲，吸毒不仅会使女性的生理功能变差，出现闭经、提前绝经等现象，而且会让她们极易感染性病。调查研究发现，在女性吸毒人员中，性病的感染率约为8%，感染者的年龄多为18~31岁。同时，毒品还会影响性激素的分泌，使女性生殖功能下降，甚至失去生育能力；即使还有生育能力，也将严重威胁下一代的健康。

吸毒的女性一旦怀孕，不仅胎儿大多数是畸形，还常常出现胎儿发育不良、发育迟缓甚至宫内死亡，抑或胎儿早产等现象。假如母体患有性病、艾滋病等这些疾病，又可通过母婴传播途径使胎儿、新生儿感染。事实上，在吸毒孕妇分娩的新生儿中，患先天性梅毒、感染艾滋病病毒的已不少见。

此外，胎儿通过脐带和胎盘从母体吸收养分，毒品便也会由母体传递给胎儿，即造成“胎儿吸毒”问题。孕妇定时吸毒，胎儿也得到定时的“供给”。在胎儿出生前，症状不明显，但出生后，随着脐血管的结扎，等于中断了毒品的传输，在一段时间后，新生儿将出现戒断症状，即吸毒孕妇生产的新生儿在出生后的1~2天内，会逐渐出现激动不安、呼吸快、高声哭叫、睡眠障碍、鼻塞、打哈欠、打喷嚏、发热、四肢震颤、呕吐、腹泻等症状，这种戒断症状可持续数周或更长的时间。并且吸毒孕妇分娩的新生儿的体重、头围和身长都明显低于正常的新生儿,或体质孱弱,或智能低下,或畸形,成为所谓的“海洛因婴儿”。

例如,李女士在吸毒期间怀孕,令她不敢相信的是,她的孩子刚刚降临人世,就成了一名嗷嗷待哺的“瘾君子”。李某流着泪说:“他生下来时,当我听到他拼命地哭泣,看到他瘦弱的小身体在不断地颤抖时,我立即明白了是怎么回事。看着我的孩子出生后就遭到毒瘾的折磨,我的心都碎了。我知道这全是我的错。”

(二)对下一代生长教育环境的影响

众所周知,父母是孩子最初的也是最重要的导师,父母的言传身教对孩子的成长及其一生的影响是非常巨大的。而吸毒者的子女在吸毒者的影响下,每天看到和接触的都是毒品和毒品圈,其基本的身心健康都根本无法得到保障,更谈不上学习与发展。父母有一点钱都用来购买毒品了,哪里还会有钱花在子女的教育之上。最为可悲的是,有的吸毒者的子女甚至被其父母卖掉、杀掉!

调查数据显示,在被调查的124个家庭中,由于吸毒引起夫妻矛盾的68例,离异的15例,为吸毒而借贷和变卖家产的61例。其中,有4个家庭在倾家荡产后,竟将自己的亲生子女以几百元的价格卖掉以获取毒资。

黎某在注射了海洛因后回到家中,妻子将刚出生45天的女儿交给他照看。因吸食毒品后意识逐渐模糊,急于睡觉,但女儿哭闹，黎某感到心情烦躁，竟将长约8厘米的塑料汤勺插进女儿口腔，直到感觉女儿声音变小后才睡去。过了一会儿，黎某又被女儿的哭闹声吵醒，心情更加烦躁的他又用食指抵在勺子根部使劲向女儿喉部推挤，最后发现女儿脸色变乌，才逐渐清醒。但是，这时候勺子已无法取出，女儿经医院抢救无效死亡。

我国有句谚语叫"虎毒不食子"，可是在上面这个案例中，吸完毒以后的黎某对待自己刚出生45天的女儿，仅因为孩子哭闹，就下狠手把孩子弄死，让这个小生命甚至还没有感受这个世界就永远地离开了人世！他对得起自己的孩子吗？对得起自己十月怀胎的妻子吗？对得起双方父母的期盼吗？这个时候，他再后悔也来不及了，等待他的不仅是法律的审判，还有家人的悲痛、人们的指责，以及自己良心的谴责……由此可见，毒品不仅给吸毒人员自己带来了严重的伤害，也给其家庭带来了严重的伤害。

三、思考：在吸毒与幸福之间应当作出怎样的选择

吸毒与幸福永远是站在对立面上的。毒品就像伪装的恶魔一样，静悄悄地走到人们中间，无情地撕裂了吸毒人员的肉体和灵魂，如黑洞般吞噬人的健康和生命，毁灭幸福的家庭。

回想当初，吸毒人员是否有所触动，是否有所悔悟？让我们换个角度来算算这笔幸福账，吸毒人员在监狱服刑，远离了

曾经的家,无论在经济上,还是亲情关系上都减轻了对家人的伤害,让无辜的家人的紧张、疲惫感得到了一定程度的缓解,这何尝不是一件好事。

悬崖勒马、亡羊补牢尚未晚,吸与不吸、幸福与不幸福就在吸毒人员自己的一念之间;要继续沉沦痛苦,还是张开双臂迎接幸福,仍然是可以选择的。

在刑满后,当吸毒人员再次碰见毒品的时候,能否对它坚决说“不”?能否恢复正常人的生活?对于吸毒导致的家庭破碎,和即便与家人有些小吵小闹也是其乐融融的家庭生活,吸毒人员应当作出怎样的决定?

矫正作业:

根据本课所学内容,将毒品对家庭、亲情的危害与自己的亲身经历结合起来,以《毒品害了我的家庭》为题写一篇心得体会,将其填写在《矫正足迹》上。

第四节　毒品危害之前途账
——“越走越窄的吸毒路”

矫正目标:通过核算吸毒的代价,让矫正对象明白吸毒不仅使人倾家荡产、妻离子散,也将导致其身陷囹圄,受毒控制,无法摆脱,失去自由,前途尽毁。

建议课时:12 课时

核算吸毒代价

“生命诚可贵,爱情价更高。若为自由故,二者皆可抛。”这是匈牙利诗人裴多菲的著名诗句,写出了人们对自由的无比向往。接下来我们来看看,毒品除会使吸毒人员失去自由之外,还会带其走上一条什么样的路?

建议课时:4 课时

一、自作自受,深陷囹圄

大多数吸毒人员在被抓获后,依照相关法律法规的处罚,都会失去自由。

1. 我国《治安管理处罚法》第 72 条规定:有下列行为之一的,处 10 日以上 15 日以下拘留,可以并处 2000 元以下罚款;情节较轻的,处 5 日以下拘留或者 500 元以下罚款:

(1)非法持有鸦片不满 200 克、海洛因或者甲基苯丙胺不满 10 克或者其他少量毒品的;

(2)向他人提供毒品的;

(3)吸食、注射毒品的;

(4)胁迫、欺骗医务人员开具麻醉药品、精神药品的。

2. 我国《强制戒毒办法》第 6 条规定,强制戒毒期限为 3 个月至 6 个月,自入所之日起计算。对强制戒毒期满仍未戒除毒瘾的戒毒人员，强制戒毒所可以提出意见，报原作出决定的公安机关批准，延长强制戒毒期限……

当然，除了戒毒所，监狱可能也是大多数吸毒人员要去的地方。吸毒人员为了满足毒瘾，获取毒资，常常作出不道德或违法的行为，当这些行为所得不足以支付毒资时，便会进行盗窃、抢劫等犯罪活动，吸毒人员最终难免受到法律的制裁，走进监狱，失去自由。

这样的经历，很多吸毒人员都有过，他们有些已经是"二进宫""三进宫"，在监狱的时间可能比在家里的时间还多。想想在监狱服刑的这些年，被剥夺了自由，失去了幸福，再想想家中可怜的妻儿、年迈的父母，他们悔不当初。

二、失去自由不能尽孝父母

"树欲静而风不止，子欲养而亲不待。"这句话的意思是：树想要静止，风却不停地吹动它的枝叶；当人希望尽孝双亲时，父母却已经亡故。这反映了时间的流逝是不随个人意愿而停止的。吸毒人员有没有扪心自问过，"父亲，您现在还好吗？""母亲，谢谢您将我养育成人！"在服刑前，父母就在身边，或许并不觉得思念，但如今的他们，思念会否如潮水般泛滥；会否时常在心头浮现自己父母的影像；又会否在每次回忆的时候，喉头就开始哽咽，心开始隐隐作痛，思念、自责、内疚袭上心头，久久不散。吸毒人员吸食毒品后，失去自由，即使想要孝敬父母，也是一种奢望,有的甚至在父母身故之时都没有机会能够去看一眼,这是多么悲惨的事情！因此,是选择光明大道,还是选择暗无天日的“吸毒之路”,都取决于自己的决定;而一旦作出选择,就要承受其结果。

三、失去自由不能陪伴子女

已经为人父母的人,请问问自己,有多久没有见到孩子了?还记得上一次陪孩子去玩耍是什么时候吗?还记得孩子的模样吗?有没有觉得亏欠孩子?另外,还没有子女的人,请想一想,当自己还是孩子的时候,如果自己的父母因为吸毒对自己的成长不闻不问,自己会怎么想?

父母是孩子的第一任老师,导致未成年人犯罪的一个原因就是其家庭支离破碎,从小就得不到父母的管教和抚爱。在孩子最需要爱的时候,吸毒人员却在监狱里度过了。身为父母的他们失去了自由,就意味着他们的孩子从小就没有得到父母的爱,这对孩子的成长有着巨大的影响,也是吸毒的代价之一。

四、失去自由不能白头偕老

缘分让夫妻相遇,生活中虽有坎坷但二人能够携手前行,然而,吸毒人员因犯罪入狱,半路抛下了爱人,让曾经的爱人独自承担其酿下的苦果。归根结底,这都是毒品害的,但吸毒人员也不要丧失信心,刑期总有结束的一天,合理规划自己的改造计划,争取早日重获自由,还有机会去弥补家人。

重庆某区警方多次接到辖区内多家超市的报警电话,称卖场内的奶粉和其他一些物品接连被偷。经过多方调查,嫌疑人是一对吸毒夫妻,他们因吸毒花光了家财,失去了工作,没有固定收入来源,又生育了一个1岁半的女儿。妻子因为知道自己吸毒,不能给孩子母乳喂养,又没有钱购买奶粉喂养,就频繁地到各个超市偷盗奶粉喂养孩子,同时又将偷来的其他物品卖出,获取钱财购买毒品。在这个例子中,由于多次盗窃又涉及多家超市,等待这对夫妻的将是法律的制裁,夫妻2人一旦入狱服刑,1岁半的女儿正是天真可爱的时候,却得不到父爱和母爱,没有爸爸妈妈陪伴着成长。而夫妻2人肯定也分开到各自的监区服刑,即使两人再怎么恩爱,服刑期间也不能在一起生活,一个小家就这样支离破碎了。“吸毒与犯罪就像一对双胞胎”,这句话一点也没错,就像这对夫妻,因吸毒而盗窃,导致1岁半的女儿失去了父母的陪伴、照看,如果他们心里还会觉得愧对自己的女儿的话,等刑满出狱后就应该好好补偿女儿,好好教育孩子,告诫她绝对不能接触毒品。夫妻双双把牢坐,留下孩子无人管,真是可悲可叹。

五、吸毒之路的得与失

法律法规的约束,虽然让吸毒人员失去自由,但毒品对人的控制才真正令人窒息;吸毒的人就像被捆上了绳索,成瘾越深,套得越紧。由于毒品强烈的依赖性特征,吸毒人员成为毒品的奴隶,他们生活的唯一目标就是设法获得毒品,为此失去了对工作、生活的兴趣与能力。一旦无法脱离毒品,就等于掉进了死神和魔鬼的陷阱,为了吸食毒品而又不被察觉,东觅西寻、左躲右藏、尊严尽失。

一名吸毒人员自述:"我有过多次劳教戒毒和牢狱经历,深深感受到了失去自由的痛苦。在吸毒的日子里,每天都很恐慌,晚上睡不着觉,每当听到警笛在自家门口经过,都以为是来抓自己的。走在大街上看见警察就躲得远远的,不敢去政府部门办事,甚至有一次家里被小偷偷得一干二净都不敢报警。"吸食型罪犯们是否有过同样的感受?

"吸毒市长"龚某国是这样说的:"我出生在农民家庭,通过读书走上了后来的工作岗位,可是现在却因吸食毒品、包养情人、收受巨额贿赂、滥用职权成为阶下囚。我自从吸食毒品后就变得一发不可收拾,最终吸坏了身体、吸垮了家庭、吸毁了前途,在毒品的诱惑下走向了另类人生,成了吸毒市长。"多么痛心的忏悔,"早知今日,何必当初?"因为染上毒品,心里只有吸毒一个念头,最后,从市长变成了阶下囚,连最起码的自由都失去了。试问他失去了什么?得到了什么?失去了光明和自由!得到的只有黑暗和痛苦!因吸毒而付出的代价也许还远不止这些。

父母之爱、夫妻之爱、子女之爱,在吸食毒品之后都支离破碎；付出如此沉重的代价，或许是对吸毒人员当初吸毒行为的一种惩罚，但是亡羊补牢尚未晚，既然已经深受其害，那么，如何才能重新回归健康的生活呢？可以过好每一天，在监狱遵规守纪，积极完成劳动任务，争取减刑早日出狱；真诚悔过，反省自己造成的错误和对家人的伤害，通过亲情电话、信件、会见等争取家人的谅解；树立新的人生目标，学习文化知识，学习劳动技能，找到吸毒之外的正向兴趣爱好；修身养性，提高涵养，改掉原来的坏脾气、坏习惯，做一个新人……希望吸毒人员认真反省、总结自己的教训，道路是自己选择的，不要怨天尤人。要痛定思痛，给自己的明天多一分希望，给自己的未来规划一幅蓝图，给自己的余生增添一些色彩。远离毒品，才能感受世间的美好。

矫正作业：

1. 吸毒可以得到什么？同时会失去什么？

2. 以“毒品，让我失去了什么”为主题，写出自己的心得体会。

将答案填写在《矫正足迹》上。

吸毒危害小结之内视观想

之前的学习内容，讲解了吸毒的危害，核算了吸毒代价，为更加深刻地认识吸毒的沉重代价，设置“内视观想”。通过内视观想之"临终遗言",使矫正对象进行自我小结,进一步了解"吸毒之路"的终点究竟是什么,自己应该怎么做。

建议课时:8 课时

一、内视观想简介

内视观想,也称"观察自我法"或"洞察自我法",是源于中国传统文化的一种心理疗法。著名国学大师南怀瑾先生于2005 年将此种方法命名为"内视观想",认为内视观想源于中国传统文化中的"吾日三省吾身",在儒家、道家都有类似的修养方式,都是让人从心理上检查自己,将其作为改过向善的手段。

二、内视观想工作原理

通过设置特定的程序进行"集中内省",在全封闭的状态下,进行冥想。内视观想不强调把情感情绪体验带到事件中来,只注重客观发生的事,会使当事人对事件的评价变得更理性。

三、内视观想注意事项

(1)在监狱中,内视观想的导引师即矫正官。

(2)矫正官在导引和交流的过程中不带有指导性语言,不作评价、不批判、不分析、不讨论,只是对不明确的地方澄清一下。

(3)矫正官要针对发生情绪波动的矫正对象及时进行干

预、疏导，并做好相关记录工作。

（4）矫正对象如果在内视观想时睡觉，可以允许其睡一会儿，但时间不能超过1个小时，不批评，平和地将其叫醒。

（5）矫正对象在内视观想空间里面壁而坐、也可躺卧，可睁眼，也可闭眼，除吃饭、喝水、上厕所外，禁止一切娱乐、阅读、交谈、走动和外部刺激，安静地冥想、反省、思考。

四、内视观想之“临终遗言”具体操作流程

第一阶段：

（一）面接和引导

将矫正对象集中在内视观想室中，矫正官对内视观想的工作原理进行讲述，引导矫正对象充分认识内视观想以及进行内视观想可以获得的效果。

（二）进行内视观想

当矫正对象准备好后，矫正官按照毒品危害个人健康、危害家庭幸福、危害前途自由、“临终遗言”的顺序开始引导。

1. 毒品危害个人健康

矫正官引导：请思考下列3个问题。第1个问题是：吸毒后我是否感觉自己的身体状态越来越差？第2个问题是：吸毒后我是否体重减轻，经常生病？第3个问题是：当我看见曾经吸毒的“毒友”因为吸毒死亡时，我的内心感到恐惧吗？（此阶段围绕这3个问题安静地冥想40分钟，矫正官可根据实际情况变更

引导思考的3个问题的内容,也可增减,但一次思考的问题数量不超过3个)

2. 毒品危害家庭幸福

矫正官引导:请思考下列3个问题。第1个问题是:当吸毒上瘾后,我为家人做了些什么?第2个问题是:当我毒瘾发作时,家人为让我戒毒,为我花了多少钱?第3个问题是:自从吸毒后,我做过什么伤害家人的事情?(此阶段围绕这3个问题安静地冥想40分钟,矫正官可根据实际情况变更引导思考的3个问题的内容,也可增减,但一次思考的问题数量不超过3个)

3. 毒品危害前途自由

矫正官引导:请思考下列2个问题。第1个问题是:吸毒期间,我给父母添了什么麻烦?第2个问题是:因为毒品犯罪进了监狱,我失去了什么?(此阶段围绕这2个问题安静地冥想40分钟,矫正官可根据实际情况变更引导思考的2个问题的内容,也可增减,但一次思考的问题数量不超过3个)

4. "临终遗言"

矫正官引导:你无法预计死神拜访你的时间,但你可以提前预备款待他的茶点。也许只有在绝境中,人性中最基本、最朴素的光芒才会突破种种物质的阻力,迸发出灼目的光芒。长的是人生,短的是青春,所有面向死亡的修行,都是为了更好地生活。你们可以想象自己的生命即将结束,门外有很多人,你最想见谁?当他/她进来后,你打算说什么?还想见谁,说什

么？依次循环。将最后想说的话，记录下来，作为自己的“临终遗言”。（此阶段冥想持续不少于40分钟）

（三）集体分享，交流发言

所有矫正对象集中起来，在安静的气氛下闭眼围坐，矫正官要求矫正对象就之前的内视观想心得体会逐一发言，谈谈自己的感想。之后，矫正官针对交流发言的内容进行简短的总结，并宣布本期内视观想第一阶段结束。

第二阶段：

（一）面接和引导

在面接和引导时，矫正对象应手持自己在上一阶段写下的“临终遗言”纸条，开始进入内视观想。

（二）进行内视观想

1. 矫正官引导：回顾自己生活至今走过的路，这条路分为吸毒前和吸毒后，在这条路上，别人给予了自己什么？自己向别人索取了什么？（此阶段冥想不少于40分钟）

2. 矫正官引导：试想自己在出生前，在母体内的那种感觉，闭上眼睛去感受温暖、包容和爱，此时，只需要想想“我的母亲，她为我做了什么？”（此阶段冥想不少于40分钟）

3. 矫正官引导：此时，你感觉全身温暖，没有任何负担，心情平静，马上就要开始新的生命，你即将有一次重新开始生命的机会。那么，你会对新生的自己说些什么？将自己想说的话记录下来。（此阶段冥想不少于40分钟）

（三）交流发言，集体分享

所有矫正对象集中起来，在安静的气氛下闭眼围坐，矫正官要求矫正对象就之前的内视观想心得体会逐一发言，谈谈自己的感想。之后，矫正官针对交流发言的内容进行简短的总结，并宣布本期内视观想第二阶段结束。

（四）毒品危害内视观想结束语

在进行了内视观想后，相信服刑人员都有了自己的一些体会，对毒品的危害也有了更加深刻的认识。服刑人员通过内视观想这个方法对自己的过去进行了总结，明白了吸毒付出的代价实在太过沉重，如果还不能及时醒悟，就会走上那条失去自由、没有前途、越走越窄的“吸毒之路”。亡羊补牢为时不晚，服刑人员对自己的未来要早作规划，对自己的人生要有所把握，当再次面对毒品时应作出正确的选择，时刻为自己敲响警钟。

矫正作业：

1. 矫正对象结合自己对毒品危害的认识，反省自己多年吸食毒品给家人造成的伤害，给家人写一封致歉信。

2. 给家人的一封信。详见“矫正效果评估篇”附件一之“主题活动五”。

将答案填写在《矫正足迹》上。

第五节　给吸毒人员的100条血泪忠告

矫正目标:“给吸毒人员的100条血泪忠告”,是根据吸毒者自己的切身感受或吸毒人员家属的原话收集整理而成的。为保证“原汁原味”,大部分是原句收录,或为吸毒人员对自己恨铁不成钢的忏悔,或为对毒品痛恨的斥骂,每一句都包含着吸毒人员血的教训和泪的悔悟,但对其绝无歧视之意。

围绕这些内容,矫正对象结合自身的实际感受,换一个角度“体验”毒品的危害,强化其对毒品危害的认识。

建议课时:2课时

1. 毒品面前“人人平等”,无论高官富贾,男女老少,外国人、中国人,城里人、乡下人,黄种人、白种人……只要是人,吸之必上瘾!

2. 毒品、毒品,一品上瘾!

3. 一朝吸毒,十年戒毒,终生想毒!

4. 戒毒戒三年,三顿吸还原!

5. 海洛因、海洛因,掉进毒海喊无音!

6. 吸白粉、说白话,世人提到你都怕,从此无人信你话!

7. 海洛因、白粉尘,害死天下多少人!

8. 万恶毒为首,一吸生万愁,痛苦终生伴,厄运当头顶!

9. 海洛因都戒得掉,死人都能救得活!

10. 只有天天瘾，绝无天天钱，瘾来身无钱，犯罪便滋生！

11. 青烟一缕毁一生，害死天下众苍生！

12. 毒友、毒友，毒你害你的“朋友”！

13. 吸毒多因图好奇，一吸上瘾悔不起，有人送你白粉吸，绝对是想害死你！

14. 为了筹钱吸白面，只好东借西又骗，亲朋好友把你躲，妻离子散不可免！

15. 吸毒为毒困，苦死无人问，有钱毒贩喜，无钱口莫问！

16. 吸毒易，易到一看就会，戒毒难，难于上青天！

17. 花钱买来万罪受，吸毒上瘾终身愁！

18. 学吸毒，一念一秒，想戒毒，一生一世！

19. 吸毒人员：男必为盗、女定为娼，一生牢房把家当！

20. 吸毒人员为毒生、为毒死，为毒冤苦一辈子！

21. 记住，只要你吸毒了，你就等于把自己的家产和生命“过户”给毒贩了！

22. 毒品，天下最毒之物，毒过万事万物，毒死芸芸众生！

23. 一吸虽能解千愁，却也同时生万忧！

24. 天下最有效的戒毒方式，就是你从来没有吸食过毒品！

25. 吸尽万贯家财，换来牢狱之灾！

26. 吸毒人员万人唾弃万人骂，神憎鬼厌世人怕！

27. 吸毒人员害尽家庭无数，喜了毒贩一人！

28. 吸毒——自找万苦吃，自找万罪受！

29. 吸毒——天下唯一不可以去尝试的娱乐方式!

30. 吸毒——贪得一时之乐,生出终身之忧!

31. 吸毒人员找死的同时,必然早死无疑!

32. 毒品是万恶之源头,一旦染上毒瘾,必使善良者失去良知,高傲者丢掉骨气,母亲抛儿弃女,父亲抛妻弃子!

33. 烟枪即铳枪,自打又自伤,多少英雄汉,吸死在高床!

34. 烟枪一支,未闻炮声入耳,打得妻离子散;锡纸半张,不见火光冲天,烧尽田地房廊!

35. 天下有吸毒吸发财的吗?没有!绝对没有!有身体越吸越健康的吗?没有!绝对没有!

36. 吸毒即自杀,自家害自家!

37. 吸毒吸出百病来,害死自家划不来!

38. 一吸千古恨,悔尽百年身!

39. 毒海、毒海,回头无岸的海;毒路、毒路,不归之路!

40. 毒品路即黄泉路,男女老少通杀通吃!

41. "聪明者"贩毒、"傻瓜"不敢吸毒,脑尖不秃的人才吸毒!

42. 试问天下诸君,你见过有好下场的吸毒人员吗?绝对没有!

43. 罂粟果、海洛因,祸之首、恶之源;染毒瘾、受折磨,头撞墙、吐白沫,面肌黄、瘦如禾,吸过量、见阎罗;伤家庭,万人唾,众乡邻,指脑壳;买毒品,耗钱帛,债台筑,家必破;惹是非,家不和,亲友怒,众人恶;为吸毒、生邪恶,女为娼、男勒索!

44. 戒毒戒毒友,离毒离环境!

45. 戒毒是一场持续终生的战争,聪明的你,干吗不从一开始就回避它呢?!

46. 天下没有不后悔的吸毒人员!假若生命可以重来,没有任何一个吸毒人员会再去吸毒!

47. 天下从来就没有任何一个吸毒人员在吸食第一口毒品的时候就发誓:"我一定要吸毒上瘾!"但他们最终都上瘾了,说明什么问题?毒品万万不能吸啊!

48. 天下从来就没有挑战毒品成功的人!你也是人,因此你也不例外,不要企图以身试毒,创造奇迹!毒品面前,人人平等,敢吸你就一定上瘾!

49. 防毒反毒,人人有责!百米之内必有毒友,千米之内必有毒贩!其实毒品离你并不遥远,仅仅一步之距、一念之间,提高警惕吧,朋友!

50. 珍爱生命、拒绝毒品!吸过毒的人们拒毒品千难万难,懊悔万千,没有沾染过毒品的你,可千万要珍惜自己的无毒之身啊!

51. 吸毒的男人是废品,吸毒的女人是废品中的废品!(一位女性吸毒者在知道自己的双胞胎儿子胎死腹中后自述)

52. 没有吸过毒的人是幸运的,吸过毒的人是不幸的,吸毒人员在不能自拔的痛苦中想戒毒,未曾吸过毒的你,请一定引以为戒,延续自己的幸运!

53. 遇到毒品,遇到毒友时,走开! 跑开! 离它(他)们越远越好!

54. 敢对吸毒抱侥幸心理的人,必死无疑!

55. 想象一下被万蚁噬骨、万爪挠心、万针刺身、万虫蛆血、万刃裂肤的滋味吧! 这就是吸毒人员毒瘾发作时的痛苦啊!

56. 吸毒的人,一生必与手铐、牢房、逃亡、辱骂、体罚、折磨、痛苦、懊悔、泪水、唾弃、恐惧、死亡为伍为伴,想象一下,你的生命承受得起吗?!

57. 吸毒之丑遮千俊,抹黑尽透你一生,才华似垃圾,美丽变粪土,信誉倾刻无,无人再信你,天天遭唾弃,日日遭厌恶!

58. 吸毒之人理想全无,信心全无,想一想,这样的人生你能选择吗?!

59. 吸毒换回来的不仅是个人的痛苦,痛苦百倍的还有吸毒者的亲人,尤其是给了吸毒者生命的母亲! 人们啊! 为了母亲,我们不能吸毒!

60. 天下有多少个吸毒人员,就有多少个痛苦的家庭,就有多少个永远流泪的母亲! 天底下最最愿意禁绝毒品的人,一定是吸毒人员的母亲! 远离毒品吧! 为了我们的母亲,更为了我们自己!

61. 假如你想让一个人一时不信任你,对他做一件小小的坏事;假如你想让一个人一辈子不信任你,对他做一件大一点的坏事;假如你想让世上所有的人一时不信任你,对他们做一件再大一点的坏事;而假如你想让所有的世人一辈子都不再信任你,那就去吸毒吧!

62. 曾经问过无数的毒友:“被你们带着吸毒的人,有没有不上瘾的?”他们肯定而“自豪”地答道:“从来没有一个!”因此,请时刻提高警惕,断不可因为“好奇”,被“朋友”给陷害了!

63. 吸毒—被抓—强制戒毒—复吸—又被抓—强制戒毒—再复吸—再被抓—再强制戒毒,这就是吸毒人员的“人生驿站”,你敢进去吗?!

64. 千难万难筹来毒资,鬼鬼祟祟换回毒品,提心吊胆害怕被抓,躲躲藏藏偷吸毒品,这就是吸毒人员一天的生活,你敢尝试吗?

65. 好奇心,学吸毒,毒上瘾,全玩完;有毒友,无朋友,毁亲情,无爱情;万人厌,毒贩喜,坐牢房,送戒毒;不小心,死街头。这就是每一个吸毒人员共同的人生轨迹,你敢去走吗?

66. “近朱者赤,近墨者黑,近毒者死”,远离毒品吧,善良的人们!

67. 吸毒必然滋生犯罪,犯罪就是为了吸毒。把这种掉脑袋弄回来的钱拱手送给毒贩,自己却坐牢,想一想这多么不值啊!

68. 想在毒品面前做到见好就收,这是每一个吸毒之人都有过的幻想。但是很可惜,全球数千万以身试毒者都失败了。

因此,从不去招惹毒魔,是最明智的选择!

69. 毒瘾不可以戒掉吗?可以,绝对可以!但确实又真的好难!戒毒中那种炼狱般的折磨,不死也会让人脱层皮呀!聪明的你,绝对不要选择吸毒!

70. 没有吸过毒的你想知道毒瘾是如何的难戒吗?又为什么会戒不掉吗?请跟我做一个测试吧:即刻紧闭你的双眼,从此就这样黑天瞎地地生活。请问:你能坚持把眼睛闭到底吗?你会不想把眼睛睁开吗?太难了!戒毒就好比如此,毒瘾在你的灵魂深处已经种下了永不泯灭的欲望,就像享受过“性”趣一样,却叫你从此以后禁欲,这可能吗?即便有可能,也实在天难地难!不信,闭上眼睛坚持三五个月试试,就知道戒毒有多难了!因此,没有吸过毒的你千万不要触碰害人的毒品!

71. 吸毒是违法行为,吸毒者早晚有一天会进“监狱”!“生不进牢房,死不入地狱。”朋友,请你洁身自好,不要去牢房里走一遭!

72. 普天之下,真心希望你戒毒的人只有你的母亲和你的亲人,其他的人并不会真正地关心你,你只能成为他们嘲笑讽刺的对象,干嘛要让自己变成这样的人呢!

73. 从来没有吸过毒品的人不吸毒,绝对不会死掉,而吸毒上瘾的人不吸毒,就极有可能死掉,那么干嘛不做一个从来就不吸毒品的人呢!

74. 毒瘾即心魔,心魔即毒瘾,戒除毒魔的最大敌人就是人自己的心,远离毒友,就等于走出了成功戒毒的第一步!吸毒的朋友们,迈出这重要的一步吧!

75. 吸毒一旦上瘾,人的精神将永远处于不快乐的状态之中,持续地不快乐,时时刻刻一副病恹恹的样子,鬼鬼祟祟地东躲西藏,没有不惊恐、不害怕的时候,像掉入无尽的深渊,黑暗、无助,沮丧、懊悔。这就是众多吸毒人员的生存状态和心理特征,不吸毒的人还是远离这种状态为好。

76. 你以为你有足够多的钱可以供你吸毒,避免毒瘾发作时的痛苦,但你想过没有,吸毒还需要身体和生命的支持,科学论断:一个不间断吸毒的"瘾君子",至多能活 5 年至 7 年,难道你真的想短命吗?

77. 烟瘾、酒瘾、麻将瘾再大,也从来没有听说过有为戒这些瘾而痛苦得自杀的人,但为戒毒而自杀的"瘾君子"可是不计其数啊!

78. 勇敢的人是受人钦佩的,大无畏的精神也是受人尊敬的,但再勇敢,再天不怕地不怕,有一样东西你必须怕它!这种东西就是"毒品"!否则的话,它将让你顷刻之间从猛虎变成病猫!你还是一如继往地做你的猛虎吧!古今中外,从古至今,从来就没有一个人会把吸毒人员当英雄!

79. 想象一下,曾经优秀的你,备受世人尊敬的你,突然从某一天起不再受人尊重了,取而代之的是世人的唾弃和冷眼,这是怎样的一种失落和痛苦啊!承受得起吗?你还是一如继往地优秀吧,难道你想遭到世人的鄙视吗?

80. 在世人的眼中,“吸毒女”即是“卖淫女”啊！你背负得起这种耻辱吗?请你还是牢记这样一句话:男人不应该吸毒,女人更不应该吸毒。因为吸毒的女人连她的同类——男性吸毒人员都唾弃、瞧不起她!(这是一位被自己的吸毒父亲和吸毒哥哥引诱而走上吸毒卖淫的女性吸毒者的自述)

81. 如果很不幸,你已经吸上毒了,一定把它戒掉好吗?千万不可以把“毒功”练到注射的地步,口吸毒品是向着死神“慢跑”;注射毒品却是向着死神“飞奔”,你还是好自为之吧!

82.“不孝有三,无后为大”,而吸毒人员是不太可能有健康的后代的,即便有,也是非傻即痴的残疾儿、弱智儿。你想有这样的后代吗?你敢有这样的后代吗?

83. 吸毒的男人,是有根的“太监”,阳痿拥有者;吸毒的女人,会丧失生育能力,你愿意做这样的男人或女人吗?你敢做这样的男人或女人吗?(这是一位全家吸毒致死,身患艾滋病等待死亡的吸毒人员的自述)

84. 天下从来没有幸福的吸毒人员家庭!天下也绝对没有幸福的吸毒人员夫妻!为了你家庭的幸福与你婚姻的幸福,请选择远离毒品吧!

85. 正常的人敢嫁一个吸毒的男人做丈夫吗?正常的人敢娶一个吸毒的女人做妻子吗?相信都不愿意也不敢吧!那么,当你成为一名吸毒人员之后,注定也没有人敢找你做丈夫、做妻子！你愿意一辈子没有恋爱、婚姻和家庭吗？

86. 人生不如意，十之八九，人尽可以通过多种方式来麻醉自己，但千万、千万不可以选择吸毒的方式，因为这种麻醉就是自杀啊！

87. 有钱的人千万不可太嚣张！因为也许他早就被隐藏在身边的毒贩们盯上了。毒贩们也许正在千方百计地设计着，欲把他拖下毒海呢！吸毒的人多居心叵测，尽量小心一点为好！

88. 你乞求、哀求过人吗？你低三下四地对人说过话吗？没有！你是有傲骨、有傲气的人。但只要你吸毒了，你终究会"为一丁点毒品而折腰"，向可恶的毒贩乞求！这是每个吸毒人员都逃避不了的悲哀。为了永远保持傲骨傲气，请不要吸毒！

89. 在吸毒人员群体中，"以贩养吸"的人多着呢！拉人下水吸毒几乎成了他们的职业，而且他们专门向家境富裕的年轻人下手。因此，越是有钱人或有钱人家的孩子，越应该提高警惕，千万不要成了别人盘中的"愚"(鱼)儿呀！

90. 毒网恢恢，敢吸毒就铁定会有上瘾的一天；法网恢恢，敢吸毒就铁定有被捉住的一天！为了生命中没有这样的一天，请你不要吸毒！

91. 请时时刻刻牢记："天下绝对没有免费的午餐"，尤其是毒品，送你这种"午餐"的人，对你绝对没有安丁点好心。这是他们的一种恶意、狠毒的行为,唯一的目的就是拉你下水,然后从你身上榨取超值的回报。善良的人们,请时时刻刻擦亮自己的眼睛吧！千万别中了他们的奸计!

92. 在吸毒人员群体中,有那么一群人,他们有一个共同的名字叫“线人”,他们会偷偷给你免费的毒品,还会告诉你吸毒不会上瘾,当心啊！千万不要被他们给“陷”了!

93. 从学吸毒到第一次被抓戒毒,这段时间可能较长,而一旦人被抓过一次之后,其身份就变成了“在册吸毒员”,是重点监控的对象,只要其还敢复吸毒品,第二次、第三次、第 N 次被抓就是随时随地的事!

94. 每一个吸毒人员第一次被抓的时候,他(她)的亲人们都是紧张而震怒的,但生气归生气,最终亲人们都会不遗余力地花费大量金钱把他们“救”出来,期望着他们能吸取教训重新做人,真的是可怜天下父母心啊！但当他们屡教不改,多次被抓,亲人们的钱也被花完了,最终只好无奈地把他们给彻底放弃！要理解亲人们也是迫不得已,更要切记:父母不是银行,钱终归会有花完的一天,剩下的只有绝望和愤怒！因此,不能吸毒!

95. 国务院《禁毒条例》明文规定:复吸毒品强制戒毒 1 年至 3 年。因此,即便仅仅是为了生活自由,千万不要吸毒!

96. 吸毒人员如果不能下定决心真正做到成功戒毒的话,都逃不脱不得善终、不得好死的悲惨下场,活着如行尸走肉,死去也遗臭万年！千万不要用吸毒这种方式来追求与众不同，导致猪狗不如。因此，吸上毒的人一定要戒毒，没有吸过毒的人，绝不能吸毒！

97. 莫吸毒，吸毒必被捉！毒品是绝对不能自给自足的商品，天底下总有第二个人知道你在吸毒。犹大为了30个银币尚且都可以把主耶稣给出卖掉，而仅靠毒品维系关系的毒友，岂有不出卖你的道理。因此，还是不要吸毒为好！

98. 毒贩为了赚昧心钱，不愿吸毒者戒毒；毒友为了心理平衡，也不愿吸毒者戒毒；还有那些能够从吸毒者的吸毒行为中获得利益的人，也不愿意吸毒者戒毒。事实上，吸毒人员已经成了“唐僧肉”，谁都想捉住吃上一口！因此，朋友，千万不能吸毒！

99. 只要吸上毒，“吸毒人员”的标签就已经牢牢地贴在了一个人的身上，人们对他只有歧视、蔑视、唾弃！因此，为了不影响自己的事业、前途和爱情，敬请自重，绝不要吸毒！

100. 唉！要是我从来没有吸过毒，那该有多好啊！因此，请相信我的忠告，千万不要吸毒！

矫正作业：

1.“给吸毒人员的100条血泪忠告”大多为吸毒人员自身的感受和劝说。矫正对象从100条忠告内容中挑选自己印象最深刻的5条，或结合自己曾经的吸毒感受进行创作，将其填写在

《矫正足迹》上。

2. 背诵抄写的5条忠告内容。

3. 吸毒危害演讲比赛。详见“矫正效果评估篇”附件一之“主题活动六”。

第二章　心瘾戒断方法技术

“最难戒的不是毒品，是心瘾”，几乎所有的吸毒人员在戒毒数次之后都会得出这个结论。所谓“心瘾”，就是对毒品的强烈欲望，吸毒产生的幻想快感让人难忘，当体内仍然存在毒素的时候，这种记忆在大脑中会不断闪现，让吸毒人员回味，使其欲罢不能，这就是心瘾。若要彻底戒断毒品，心瘾是必须斩断的根源。

本章将介绍一些心瘾戒断的方法技术，有的是通过物理、化学的手段戒断心瘾的戒断法，有的是让戒毒者学习正向兴趣爱好充实其内心的替代法。通过对这些心瘾戒断方法技术的学习了解，矫正对象可在刑满出狱后，根据自身实际选择最合适的方法技术进行实操，最终戒断心瘾，彻底戒除毒瘾。

建议课时：36 课时

第一节　厌恶疗法

矫正目标：通过对厌恶疗法的学习和了解，促使矫正对象懂得如何运用厌恶疗法戒断心理上对毒品的依赖。

建议课时:4 课时

VR 技术厌恶疗法

建议课时:2 课时

VR 系统是一种虚拟现实技术,在日常生活当中是比较多见的,那么使用 VR 戒毒治疗会是怎样的一种感觉?智能技术真的能够帮助戒毒吗?我们通过一则新闻报道简单地对 VR 技术戒毒进行一下学习了解:

9 时,一堂心理戒毒治疗课程在 VR 治疗室开始了,除 VR 眼镜、耳机、主机外,戒毒人员还要戴上心率测试仪,VR 的开头是吸毒场景模拟,与观众在电视上看到的画面不同,吸毒人员在 VR 设备中看到和感受到的是逼真的特殊场景,这个片段环境可以唤起戒毒人员对毒品的记忆。

有 7 年冰毒吸食经历的小果(化名)是第一次接受 VR 戒毒治疗,小果表示,在戒毒所这么久,本来以为自己对毒品已经没有渴求了,可是看到 VR 视频里的有些镜头,还是发现自己会心跳加快。当戒毒人员身临其境地看见那些熟悉的针管、溜冰小壶、一粒粒的小药丸、白色的粉末等,开始在吸毒场景诱惑下有些蠢蠢欲动时,VR 视频画风突变,出现了各种吸毒并发症的画面:有的皮肤溃烂,溃烂的皮肤还正在流脓;有的毒瘾发作,控制不住自己,用刀把自己捅得鲜血直流;有的吸毒时间长了以后,全身上下皮包骨头,手上脚上数不清的针眼开始溃烂,就像来自地狱的骷髅……这些场景的再现,让人看了不寒而栗。

这时,工作人员发现戒毒人员的身体反应开始变化,有的人捏紧拳头,有的人不由自主地抓挠手臂,有的双手环抱,像是要保护自己。60 多名吸毒人员在经过 15 天共 6 次 VR 虚拟现实系统治疗之后,对毒品渴求度降低的比例达到 75%,而同一时间段内,没有进行 VR 治疗的对照组成员,仅有 3% 降低了对毒品的渴求。

目前,那些常见的新型毒品成瘾的主要原因是使人对其产生心理上的依赖,从大量的临床研究上来看,吸毒人员戒毒后的戒断反应其实都还在可控的范围之内,而这种 VR 技术戒毒的治疗方向主要是帮助吸毒人员戒除心理上对毒品的依赖,这是一种针对性很强的探索。下面就让我们一起来了解和学习这种 VR 技术戒毒。

矫正原理:想象厌恶疗法又叫内隐致敏法。用想象或者虚拟体验(VR)吸食毒品后带来的痛苦感受,使矫正对象对吸毒行为产生厌恶,从而减弱其心理上对毒品的需求。

方法简介:通过 VR 疗法,戒毒人员仿佛身临其境。在实际操作中,其主要依据戒毒者的不同心理症状,创造一个相对独立封闭的虚拟环境,提供相应的解决方案,重点是以电影、故事等情景方式互动,让吸毒人员沉浸在虚拟场景中,从而达到降低对毒品依赖、淡化瘾症的作用。

实施步骤:矫正对象带上 VR 眼镜,播放 VR 影片。

影片分3个阶段:

第一阶段,诱发毒瘾。通过身临其境的毒品吸食场景和相关吸毒用品的呈现,诱发矫正对象的心理毒瘾。

第二阶段,厌恶治疗。展现长期吸食毒品带来的生理危害,引起矫正对象的恐惧和厌恶情绪。

第三阶段,回归家庭。呈现鸟语花香的生活场景,调动矫正对象对家庭、未来的向往。

实施设备:一副VR眼镜、一副耳机、一套心率测试仪、一台主机。

目前,国内大部分正规戒毒医疗机构已经配套齐全,矫正对象在回归社会后可以进一步接受治疗,巩固心瘾戒断成效。

矫正作业:

VR技术戒毒属于什么疗法?

将答案填写在《矫正足迹》上。

感官刺激厌恶疗法

建议课时:2课时

感官刺激厌恶疗法,主要是通过外界(眼睛、耳朵)信息刺激或药物刺激,使人体发生厌恶反应,久而久之形成条件反射,最终达到让吸毒人员看见或想起毒品时并非有快感,而是感到排斥和厌恶的效果。下面将介绍两种感官刺激厌恶疗法,即想象厌恶治疗、化学刺激厌恶疗法。

一、想象厌恶治疗

原理简介：主动为矫正对象呈现吸毒后产生的厌恶场景，场景设置可以是图片、语言描述、视频等方式，用吸毒后各种惨痛画面、吸毒人员痛苦的哀嚎声刺激人的视觉和听觉。然后，让其回忆内容匹配场景设置，以形成共鸣，强化吸毒痛苦体验，减弱矫正对象心理需求。

操作要求：此疗法操作简便，成本较低，适应性广。有条件的矫正对象在家中，在家人朋友的配合下即可完成，但要保证场景设置资料收集的质量，矫正对象也要主动积极配合家人的操作。如家庭条件有限不便操作，可到正规戒毒机构或社区戒毒中心进一步咨询，接受专业指导。

二、化学刺激厌恶疗法

原理简介：化学刺激厌恶疗法，也称药物厌恶疗法，即在矫正对象对毒品产生强烈的心理或者生理觅求时，让其服用呕吐药，注射阿朴吗啡、吐根碱或者其他会引起人体不良反应的药物，终止毒品带来的快感体验，强化吸食毒品带来的呕吐反应或者痛苦反应，使不愉快体验压倒吸食毒品后的种种快感，从而使矫正对象的毒品需求反应逐渐消失。

操作要求：化学刺激厌恶疗法耗时较长，要求矫正对象长期坚持。前期阶段最好设定一个有限的活动空间，在戒断过程中确保切断矫正对象毒品来源。此矫正方法坚持半年，能使矫正对象对毒品产生厌恶情绪，而后每月做1～2次巩固治疗。另外，药物服用量需遵医嘱，切勿私自调整用药。

除想象厌恶治疗和化学刺激厌恶疗法外，再给大家介绍一种尚未成熟的手术戒毒疗法。手术戒毒，也被称为“外科微创手术戒毒”，从各医院的宣传材料可以了解到，目前有效的戒毒手术为常规毁损术以及脑深部电刺激术。这种手术戒毒主要是针对长期吸毒并且有自我意识想要戒除毒瘾，并且尝试过多种方式仍无法戒除毒瘾的患者，其目的只是对病理性快乐中枢进行破坏，把吸毒者从“毒瘾”的煎熬中解脱出来。

为什么说此种手术戒毒疗法尚不成熟，因为在“开颅手术戒毒”刚问世的几年里，许多医院都相继推出了这种戒毒的手术以及类似的戒毒手术，但是，在开展了很多临床治疗之后，很多患者术后出现了不良后果抑或产生了各种后遗症、并发症以及各种副作用，例如，手术无效、性情大变、官能失灵、脾气暴躁、精神分裂等，甚至还有毒瘾不减反增以及自杀等极端情况。因此，我国原卫生部经过论证后，把该手术叫停了。给大家简单介绍这种手术戒毒疗法，希望大家谨慎对待，切忌病急乱投医，逢庙就烧香，戒毒没有捷径，不能心存侥幸，还需要踏踏实实，一步一个脚印地坚持。当然，随着科学技术、医疗技术的发展，我们也希望今后会出现新的、成熟的、无副作用的戒毒手术。

矫正作业：

感官刺激厌恶疗法有哪些？请例举两种。

将答案填写在《矫正足迹》上。

第二节 兴趣替代法

矫正目标：通过讲解，向矫正对象介绍一些能够陶冶情操的正向爱好，引导矫正对象根据自己的实际情况选择一些良好的兴趣爱好进行培养，进而取代吸毒的恶习。

建议课时：32 课时

书画修心法

建议课时：8 课时

一、书画的概述

书画是书法和绘画的统称，也称字画，书与画都是文化传承的主要载体。书，一说是书法，也就是俗话说的字，另有观点认为，书是指文化内涵。画，是人们生活中创造的结晶。画的起源久远，有着丰富的含义。书画有史以来便已深入了中国人生活的方方面面，画展开就是最直观的山水风光和百姓生活，书则表达了中国人的内心情感，因此，书画就是有关中国的文化概念。

二、书画修心的作用

(1)学习书画可以陶冶情操。书画能够纯洁人的心灵,能让学习的人充分感知世间的万紫千红、生活的绚丽多彩。使人对未来充满向往和憧憬,乐观上进。

(2)书画训练会让人逐渐变得沉稳、细心,做事一丝不苟,有耐性、有意志、有气度,性格刚毅稳健。能够有效地改变人们粗枝大叶、有口无心、马虎毛糙的不良习惯。学绘画造就的开放思想和学书法形成的稳健性格,强强呼应、相辅相成,为矫正对象将来回归社会奠定了良好的素质基础。

(3)学习书法绘画可提高人的综合能力。书法要聚精会神、绘画需平心静气。临摹对所画对象要观察,临帖习字得模仿。还要分析重点、找出特点,然后再将客观物象加进个人观点在平面上表现出来。这一系列过程在无形中锻炼了人的观察力、模仿力、分析力、表现力。

(4)“欲正其书者,先正其笔,欲正其笔者,先正其心”,要以修养心性为上,宁静淡泊,排除杂念,专心一致。这样长久坚持,人们心中必定无私利杂念,能够培养宽容大度、以诚待人、和谐相处的作风。

三、书画修心的学习要求

(1)观察所临字的点画结构,观察书法家的用笔方法和特征,观察不同字体中笔法的变化和渊源关系,观察各类碑帖墨迹总体的神韵、风貌和类型。

(2)学习书画要在学中思,思中学。不断培养联想能力、归纳能力和内化能力。此外,书法艺术笔法中的提与按、方与圆、疾与涩、逆与顺,墨法中的浓与淡、润与燥,章法中的奇与正、疏与密、大与小、向与背等构成了书画艺术的既对立又统一的矛盾体。

(3)书画从临摹入手,最终境界就是让大家能创作独具个性风格的艺术作品。在学习中,大家可以根据自己的实际喜好,学有选择,学有所长,发展个性,大胆创新。

四、书画修心学习小结

总之,书画练习不仅能够培养人沉稳、细心、刚毅稳健的性格,而且能够陶冶情操,净化心灵。因此,在服刑改造生活中,矫正对象可以选择积极参加书画修心培训班,通过书画练习来提高自身修养,转移兴趣重点,填补吸毒导致的内心空虚。还可以在刑满出狱后,自己坚持书画练习,充实内心,这项兴趣爱好对于替代吸毒恶习是非常有益的。

矫正作业:

书法训练会对人产生什么作用?

将答案填写在《矫正足迹》上。

手工刺绣法

建议课时:8 课时

一、手工刺绣训练的起源及概述

手工刺绣训练,是以手工方式用针和线把人的设计和制作添加在织物上的一种艺术。作为心理行为训练中情绪调控能力训练的一种具体形式,可以培养人的耐心和专注力,同时,可以充实因吸毒导致的内心空虚。

手工刺绣,是中国非物质文化遗产保护中最珍贵的种类之一。按产地划分,刺绣可分为"苏绣"(江苏)、"粤绣"(广东)、"湘绣"(湖南)、"蜀绣"(四川)等,其中,苏绣为四大手工刺绣之首。按加工方式,可分为"半手工刺绣"和"纯手工刺绣"。按用途划分,可分为服装类和工艺品类。工艺品手工刺绣又有挂画式单面绣和摆放的双面绣之分。

1958 年在中国长沙楚墓中出土了龙凤图案的手工刺绣品,这是2000 多年前中国战国时期的绣品,是现在已经发现的中国最早的手工刺绣实物之一,经专家鉴定,这就是湘绣的代表作品。如今,中国的手工刺绣工艺几乎遍布全国,各类民间手工刺绣也别具特色。手工刺绣发展成为今天的艺术品,工艺精细复杂(如图 3、图 4、图 5 所示)。国家相关部门呼吁,要加强保护这一民族文化至宝。

图 3 传统手工刺绣作品

图 4 传统手工刺绣作品

图 5 传统手工刺绣作品

与个人刺绣不同，团体刺绣不仅可以提升个人合理化解决问题的能力，还可以有效地锻炼个体在团队中的协调性，增强处理人际关系的能力，缓解人际关系带来的压力，对提升心理健康水平有着积极的作用。因此，无论男性还是女性矫正对象，在刑满出狱后，有条件的，也可以邀请家庭成员进行团体刺绣，除增加协作性之外，还可以增加家庭成员之间的情感，坚定脱毒信念。

二、手工刺绣训练的作用

手工刺绣的最大特色就在于，其可以通过针线、织布等媒介反映个体的情绪变化。刺绣可以使人的心灵纯净、淡然，学会自我疗愈心灵，对于被毒品摧毁心灵的吸毒人员来说，这是一项让人静下心来疗愈心灵的好技能。在刺绣的创作过程中，个体能够放松心情、舒缓压力、增强意志力和自控力，建立良好的人际关系，帮助其真正地认识自己。更重要的是，在与中国非物质文化遗产的亲密接触中，感受传统文化的源远流长和经久不衰，带给人积极奋发的正能量，这对于抵制毒品对人的控制再好不过了。

三、手工刺绣训练实施要诀

成员遵守规定，牢记操作要领，发挥创造能力，用心体会自己的刺绣作品；感受投入、期待、收获与享受的全过程，体验自我心态调整的全过程。

四、艺术特点

手工刺绣的主要艺术特点是图案工整娟秀，色彩清新高雅，针法丰富，绣工精巧细腻绝伦。就刺绣的针法而言，极其丰富而且变化无穷，共有9大类43种，主要有齐针、抢针、套针、施针、乱针、滚针、切针、平金、打点、打子、结子、网绣、冰纹针、挑花、纳锦、刻鳞针、施毛针、穿珠针等，采用不同的针法可以生产不同的线条组织和独特的手工刺绣艺术表现效果。例如，运用施针、滚针绣的珍禽异兽，活灵活现，栩栩如生；采用散套针绣的花卉，活色生香，争奇斗艳，尽态极妍；使用乱针绣的人像和风景，绒条组织多变，装饰味浓，艺术效果强，富有浓郁的民间、民族特色；使用打点绣的绣品，则清静淡雅，极富诗情画意；运用打子绣的绣品，则具有古色古香、淳朴浑厚的艺术效果与技巧上的平、齐、细、密、和、光、匀、顺的特色。

五、学习小结

在学习了手工刺绣的基础知识之后，相信大家对手工刺绣有了一定的认识和了解。如果学习手工刺绣，就需要有耐心、恒心，同时需要以心灵手巧、认真静心为基础，才能完成一幅作品。手工刺绣训练整合了心理学、艺术学和中国传统文化知识等学科的优势，可以使大家在修身养性的同时不断克服困难、战胜自己、控制自己的情绪,增强自己的情绪调控能力。另外,学习中国人勤俭持家、热爱生活的传统美德。这一点是非常重要的,当自己的一幅作品完成时,可以获得很大的成就感,这对于曾经被毒品侵蚀的人来说是一个非常好的心瘾戒断疗愈项目。

矫正作业:

手工刺绣对人会产生什么作用?

将答案填写在《矫正足迹》上。

音 乐 疗 法

建议课时:8 课时

一、音乐疗法的概述与起源

音乐疗法,又称"心理音乐疗法",是通过音乐从生理和心理两个方面来改善人们的情绪,转移其注意力。音乐声波的频率和声压会引起人生理上的反应。音乐的频率、节奏和有规律的声波振动,是一种物理能量,而适度的物理能量会引起人体组织细胞发生和谐共振的现象,能使颅腔、胸腔或某一个组织产生共振,这种声波引起的共振现象,会直接影响人的脑电波、心率、呼吸节奏等。

音乐疗法,起源于 20 世纪 40 年代。1944 年美国密歇根州组织了第一个音乐治疗学会,1946 年又在堪萨斯州国立大学开设音乐疗法的专科。于是世界各国纷纷仿效,1959 年澳大利亚有了音乐疗法机构,1969 ~ 1970 年,德、法、丹麦、芬兰等国也相继成立了音乐疗法组织。从 20 世纪 80 年代开始,音乐治疗传入中国。

音乐治疗是新兴的边缘学科,它以心理学的理论和方法为基础,运用音乐特有的生理、心理效应,使大家在音乐治疗师的共同参与下,通过各种专门设计的音乐行为、经历音乐体验,达到消除人们心理障碍、恢复或增进身心健康的目的。

对于被毒品侵蚀的吸毒人员来说,音乐疗法更具有特殊疗效,音乐通过听觉直接传导到大脑中,大脑进而进行信息筛选和分析,影响人的心理活动。心理学研究显示,音乐能影响人格,培养情感,对人的成长至关重要,而音乐包容了人的情感的各个方面,所以能有效地铸造人格;音乐能超越意识直接作用于潜意识,因而在心理治疗中有特殊功效;音乐活动是极有序的行为,有助于人们协调身心及建立和谐的人际关系,因此被广泛应用于行为治疗。音乐疗法成本低、见效快、便于操作,是心瘾戒断最好的选择之一。

二、音乐疗法的发生机制

(一)生理机制

音乐对中枢系统——边缘系统、下丘脑、脑干网状结构具有影响;对自主神经系统——影响副交感神经具有影响;对全身与局部免疫功能也有影响。

1. 音乐直接作用于边缘系统,调节人的情绪与行为的边缘系统由边缘叶与杏仁体(核)、下丘脑等皮质下结构共同组成。边缘叶位于大脑皮层边缘部分,在大脑半球的内侧面,其上方为扣带回,延续部分为海马回。边缘系统管理内脏调节、情绪反应和性活动,其突出的功能是调控情绪反应和情绪体验,故边缘系统又称情绪脑;边缘系统中的海马回还和学习与记忆有密切的关系。由于音乐直接作用于边缘系统,所以能对人的情绪和行为发挥调节作用。

2. 音乐兴奋下丘脑的"快乐中枢",抑制"痛苦中枢"。下丘脑属于间脑的一部分。间脑位于大脑与脑干之间,由 5 部分构成,即背侧丘脑、后丘脑、上丘脑、下丘脑和底丘脑。下丘脑是神经内分泌和内脏功能的调节中枢,下丘脑还与边缘系统有密切联系,参与情绪和行为调节。有研究提示,下丘脑在进化中是储存情绪模式的部位,脑生理实验中发现下丘脑有专门的"快乐中枢"和"痛苦中枢",音乐激动"快乐中枢",而阻滞"痛苦中枢";兴奋"快乐中枢",而抑制"痛苦中枢"。

3. 音乐治疗对自主神经系统的影响。通常将周围神经系统分为脑神经、脊神经和内脏神经 3 个部分,内脏神经又有感觉(传入)神经与运动(传出)神经的不同。内脏运动(传出)神经调节内脏、心血管运动和腺体分泌,一般不受人们意志控制,是不随意的，故又称自主神经。内脏传出神经再分为交感神经和副交感神经两部分，交感神经与副交感神经既互相对立又互相统一，人体除少数器官外，都接受交感与副交感神经的双重支配，在具有双重支配的器官中，交感与副交感神经作用往往互相拮抗，但有时二者的作用也可以是一致的。自主神经系统的活动与情绪密切相关，人的情绪常伴明显的自主神经反应，并影响相应的内脏器官，音乐治疗明显影响人的情绪，而情绪通过自主神经反应影响人的内脏器官。需要强调的是，音乐主要激活副交感神经系统，从而具有良好的抗应激作用。副交感神经兴奋，有利于机体的修复建设，提高能量储备，降低交感神经张力，从而促使机体从紧张状态或高生理唤醒水平上松弛下来，达到或接近内稳态，恢复正常的生理水平与健康状态。

（二）心理机制

情绪决定认知，通过音乐疗法以改变情绪达到影响患者行为的目的。“莫扎特效应”，是指包括莫扎特在内的音乐家的好作品都具有治疗功能，包括治疗多种疾病，增进智力、集中注意、增强记忆、疏泄抑郁情绪。

平衡柔美的音乐，能调控人的呼吸、心率与心律，可消除精神紧张，去除烦躁和不安情绪，起到松弛和镇静催眠的作用。例如，手术前让患者听听轻松音乐，可以减轻紧张感与恐惧不安情绪；神经衰弱与失眠患者多听平稳柔美的音乐，可以促使其安静入睡；在支气管哮喘患者病房里播放舒缓节奏的背景音乐，再配合药物治疗，比单纯服用药物效果要好得多。另外，青年人血气方刚，C 调和缓，最宜陶冶情操，E 调安定，也具有镇静作用。音乐直接作用于下丘脑和边缘系统等主管情绪的中枢神经，对人的情绪具有双向调节作用。音乐能使消极的情绪变为积极，也能使激昂的情绪转为淡漠。例如，明快、活跃的音乐使人心情愉快，精神爽朗；抒情、优美的音乐使人心旷神怡、心胸开阔；激情亢奋的音乐使人精神振奋、斗志昂扬；平静、柔和的音乐使人心平气和、精神安详，从而调解心理情绪。

三、音乐疗法的实施条件

(1)进行音乐治疗的房间，光线明亮柔和，温度适宜。

(2)选择适宜的治疗音乐。

(3)在安静的环境中，采取舒适的坐姿。

(4)根据实际情况，每次 1 小时左右。

四、音乐治疗原则

音乐治疗应遵循与一般心理治疗相同的一些治疗原则，如保密原则。此外，音乐治疗还有一些专属的治疗原则。

(一)共鸣原则

情绪激动时不能用平静的音乐，而应该使用亢奋有力的音乐才能进行宣泄。也就是说，音乐治疗中使用的音乐应该与听音乐者的情绪状态一致，这样才能让其与音乐产生共鸣，进而促使情绪的宣泄，达到治疗的效果。

（二）循序渐进原则

从音乐选择的角度来看，音乐治疗要根据每个人不同的心理特点进行选择，循序渐进播放音乐。例如，引导悲伤情绪的音乐有轻度、中度和重度之分。选择音乐一般是从轻度音乐开始，逐渐过渡到中度音乐。播放音量也要逐渐增大，使人逐渐适应。

（三）学习与启发原则

学习与启发原则是指在进行音乐治疗时，对不懂音乐的来访者应进行教育和引导，向其介绍有关音乐创作的背景和音乐家所要表达的意境。在治疗前，来访者先尝试听一段音乐，用心体验音乐的意境。

五、音乐疗法操作要点

（一）聆听训练

每天坚持1～2小时的音乐聆听训练是一名接受音乐治疗者必须要做的功课，只有不断提高自己的对音乐情绪的感受性，才能在治疗中准确使用不同情绪的音乐。同时，建立自己的音乐情绪等级库也是非常重要的。

（二）环境选择

可以找一个相对安静、不被人打扰的地方，让自己舒服地坐着或躺着，轻轻闭上眼睛，用心聆听音乐，感受自己的情绪。

（三）选择音乐

1. 最好选用西方古典音乐片段，不要有歌词的，如果是哼唱或者是听不懂歌词的也可以。

2. 音乐不能是耳熟能详的。

3. 音乐的构成是碎片式的，不易学唱的。

4. 歌词不是低俗无聊的。

六、学习小结

通过上面的学习，大家对音乐疗法和音乐都有了一定的认识，听音乐可以使人产生镇静安定、轻松愉快、活跃兴奋等不同的感觉。由于乐曲的旋律、速度、音调等不同，作用于人的感觉器官就能起到不同的功效。从而使人的身心得到放松，情绪得到调节；有助于人缓解神经疲劳，轻松入眠；还可以有效地疏解各种压力，使人身体更健康。

在感到抑郁的时候，可以听一听莫扎特的《g 小调第四十交响曲》、西贝柳斯的《悲伤圆舞曲》、巴赫的《A 大调意大利协奏曲》、施特劳斯的《蓝色多瑙河》、比才的《卡门》组曲。

在感到焦虑的时候，可以听亨德尔的《皇家焰火音乐》、罗西尼的《威廉·退尔》、鲍罗丁的《鞑靼人的舞蹈》。

在你失眠的时候，可以听莫扎特的《催眠曲》、门德尔松的《仲夏夜之梦》、德彪西的钢琴协奏曲《梦》……

如果你喜欢中国古典音乐，还可以选择具有舒缓、低回、轻柔、婉转、幽雅等特点的乐曲，比如，《春江花月夜》《月夜》《南渡江》《病中吟》《催眠曲》《渔光曲》等。

如果想要振奋精神、愉悦心情，可以选择中国古典音乐中节奏明快、旋律流畅、音色优美的乐曲，比如，《流水》《喜相逢》《赛马》《光明行》《喜洋洋》《百鸟朝凤》《八哥洗澡》等。另外，还可以选择一些反映天地人间生机盎然的音乐，比如，《百鸟行》《空山鸟语》《荫中鸟》等。

应注意的是，不同的音乐疗法适用的时间也不相同。一般来说，镇静性的音乐应在晚上临睡前听，有助于睡眠和休息；兴奋性的音乐宜在早上或上午听，能够使人精力充沛，意气风发；解郁性的音乐受限制较小，可在任何时间听。通过学习，相信矫正对象都会找到适合自己的音乐，让音乐融入其生活，帮助其彻底远离毒品。

矫正作业：

结合自己的喜好实际，写出自己喜爱的音乐类型，并列出一首自己喜爱的歌曲。

将答案填写在《矫正足迹》上。

瑜伽释压法

建议课时：8 课时

一、瑜伽概述

瑜伽源于古印度，是古印度6大哲学派别中的一系，探寻“梵我合一”的道理与方法。而现代人所称的瑜伽主要是一系列的修身养心方法。

瑜伽运用古老而易于掌握的技巧，改善人的生理、心理、情感和精神方面的能力，是一种能够使人达到身体、心灵与精神和谐统一的运动方式，包括调身的体位法、调息的呼吸法、调心的冥想法等，以达至身心的合一。对于吸毒人员来说，瑜伽释压法是一门不错的选择，通过瑜伽练习，矫正对象的情感和精神得到锻炼，逐渐减低对毒品的依赖。另外，在瑜伽锻炼之后，曾经被毒品侵蚀的身体可逐渐得到疗愈，增强体质。

二、瑜伽的作用

(1)消除烦恼——瑜伽可减压养心，释放身心，全身舒畅，心绪平静，冷静思考，修心养性。

(2)提高免疫力——瑜伽可增加血液循环，修复受损组织，使身体组织得到充分的营养。

(3)集中注意力——瑜伽是压力人群提高学习及工作效率的最佳休息法、锻炼法。

(4)改善心智情绪——瑜伽对脑部内的腺体神经系统产生作用，使人的心智情绪自然呈现积极状态，进而让人更有自信、更热诚,而且比较乐观。

三、瑜伽释压实施条件

(1)时间:利用早晨、中午、黄昏或睡前来练习瑜伽。

(2)地点:练习瑜伽最好能在干净、舒适的房间里,空气清新、流通,并且能自由地吸入氧气。

(3)衣着:练习瑜伽时应穿着宽松柔软的衣服,保证透气和练习时肌体不受拘束。鞋子必须脱掉,袜子最好也脱掉,眼镜应摘下。

(4)道具:瑜伽垫、瑜伽练习视频。

(5)练习次数:每周 1 ~ 2 次,每次 1 小时左右。

四、瑜伽练习原则

(1)任何运动前都应做热身操,以避免运动损伤。

(2)以愉悦、平和的心情来练习瑜伽,可配上轻松的缓慢的音乐。

(3)每一个瑜伽动作都应平缓地完成,并配合有规律的深呼吸来帮助身体放松。

(4)练习时要将意识专注到被伸展和被刺激的部位上。不可存有杂念,不可说笑。

(5)练习时不要过分逞强,要在自己所能承受的极限范围内,使被伸展的部位稍有些拉伸感即可。

(6)练习时不要跟别人比。

(7)每做完一个瑜伽姿势后,应马上做“无空式”(参照瑜伽教学视频)。

五、瑜伽练习注意事项

(1)选择通风好的场地,在地上铺一块垫子或毯子,保护身体。

(2)穿着宽松的天然面料的服装,赤脚最佳。

(3)空腹2~3小时。

(4)练完后的30分钟之内,不洗澡、不吃食物,不做激烈运动,以免破坏体内能量的平衡。

(5)大病或手术后不宜立即做瑜伽练习。

(6)有心脏病、高血压、糖尿病的患者以及关节伤病的人,须经医生同意后,才可练习。

六、瑜伽练习操作过程

(1)准备阶段:进行练习前放松,随着轻柔的音乐学会控制呼吸,吸气时小腹隆起,呼气时小腹内收,尽量让呼气是吸气的两倍。

(2)实施阶段:跟着教学视频进行瑜伽练习。

(3)结束阶段:每次瑜伽练习结束,对练习内容、难度、心得体会等进行自我总结。

七、学习小结

通过学习,大家对瑜伽释压也有了初步的认识,希望瑜伽释压能给大家增加一个新的兴趣爱好,锻炼坚韧的品质,增强自己对毒品抗拒的意志力,让自己的身体更加健康。

矫正作业:

谈谈练习瑜伽有哪些好处与作用。

将答案填写在《矫正足迹》上。

第三章　三项重塑

随着吸食毒品的数量增加，被毒品侵蚀的日子变长，吸毒人员往往会形成特有的自卑负面心理，严重时甚至怀疑自己，丧失生活下去的信心。吸毒人员们为了达到吸毒的目的，谎话连篇，坑蒙拐骗，更有甚者不惜违法犯罪，伤害了自己的亲人，失去了朋友的信任。人生活在社会中，一旦没有了自信，失去了他人的信任，就连最亲最爱的家人都离自己而去，那么别说是想要彻底戒毒，就算是回归社会正常生活也是难上加难。

本章将重塑自信、亲情、信任列为目标，深入分析，逐一矫正，由浅至深地分析失去自信、亲情、信任的原因以及失去这些将会导致的后果，介绍各种形式、手段、技巧，使矫正对象掌握改善、修复、重塑自信、亲情、信任的方法，为其戒除毒瘾、重回正常生活打下基础。

建议课时：22 课时

第一节　自信心重塑

矫正目标：通过分析矫正对象吸食（或复吸）毒品的心理特

征，再采取有针对性的矫正措施，使矫正对象克服羞愧、自卑等负面心理，重塑生活信心。

建议课时：6 课时

因吸毒产生的自卑心

建议课时：2 课时

吸毒会让人形成什么样的负面心理？让我们一起来模拟一个场景：在参加老乡聚会或者同学聚会时，又或者乡里乡亲、亲朋好友聚在一起吃饭时，都免不了聊天，从个人事业到家庭生活，再到子女教育。别人事业有成，功成名就，百尺竿头，而吸毒者因吸毒坑蒙拐骗偷，今天派出所，明天戒毒所，还要东躲西藏见不得人；别人讨论买车买房炒股票，而吸毒者因吸毒上无片瓦，下无插针之地；别人老婆孩子热炕头，小日子红红火火，而吸毒者因吸毒众叛亲离；别人去的是健身房网球场，红光满面，身体健硕，而吸毒者跑遍小诊所大医院，百病缠身，面黄肌瘦。在这种情况下，吸毒者是否觉得尴尬？是否感到难为情？其实这就是惭愧、羞愧、自卑的表现，也正是吸毒给人带来的负面心理状态，长期如此，会使吸毒人员严重自卑，感觉在生活中抬不起头来，认为自己很另类。

所谓自卑，是指由于与合理规定标准或其他刺激物比较有差距，而产生了评价差异，进而导致的主观低落、悲伤等负面心理状态。所谓合理标准，是指人们习惯用其与自身比较的某个标准参考(如身高标准、成绩分数线、外貌等),当人们自身条件不及此标准时,就会产生自卑情结。所谓刺激物,是指人们比较自身的其他非标准参考对象(如某人学习优异、事业有成等)。有些人遭遇刺激物,就会产生负面的自卑心态。

自卑还会有一些特殊的情绪体现,如害羞、不安、内疚、忧郁、失望等。长时间的自卑,不但会造成人心理上的不健康,也会导致人生理上出现亚健康状态。具体的危害表现为会使人心理上情绪低沉,郁郁寡欢,因害怕别人看不起自己而不愿与人来往,缺少朋友,顾影自怜,甚至自疚、自责。自卑的人往往享受不到成功的欢愉。在生理上会导致免疫系统功能下降,抗病能力也随之下降,从而使人的生理过程发生改变,出现各种病症,如头痛、乏力、焦虑、反应迟钝、记忆力减退等。由此可见,自卑心这种负面心理,无论是在心理上,还是在生理上,对人都有不利的影响。

研究人员通过对500例吸毒人员的心理调查发现,吸毒人员有如下心理特征:丧失自信,自卑绝望。这些负面心理在500名吸毒人员中无一例外地存在,吸毒人员在身心受到毒品伤害后,都会产生不同程度的自卑,从而对自己、对他人、对社会产生极度失望和不自信。

大部分吸毒人员主观上也想尽快远离毒品,但因成瘾较深,心瘾难戒,往往戒毒、复吸、再戒、再吸如此周而复始,从而产生难以摆脱的绝望,强烈的自卑心理挥之不去,轻则对生活和前途完全失去信心,没有勇气面对每一天,看见日出日落都会莫名伤感,茶不思、饭不想,身体健康状况每况愈下,重则想以自杀来结束自己的生命。

此外,当吸毒人员回归社会后,其居住和工作地的周围群众乃至亲属大多对其是冷眼相待,存在戒备心理,避而远之,不愿与其打交道,更谈不上去谈心交朋友,这会进一步使吸毒人员产生强烈的自卑心理,如此,紧张的社交关系与强烈的负面心理就进入一个恶性循环。因此,吸毒人员会更加失去对自己的信心,取而代之的就是自卑和绝望。

矫正作业:

矫正对象根据自身情况,结合课程讲解内容认真反省自身的吸毒经历,是否存在自卑心理及其他因吸毒造成的负面心理伤害,并填写在《矫正足迹》上。

除去自卑心,重塑自信

建议课时:4课时

我们对吸毒导致的自卑心进行了分析,知道吸毒人员产生自卑心理后会陷入恶性循环,损害健康,甚至作出极端的行为。接下来,吸毒人员应学习如何除去自卑心,重塑自信。

自信,就是一种反映个体认为自己有能力成功地完成某项活动的心理特性,是一种积极、有效地表达自我价值、自我尊重、自我理解的意识特征和心理状态。人有了自信心，工作干得好，生活过得顺，看得到希望，看得到明天。自信心是人重要的精神支柱，也是人行为的内在动力。

自信分为3个层次：第一层次的自信是能力自信，指的是对自己能力范围之内的事情，相信自己能够做好并且勇于承担工作，不惧人言。第二层次的自信是非能力的自信，指的是对自己能力范围之外的事情坦然处之，不会因为自己不会做而觉得低人一等。第三层次的自信是潜能力的自信，人的潜力都是巨大的，就看有没有去挖掘、有没有去激发。有的人在困境中依然能够敢想敢做，相信别人能做成的事情自己也能做，进而激发了自己的潜能。

一、克服自卑，唤醒自信

吸毒人员要想永久地战胜毒魔，找回曾经的自信，就要勇敢坚定地迈出第一步，相信自己、克服自卑、唤醒自信，具体做法如下。

（一）自我心理暗示

矫正对象应不断地暗示自己：经过这些年的服刑改造生活，自己已经很久没有吸毒了，自己有信心战胜毒魔，要做自己的主人，不做毒品的奴隶。长此以往，才能逐渐克服自卑，找回自信。

（二）不再吹嘘

大多数喜欢吹嘘的人都怀有自卑的倾向，因为真正有能力的人不需要吹嘘也能展现实力。因此,从现在开始应管住自己的嘴,不再吹嘘。

(三)做最坏的打算

凡事做最坏的打算是一种“打底做法”,在压力越大的情况下,我们越没办法进行宣泄。在这个时候,索性作出最坏的打算,之后无论发生任何情况,内心的压力都会减轻。如此,哪怕事情没有达到预期的效果、目的,我们也不会因为事情没做好而感到难过、自卑。

(四)改变说话的习惯

1. 不要说“反正”与“毕竟”这样丧气的词语,因为这代表着人还没有努力就已经选择了放弃。

2. 克服自卑感的一个有效办法就是多说“我们”,而不是“我”。“我”是单数,“我们”是复数,这在心理学上叫扩散效果。例如,一个人说:“我的头脑怎么这么笨?”但是如果他想成:“我们的头脑怎么这么笨?”在这样扩散为群体表现之后,自责感就会降低,潜意识中也就减轻了自卑感。

尽量做到在心理上不断地给自己暗示,然后从一些日常小习惯开始改变自己,那么你就可以逐渐地消除自卑,找回自信。

二、充实自我,重塑自信

对于吸毒人员来说,在监狱服刑已是物理戒断,这就是充实自我、重塑自信的一个好机会。要树立自信心,就要立足当前,从具体事情做起,充实自我,把刑期当学期,学知识、学技能,保持不断学习的态度,积少成多,积跬步以至千里,争取成功,获得成就感。

(一)学习知识

利用阅览室、图书室等资源,读书看报,学习知识,增长见识,开阔视野,有条件的参加自学考试,争取更高级别的文凭,提升自我素质。

(二)学习技能

“三百六十行,行行出状元。”结合职业匹配指引教育中对职业自我的刻画,积极参加职业技能培训,宜工则工、宜农则农,学习并掌握一门适合自己的、能安家立命的职业技能。

(三)从现在做起,从小事做起,培养成就感

1. 积极参加劳动。在劳务加工中通过劳动充实自我,看到零散的零件、原材料在自己的手中变成了一件件合格的产品,在完成额定任务的基础上争取超产,获得“劳动能手”称号,获得大家的认可,从而获得成就感。

2. 遵守监规纪律。看到有的同改住禁闭室,被扣分,被处罚,而自己不仅能遵规守纪,还能完成劳动、学习任务,在季度评审、四查评审都取得良好的成绩,做到平安服刑,便有成就感。在计分考核无扣分的前提下,争取得到加分,评选积极分子,获得减刑,以培养成就感。

3. 积极参加各类活动。参加监狱组织的文艺、体育及心理

辅导等各类团体活动,积极融入集体,通过活动重塑自己的自信心,并且在活动中充实自我,让自己在学到知识的同时,也融入监狱环境,积极投身到监狱改造生活之中去。

三、超越自我,增强自信

通过前面的学习,服刑人员要努力做到“克服自卑,建立自信”以及“充实自我,重塑自信”。然后,服刑人员还可以再接再厉,努力做到下面这些细节,尝试从行为活动上改变自己,做到超越自我。学会这些,无论是在监狱里,还是在刑满出狱后,都可以帮助其增强自信。

(一)练习正视别人

一个人的眼神可以透露出许多的信息,如真诚与自信。无论是看警官还是看同改,又或者刑满出狱以后看亲朋好友、看陌生人,只要正视别人,就等于告诉别人,我很正直、我很自信。

(二)挑前排的位子坐

在一般情况下,坐后面位置的人大多不想让自己那么显眼,主要是由于其心底深处还有一些不自信。因此,为了增强自信,如果参加公共活动时,选择坐在前面的位置,告诉自己可以的,让自己充满自信。

(三)练习当众发言

多发言是增强信心的维他命。无论在什么场合,只要条件允许,都要先发言、多发言,不要最后一个才发言,也不要担心自己的发言会显得很笨,因为总会有人同意你的见解。不要怀疑自我,才能超越自我。

(四)培养良好的心理承受能力

挫折和失败很容易导致自卑心的产生,打击自信。出现问题,要有良好的心理承受能力,以微笑面对问题,这样不仅可以保持自信,从容不迫,而且可以快速适应各种环境,真正做到超越自我,增强自信。

1. 有乐观的生活态度。以微笑的目光、平静的心态去看待一切,建立健康、愉快、丰富的生活模式。服刑人员可以尝试在起床时候咧嘴大笑,因为笑除了能够推动人的情绪,抑制信心的不足,抚慰不良的情绪,还能化解别人的敌对情绪。在起初不适应的时候,服刑人员可以尝试自己一个人练习发笑,从闷声笑到哈哈大笑,也可以对着镜子观察自己笑,让笑变得自然。

2. 勇敢面对复杂的环境。如前所述,服刑人员不仅要通过学习文化知识和专业技能来充实自己,还要把环境的变化看成是迎接挑战和再学习的机会。比如,调动监区、更换工种等,不要愁眉不展,要告诉自己这只是对自己的一个小考验,要勇于面对,并做得更好。特别是当刑满出狱后,社会环境比监狱环境复杂得多,服刑人员会接触更多的人,各种事情,在这个时候要勇敢面对,碰上曾经的毒友,要敢于拒绝,遇上工作的机会要勇于争取,把每一次挫折都看作是对自己的考验。

3. 遇事不慌,致力于问题的解决。充满自信的人遇到问题不是惊惶失措，而是沉着应对，致力于问题的解决。比如，在监狱遇到同改的挑衅，不要头脑发热，而是应该冷静下来，避免与其正面冲突，请警官帮助处理。在回归社会、重返家庭后，更需要沉着冷静，理智地思考遇到的事情，不要情绪化，比如，在与人发生争吵后，要能够告诉自己冷静下来，争执并不能解决问题，要么冷处理回避，要么换一种沟通方式，致力于解决问题。当问题解决的时候，也正是矫正对象又一次超越自我、增强自信的时候。

自信心使人勇敢。自信的人总是能够以一种轻松自然的态度来面对生活中复杂的情景或挑战，表现出一种大智大勇的气度。

自信心使人果断。自信的人勇于承担责任，不会因为事关重大而优柔寡断，不会瞻前顾后，因而会保持果断的作风。

自信心使人谦虚。自信的人更能正确对待自己的优点和缺点，从而可以更加全面地认识自己，谦虚待人，不断进步。

吸毒人员最需要的就是自信，有了自信作为其精神支柱，距离脱胎换骨也就不远了。昨天是旧我，明天是新我，没有人愿意越活越差，每个人都想越活越好。昨天的旧我使吸毒人员苦不堪言，因此，是时候该和昨天告别了。大家谨记：从今天开始要逐步地改变自己，从小事做起，从点滴改变，学习做人做事的方法，学习为人处事的态度，学习知识和技能。唯有如此，才能重塑自信，增强信心，走出困境，走向美好。

矫正作业:

1. 如何克服自卑,唤醒自信?

2. 怎样做到充实自我,重塑自信?

3. 超越自我、增强自信有哪些具体的方法?

将答案填写在《矫正足迹》上。

第二节　亲 情 重 塑

矫正目标:通过内视观想疗法让矫正对象反思自己给家人带来的伤害,认识亲情的重要性,然后教会矫正对象如何重塑失去的亲情,获取家人的理解和支持。

建议课时:8 课时

内视观想之“失去的亲情”

建议课时:4 课时

内视观想之“失去的亲情”具体操作流程如下。

一、面接和引导

矫正官将矫正对象集中在内视观想室中,说明本次内视观想的目的主要是回顾亲情关系。

二、内视观想

当矫正对象准备充分后,矫正官按照亲人关系、算亲情账、换位思考的顺序开始引导。

(一)关系回忆——感受亲情的重要性

矫正官引导:本阶段内视观想是回忆自己与亲人的关系,亲人包括父母、子女、爷爷奶奶、公公婆婆等,要求回忆起具体事实,而不是感觉。回忆的顺序按关系的亲密程度由近到远,一般要求从与母亲、父亲的关系开始,一直到周围的亲人。回忆分为若干时间段,从胎儿一直到现在,关系越亲密的人时间间隔越短,一个循环后又回到自己的父母亲。请思考下列 3 个问题。第一个问题是:她(他)为我做了什么?第二个问题是:我为她(他)做了什么?第三个问题是:我给她(他)找了哪些麻烦?(此阶段围绕这 3 个问题安静地冥想 40 分钟,矫正官可根据实际情况变更引导思考的 3 个问题的内容,也可增减,但一次思考的问题数量不超过 3 个)

(二)算亲情账——认识亲人对自己的关心照顾

矫正官引导:本阶段请回顾亲人们给自己的关照,在自己染上毒瘾后,对亲人都做过什么事情让亲人们失望伤心。设身处地去想,从否定自己的角度去看过去自己认为是理所当然的事情。请思考下列 3 个问题。第一个问题是:在吸毒以后,作为子女,我对父母尽到了子女该尽的责任吗?第二个问题是:在吸毒以后,作为父母,我真心爱子女,而且对他/她们尽到了作为父母应尽的责任和义务吗?第三个问题是:在吸毒以后,家庭中的其他亲人给予了我哪些关心,而我又是怎样回报他/她们的呢？（此阶段围绕这3个问题安静地冥想40分钟，矫正官可根据实际情况变更引导思考的3个问题的内容，也可增减，但一次思考的问题数量不超过3个）

（三）换位思考——加深对亲情的理解

矫正官引导：根据之前回顾的内容，本阶段只需思考一个问题：对待我的吸毒行为，假如我是亲人，我会怎么做？（此阶段围绕这个问题安静地冥想40分钟，矫正官可根据实际情况变更引导思考的问题的内容，也可增减，但一次思考的问题数量不超过3个）

三、结束总结

通过内视观想，大家进一步加深了对亲情的感受，更加深刻地认识到了亲情的重要性，虽然曾经伤害过亲人们，如今身在监狱，亲人们却仍然牵挂着吸毒人员，哪怕其作出了一点点转变，他们都会感到欣慰。想到这些，吸毒人员更应该把这份亲情转化为彻底戒毒的决心和动力。“树欲静而风不止，子欲养而亲不待。”因此，吸毒人员要珍惜时间，努力找回自己失去的亲情。

矫正作业：

矫正对象将自己内视观想中对亲人的愧疚以及自己的所思所想填写在《矫正足迹》上。

重塑亲情，构建良好亲情关系

建议课时:4课时

亲情,特指亲属之间特殊的感情,也就是亲人之间的感情,比如,父母和孩子之间的感情,兄弟姐妹之间的感情……这些都是亲情,它是人间最美的一种情感。

通过内视观想自省,吸毒人员都进行了不同程度的反思。回想自己在吸毒的这条路上,吸毒、戒毒、复吸、再戒毒,如此反复,作为父母或子女,没有尽到该尽的责任和义务,已经伤透了家人的心。自从吸毒人员来到监狱服刑,其亲人收到入监通知书的那一刻开始,即使吸毒人员曾经伤害过他们的亲人,亲人们也仍然心系大墙内的吸毒人员,无论路有多远都来探视,无论多忙都抽时间写信给吸毒人员,逢年过节也都牵挂着吸毒人员。

亲情是人生存的精神支柱之一,亲情是人疲惫时最好的调养剂,亲情是人前进的动力。刑满出狱后,亲人的理解、信任、帮助,更是吸食型罪犯戒断毒品的有力保障。调查数据显示,93%的戒毒成功者有稳定的家庭和关心他们的亲人,亲情在戒毒过程中有很重要的作用。不仅如此,重新建立良好的亲情关系还能使人幸福。要想取得较好的戒毒效果,彻底戒断毒瘾,生活过得幸福美满,必须要从改善家庭关系做起,重塑亲情,让家成为你永远的避风港。

一、真心忏悔，自觉认错，是重塑亲情的基础

真心忏悔，反思自己错在哪里，从自己身上找原因，这是重塑亲情关系的第一步。因吸毒入狱的罪犯们可以扪心自问，这些年为家里做了多少事情？有没有好好地孝敬父母？对子女的态度好不好？有没有尽到爱人的义务？当父母准备了一桌饭菜等你回去时，有没有带着微笑？自己在家吃饭有没有洗过碗刷过筷子？父母年纪大了，有没有给他们捶过后背揉过肩？当爱人心情烦闷时，有没有关心过，陪着爱人说说话？在孩子生日时，有没有在身边陪伴？在服刑期间，家人千里迢迢来会见时，自己有没有只对亲人提要求，而自己什么也不做？这些年来自己忽略了多少亲情？这些年来给了亲人多少爱？自己是否只懂索取，从不付出？

当然，吸食型罪犯们需要审视和反问自己的问题还不止上述这些，总的来说，可以归纳为自己对家庭付出了什么，对亲人们付出了什么。如果通过反思，发现自己做的远远不够，那亲人们逐渐远离你是可以理解的事。慢慢地，亲情淡薄，隔阂产生，甚至由爱生恨，都是情有可原的。

要想解决这些问题，重塑亲情关系，就需要先从反省、忏悔开始，深刻认识到自己这些年因为吸毒向亲人们索取了多少，给亲人们带去了多少烦恼和忧伤，认识到亲人们为了自己也曾经操碎了心。改变自己的态度，做到真心忏悔，自觉认错，这是

重塑亲情的基础。

二、沟通联系,消除隔阂,是重塑亲情的桥梁

通过学习以上内容,大家都认识到了亲情的重要性,也思考了这些年来,为什么本来和睦的亲情关系会变得越来越差。既然亲情关系出现了问题,要想重塑亲情,重新构建良好的亲情关系,就要学会消除隔阂。

消除隔阂最好的方法就是加强沟通联系。考虑亲情关系已经出现了问题,那么在沟通联系时,就要学会从对方的角度考虑问题。例如,曾经有一个服刑的罪犯,他的妻子每年都带着孩子来探望他,每年他都对妻子说同一句话:"照顾好孩子,照顾好家里。"终于,妻子的情绪爆发了,说道:"这些年,难道不是我照顾家里吗?你知不知道每次来,我都要准备很久,把事情做完,安顿好老人,抽出时间,长途跋涉地来探望你?可是,一见到你,你都是叫我照顾好孩子,照顾好家里,每次都说这句话,你为孩子做过什么?你知道这些年家里的实际情况怎么样吗?你问过家里有什么难处吗?你帮家里解决过什么问题吗?"这使这个罪犯很惭愧。

大家从这个案例中想到了什么?想想自己是不是也和这个罪犯一样?有没有干过类似的事情?这个罪犯本来有一个爱他的妻子,可是由于多年服刑,他对家庭和亲人都没有尽到义务和责任。而一会见就提要求,不懂反省、忏悔,没有向妻子表态认错,更没有关心妻子在外生活是否艰辛,而且不顾及妻子的感受,生怕妻子做不好,一见面就单方面提要求,让妻子做这做那。于是,本来一次盼望已久的、愉快的亲情会见,就这样不欢而散。另外,还有一些罪犯在亲人会见时,提出各种要求,完全不顾家里的情况,不顾亲人的感受。因此,要想保持亲情关系,就要以感恩的心设身处地地为亲人着想。

结合上述会见事件,应该注意到,唯有有效沟通、消除隔阂,才能处理好亲情关系,建议处理方式如下:

首先,要真心忏悔,主动认错。带着一颗忏悔、愧疚的心,多从自己身上找原因,多想想自己错在哪里?是不是只是一味地要求家人为自己做什么?要学会换位思考,设身处地为亲人着想。同时,要把家人对自己的好记在心上,要知恩、感恩。自己在监狱服刑就等于家里少了一个人操持家务,在监狱外的亲人维持着这个家已是不易,与其沟通时话语中要表现出关心,嘘寒问暖,哪怕身处监狱不能帮忙,也要从言语中透出关切之意。多用温暖的话肯定对方,如"你在外面辛苦了……";多诚恳认错,如"以前我吸毒不顾家真的错了……"。真情的流露并不是虚假的口舌,只有真心忏悔,才能让家人们感受到自己的诚意。

其次,用实际行动表示悔改的诚意。"精诚所至,金石为开",当你尝试主动与亲人沟通时,起初不一定会顺利,甚至对方是抗拒的。这个时候唯有自己多认错,多表示自己的歉意和想要修复亲情的愿望。一是不放弃沟通,一次不行就两次,两次还不成功就多次,用诚意打动对方。二是坚持自我反省不松懈,不能因为几次沟通的失败就认为自己做的已经够多了,就开始怨别人,不给自己机会,事实上在吸毒人员吸毒期间,其亲人曾经给了他们无数的机会,因此,在任何时候都不能放松自我反省,这是表示悔改诚意的基础。

最后,对亲情关系比较紧张的,可找合适的人居中调解,缓解和改善亲情关系。比如,中间人可以是孩子、长辈或者是监狱警察,可以试着跟他们表达自己的忏悔之意,请他们转达并调解,逐渐地缓解和改善亲情关系。

在监狱服刑期间,应该怎样重塑亲情,构建良好亲情关系呢?具体做法如下:

1. 在自己服刑期间,做到遵规守纪,积极改造,不要让亲人为自己担忧。不要每次写信回去就向家人抱怨不顺心事情。不要每次拨通亲情电话就告诉亲人,自己过得不好,如又被扣分了或又影响减刑了。不要让家人千里迢迢来会见你,你却因为违规违纪被关禁闭而见不到面。只有自己做到平安服刑,才能让家人安心、放心。

2. 沟通是修复、重塑亲情关系的重要桥梁。怀着感恩的心给家人写信或拨打亲情电话,加强联系。通过信件或电话的沟通,告知亲人自己的改造情况,分享自己在监狱中取得的成绩,比如,考核分加分、减刑、自考过关或者学技能获证等。同时,表达自己的愧疚之情，希望取得亲人的谅解，表达自己的思念之情，让亲人知道自己是珍惜这份亲情的。

3. 在经济上给亲人力所能及的补偿和帮助。在获得劳动报酬后，节省开支，将自己劳动所得申请汇款或转账给亲人。在孩子开学之际给孩子买些学习用品，在老人生日时给老人买些生日礼物，结婚纪念日给妻子买些小纪念品，逢年过节给家人买些生活所需……从物质上给予亲人一定的补偿，表达心意，进而修复亲情关系。

4. 珍惜每一次会见。自己要想到亲人在百忙之中抽出时间，长途跋涉来到监狱探望自己实属不易，要懂得知足和感恩，珍惜每一次会见时间，多关心亲人，主动汇报自己的近况，以优异的改造表现告诉亲人自己在改变。

吸食型罪犯们要多反思自己的问题，用实际行动做保证，循序渐进地重塑亲情，构建良好的亲情关系。如果自己处理不好，也可以请警官帮自己出主意，最终目的就是让家成为你永远的避风港。

矫正作业：

1. 在《矫正足迹》上制订与亲人的沟通联系规划，按照规划，主动写信或拨打亲情电话给亲人，争取理解与支持。

2. 付出实际行动，根据自身的实际情况，节省开支，申请汇款给亲人，从物质上表达自己修复、重塑亲情的意愿。

第三节　信任感重塑

矫正目标:通过信任感重塑学习,让矫正对象知晓信任的重要性,明白自己曾经拥有的他人对自己的信任是如何丢失的,学习应该怎样重新建立信任感。

建议课时:8 课时

吸毒人员失信危害分析

吸毒人员经常说谎,或为骗取钱财购买毒品,或为掩盖自己的吸毒事实,或为逃避或缓解内心及外界的压力,说谎变成了吸毒人员的家常便饭,久而久之,大家也就不再信任他了。

建议课时:4 课时

一、信任的定义及其重要性

信任,是指因相信对方而敢于托付对方的一种心理。信任与我们息息相关,它是一种有着极大价值的无形资产,直接影响人际关系的建立、发展及深度。从个人来讲,诚信就是讲信用,讲信誉,信守承诺,忠实于自己承担的义务,答应了别人的事就一定要去做。从社会层面来说,诚信是一种基本的道德规范。“诚信”是中华民族的一种传统美德。随着时代的不断发展和变化,代表着信任的“诚信”也不断被赋予时代精神的新内涵,诚信被列入社会主义核心价值观之中,由此可见,信任是多么重要。

二、失信的危害

吸食型罪犯们应有所体会,当初吸毒时为了得到“毒资”,利用亲友的信任,满口谎言,有的“借”而不还,有的骗,有的偷,就这样一步一步地走向违法犯罪的深渊,自己的信任度也一点点丧失。谎言是信任的杀手,很多吸毒人员自我“戒毒”真真假假,一方面在家人面前信誓旦旦地说要痛改前非,要戒毒;另一方面却经不住诱惑,又走上了吸毒老路。面对自己的这些所作所为,吸毒人员为了逃避或缓解内心及外界的压力,最终还是选择了说谎。

说谎有什么坏处?让我们来看看这个说谎的牧羊小孩的结局是什么样的。

从前,有个放羊娃,每天都去山上放羊。一天,他觉得十分无聊,就想了个捉弄大家寻开心的主意。他向山下正在种田的农夫们大声喊道:“狼来了!狼来了!救命啊!”农夫们听到喊声急忙拿着锄头和镰刀往山上跑,他们边跑边喊:“不要怕,孩子,我们来帮你打恶狼!”

农夫们气喘吁吁地赶到山上一看,连狼的影子也没有!放羊娃大笑:“哈哈哈!真有意思,你们上当了!”农夫们生气地走了。

第二天,放羊娃故伎重演,善良的农夫们又冲上来帮他打狼,可还是没有见到狼的影子。

放羊娃笑得直不起腰:"哈哈!你们又上当了!哈哈!你们真笨啊!"大伙儿对放羊娃一而再再而三地说谎十分生气,便决定再也不相信他的话。

过了几天,狼真的来了,一下子闯进了羊群。放羊娃害怕极了,拼命地向农夫们喊:"狼来了!狼来了!快救命呀!狼真的来了!救命呀!"

农夫们听到他的喊声,以为他又在说谎,都不理睬他,没有人去帮他,结果放羊娃的许多羊都被狼咬死了。

上面这个故事就是著名的伊索寓言——《狼来了》。从这个故事中我们知道,放羊娃用谎话捉弄好心善良的农夫们,既不尊重别人,也失去了农夫的信任。当狼真的来了,没有人再来帮助他。可见,信任对于个人来说是非常重要的,失去信任就如同鸟儿失去了羽翼,小船失去了双桨。

失信将会给人带来危机,失信可能造成多种不良后果。一是没人会再相信自己说的话,被贴上不靠谱的标签;二是街坊邻居会瞧不起自己,被人看扁;三是即将失去亲朋好友,没有人再会帮自己;四是自己已经无足轻重,成为骗子、老赖甚至罪犯等。

三、失信危害案例

西周时期,第12任君主周幽王有个宠妃叫褒姒,为博她一笑,周幽王下令在都城附近20多座烽火台上点起烽火,然而,烽火是边关报警的信号,只有在外敌入侵需召唤诸侯来救援的时候才能点燃。诸侯们见到烽火,率领兵将们匆匆赶到,才弄明白这只是君王为博美人一笑的花招,诸侯们因而愤然离去。褒姒看到平日威仪赫赫的诸侯们手足无措的样子,终于开心一笑。但是,5年后西夷犬戎大举攻周,真的危险出现了,周幽王再次点燃烽火,可是没有一个诸侯带兵赶到,因为谁也不愿再上第二次当了。最终周幽王被逼自刎,而褒姒也被俘虏。

这个故事就是著名的"烽火戏诸侯",它警示我们,信任一旦失去,后果是非常严重的,故事中周幽王的结局是亡国自刎,连自己的性命都没有保住。孔子说:"人而无信,不知其可也。"李白说:"三杯吐然诺,五岳倒为轻。"谚语说:"一言既出,驷马难追。"都说明了诚信的重要。

失去信任会造成什么后果,下面用一个实例为大家进行进一步的讲解和分析。

徐某某将一份离婚协议书送到水头派出所,要求民警将协议书交给即将被送往强制戒毒的老公邱某。民警劝说徐某某应该给邱某一个机会,好好引导邱某走向正途。谁知徐某某从口袋里拿出了一份保证书,说自己已经死心,再也不会跟邱某继续生活下去了,请民警务必要把离婚协议书交到邱某手中,让邱某签字。

之后民警了解到,26岁的徐某某和28岁的邱某婚后一起经营一家服装店,小日子过得还算幸福。直到有一日,徐某某突然接到辖区派出所的电话,说邱某因为吸食冰毒将被行政拘留 15 日。拘留结束之后,邱某表现得循规蹈矩,保证自己以后再也不会吸毒了。于是徐某某慢慢地原谅了邱某。岂料 1 个月不到,徐某某又一次接到辖区派出所的电话,说邱某再次因为吸食冰毒将被行政拘留。第二次拘留结束之后,徐某某执意要与邱某离婚,但是在家人和亲友的劝说下,在邱某痛哭流涕的保证下,徐某某又一次选择了原谅他。她要求邱某写下保证书,发誓如果再次吸毒,就立即同意离婚。邱某当着家人和亲友的面写了保证书。

谁知,才过去短短的 2 个月,徐某某再次接到辖区派出所的电话,说邱某因为吸毒,将被送往戒毒所强制戒毒 2 年。接到电话之后,怒不可遏的徐某某,写了一份离婚协议书,带上邱某的保证书,气冲冲地来到辖区派出所,坚决要求离婚。

通过上面的这个案例,相信大家也会有所体会,失去信任是百害而无一利的,失去家人信任的后果更是可悲。案例中的邱某和徐某某本经营一家服装店,自己当老板,日子本来也是幸福的,可是沾上毒品后,邱某就被毒品控制了,为了吸毒,假话连篇,又是发誓,又是写保证书,三番两次最终失信于徐某某。无论自己再怎么不舍,最终还是失去了曾经心爱的人,搞得家庭破碎。

四、失信危害分析

失信是多角度、多层次的,可能因为一点小事,或是一些细节在不知不觉中就丢失了他人的信任。这些都值得注意。比如,约定晚上六点吃饭,结果七八点才到;或者说大话承诺帮忙,结果没有一件事情做到;或者你一边答应亲人、警官遵规守纪,完成劳动任务,争取减刑早日出狱,结果另外一边却是违纪扣分,欠产完不成任务;或是发誓戒毒,结果反复复吸。这些事情都在一点一滴地消耗着他人的信任,最终导致再也没人信任自己了。

我们身边也有一些真实的案例。例如,某罪犯,在监狱内经过一段时间的服刑改造,决定好好学习,充实自我,改变自己人生,然后他打电话给家里,希望家里给其汇款,购买一些学习用书,在说明情况后,家人虽然表示同意,却担心这是一个谎言,以读书学习为由,骗家里的钱去买吃的、买喝的,挂电话后紧接着便联系监狱进行核实,最终确定该名罪犯确实是用钱买书学习,才汇款过来。还有另一名罪犯,他痛改前非,积极改造,被推荐亲情帮教,当家人接到通知书时,第一时间想到的并非是什么好事,而是猜测他可能惹祸了,或者是又犯错误了。因此,家里人在来之前先打电话向监狱询问了具体情况,反复确认之后才开心地来参加帮教。

故事里放羊娃的羊被狼咬死了,历史上周幽王国破人亡,案例中徐某某坚定地与邱某离婚……这些都是失信带来的危害。可见,一个人只要失去了他人对自己的信任,就得不到别人的支持,也没有人愿意帮他的忙,就会变得孤立无援。

矫正作业:

1. 失去信任有哪些危害?
2. 你认为他人不信任你的原因是什么?

将答案填写在《矫正足迹》上。

化解危机,重塑信任

建议课时:4 课时

人无信不立,商无信不昌,国无信不兴。信任对个人、国家、社会都非常重要。小则关乎个人利益,大则影响社会道德。信任是让别人相信你的筹码,也是重塑亲情的基础,这是服刑罪犯,特别是有吸毒史的罪犯回归社会必须跨出的第一步。对于吸毒人员来说,被信任就是一种温暖,他们比一般人更需要别人的信任。

为此,我们来听听曾经吸毒的陈某在参加一次戒毒经验访谈时的亲身经历讲述:和 1 年前相比,陈某的气色好了很多,他努力找工作,细心照看儿子,“可以做的事情越多,毒品也就离我越远,这让我很开心”。陈某这样说,但是就在陈某不再饱受毒品折磨的时候,生活却给了陈某无形的压力,种种说法在让他感到委屈的同时，也把他压得喘不过气来。“很多人在背后指指戳戳说我复吸了，说吸毒的人，不复吸根本不可能……儿子生病我去借钱，他们怀疑我是拿钱去买毒品！”说到这，陈某显得很急躁，他一把拉开袖管，把胳膊伸到了大家的面前：“前两天蚊子咬了几个包，被我抓破了，就有人说，这肯定是吸毒的针眼，眼神里都是怪异，我就急了……”陈某的儿子贝贝（化名）已经6岁了，正处在充满好奇心的年龄。陈某说，可爱的贝贝是他最大的希望，他以前脾气不好，常常动手打贝贝，现在再也不打孩子了，“我之前打架、伤人，还有吸毒，都和自己的生活环境有关，儿子和我一样，从小缺乏母爱。我不希望他再走我走过的路，从小被别人看不起。我现在最大的心愿就是希望儿子往正路上走，虽然我学历不高，但是为了尽量引导贝贝往正路上走，我自己也要多学习，现在正在看心理学育儿方面的书”。陈某现在所住的房子马上就要搬迁，他希望带着儿子搬到一个没人认识他们的地方，这样大家就都不知道他们的过去了。父子情深，现在贝贝每天要陈某哄着才肯睡觉。

陈某反复提到儿子贝贝，儿子对他的信任就是一种温暖，在贝贝的眼中，陈某这个爸爸就是顶天立地、言而有信的男子汉，陈某又怎能舍得让儿子失望呢？就是这种信任的温暖给了陈某戒毒的决心，支撑着他赚钱养家，帮助他成功地远离毒品。

可见，信任对想要戒毒的吸毒人员是多么重要，那么，吸毒人员在他人信任缺失的情况下，如何重塑信任？大致可以分3

个阶段：一是从细微之处修复信任；二是自觉践行诺言，做一个诚信的人；三是勇于担当，遵守规则，把修复信任落到实际的生活中去。

一、细微之处，修复信任

信任对每个人来说都是来之不易的，失去它的时候可以瞬间崩塌，但修复它时却必须一点一滴，踏踏实实，逐渐挽回，这就要求我们要注重细节，从小事、从细节开始，改变以往的一些不良习惯，严以律己，言行一致，一步一个脚印地进行修复。

（一）小事做起，培养时间观念

时间的珍贵是无法衡量的，时间就是生命，时间对于每个人来说都是最公平公正的。因此，守时就是最好的遵守约定，也是履行承诺的细微表现，守时就是守信的基础。

一个让人信任的人，必然是一个严格遵守时间约定的人。反之，一个不守时的人，他的信任度也会随之降低直到没有。比如，张三与李四两人约定晚上六点吃饭，可是张三却七八点才到，李四饿着肚子等人的滋味可不好受，因此张三的信任度在李四那里就大打折扣。

同样地，时间的约定并非只是约吃饭，还会要求人按时做到某些事情，假如求职者因为个人原因没有按时参加招聘会，他可能就失去了一个好的工作机会，职场还会信任他吗？如果贷款人没有做到按时偿还贷款，可能将无法再次贷款；如果职员没有做到按时上班,老板、领导对他的信任度也会大打折扣;如果一个人经常不守时,那么他或许就会因此失去朋友。

时间是衡量一个人是否有责任感的标准之一,是检验一个人是否会遵守契约的标准之一,是证明一个人是否值得信任的标准之一。没有时间观念,不能按照约定的时间完成约定的事情,就会丢失他人对自己最基础的信任,因此,修复信任就要从细微之处,即遵守每次约定的时间开始,培养良好的时间观念,认真做到每次约定时间要做的事情。

培养良好的时间观念。一方面,在每次与他人约定时间后,一定要注意时间,不迟到、不拖延,做到准时准点。另一方面,在不同的场合严格遵守不同的时间规定。上学时遵守上课时间,工作时遵守上班时间。从细微的守时开始,逐渐让人感觉自己是一个靠谱的人,从而修复信任。

(二)反省认错,争取家人信任

信任是如何丢失的,就应该如何修复。因此,真心反省、承认错误是争取家人信任,修复家庭关系最有效的方法之一。为什么要认错?错在哪里?古话说,“解铃还须系铃人”,吸毒人员其实错就错在曾经透支了自己的信任,欺骗了家人,错在其给了家人承诺后却又做不到,表里不一,出尔反尔,错在自己言行不一致等。服刑人员可以自己想一想,如果一个人一而再再而三地欺骗你,你还会相信他吗?

之前,由于吸食毒品,随着每一次承诺变成谎言,吸毒人员的信任也跟着一分分地丢失，一步步走到无人相信的境地，因此，当大家要争取家人信任的时候，先想一想，曾经自己的欺骗行为，然后开始发自内心地反省，通过承认错误的方式向家人表达歉意，并表示从今以后坚持做到没有谎言，没有欺骗。

在监狱内，对外联系的方式不外乎通信、亲情电话和会见。如果真心想要重新找回亲人对自己的信任，可以结合自己的实际情况，选择上面说的3种联系方式进行承认错误。例如，给对方写一封诚心认错的信，给对方打一个真心悔改的电话，又或者在进行会见时表达自己的悔过之心。在狱外，也可以尝试见面致歉，通过这种方式，争取别人的信任，此时，你一定要以诚恳的认错态度，做到言行一致，坚持不懈，才能逐渐获得家人的谅解，才有可能修复信任。当然，一定要注意的是，说得再好不如做得踏实，既然反省认错了，就要拿出实际行动，言必行，行必果，这样才能一步步争取信任。

（三）协议自律，行动保证

协议是契约的一种形式。契约，最初是指双方或多方共同协议订立的有关买卖、抵押、租赁等关系的文书。契约的对象可以是生意伙伴、朋友、亲人、国家，或者自己等。没有契约的约束，航班就不会按照预定的时间起飞，上班族就不会按照岗位职责和分工履行自己的责任，厨师就不会按照菜单上菜，老师就不会按照课本教学……整个社会就没有信任可言。

当一个人失去信任后，想要让别人再次相信他，还有一个办法就是协议自律。通过制定协议培养自己的契约精神，用白纸黑字的书面形式将约定内容写出来，然后用实际行动作为保证。例如，自己写出协议或者保证书，向对方表示自己的诚意，并向对方保证做到某些事，如果做不到的话，自己能接受怎样的惩罚。当然，协议也可以进行单方面的操作，即自己给自己定一份协议书。

例如，身体虚弱的服刑罪犯，可以结合监狱的时间安排，制定一份健身康复协议，规定自己在每天进行康复锻炼，每到规定的时间，无论手头上有什么事情都暂停下来，坚持执行协议内容；也可以自己与自己约定，并制作一份协议书，要在一年内做到全年无违规违纪，并且完成每一次劳动任务，每做到一天，就在协议书中画一个圆圈作标记，以实际行为来践行自我协议。通过每一次行动的践行，无形之中就增加了自己的信任度。

无论制定了何种协议或者契约，如果没有坚持做到，就给予自己惩罚，如自我惩罚面壁思过等。以协议或者保证书的形式，从小事开始，逐渐到大事，加强自己的契约精神和自律能力，按照契约内容严格履行，以此提高自己的信任度，从而修复信任。

二、认真践诺，重塑信任

（一）有借有还，践行承诺

我国有句老话叫作："有借有还，再借不难；有借无还，再借万难。”其中,“借”的可能是钱,可能是物,但归根结底是基于信任,别人因为信任自己,所以借东西给自己。相信大家曾经在吸毒时为了获取毒资,或多或少都向自己的亲人、朋友借过钱,借过东西,可是一直到最后都没有归还。当有借无还时,自己的信任度也就随之降低,直到最后完全丧失。反之,当自己坚守承诺时,不仅自己的信任度会增加,而且还会给自己带来许多无形的资产。

让我们来看下面这一案例:某市一张姓男子突发重病,急需手术,医院的胡医生明知病人没钱,仍果断进行了救治,并垫付了其相关医疗费用;被救治后张某对胡医生感激不尽,承诺一定将其医疗费用还给胡医生,并一直将此事记在心中。由于张某文化程度较低,且没有一技之长,只能四处打零工、干体力活挣钱,一分一厘地积攒,整整 5 年时间,凑齐了此前胡医生为其垫付的医疗费,最终张某亲手将这笔钱交给了胡医生,兑现了自己诺言。此后,经媒体报道,张某的诚信事迹感人,信任度高涨,一家汽车 4S 店主动资助张某学习汽车修理的技能,并邀请他学好后就在该店的维修部上班,解决了他文凭低找工作难的问题。

可见,有借有还在建立信任上是一件多么重要的事情,那么,想要重新建立信任,无论借的是钱还是物,请先把欠账结算清楚,做到有借有还。具体方法如下:

1. 回忆并记录好这个问题:借了谁的什么?

2. 结合自己的现实情况，努力做到有借有还，欠账还钱，欠物还物。比如，可将自己在狱内加工获得的劳动报酬节省出来，制订一个赔偿计划，然后按照计划进行偿还。另外，当自己的劳动所得还无法偿还债务的时候，可以通过书信、电话等符合监狱规定的对外联系方式联系债权人，先把欠账认下来，表示今后一定奉还。

只要是借，无论钱多钱少，也无论东西贵重还是廉价，都必须归还，用实际行动践行承诺，这样才能让人相信自己；偿还，也就是重塑信任。

（二）信守承诺，一诺千金

信守承诺，忠实于自己承担的义务。答应别人的事一定要做好，承诺过后一定要实现。对于信守承诺，这里有一个“徙木立信”的故事要给大家讲一讲。

在我国春秋战国时期，秦国的商鞅在秦孝公的支持下主持变法。当时处于战争频繁、人心惶惶之际，为了树立信任，推进改革，商鞅下令在都城南门外立了一根3丈长的木头，并当众许下诺言：谁能把这根木头搬到北门，赏黄金10两。围观的人不相信如此轻而易举的事能得到如此高的赏赐，没人肯出手一试。于是，商鞅将赏金提高到黄金50两。重赏之下必有勇夫，终于有人站起，将木头扛到了北门。商鞅立即赏了他黄金50两。商鞅这一举动，在百姓心中树立起了威信，使自己接下来的变法就很快在秦国推广开了，新法使秦国渐渐强盛。

这个故事说明,信守承诺是建立信任的法宝。在“徙木立信”的故事中,起初老百姓对官府的信任几乎没有了,即使是黄金10两都无法换来老百姓的信任。可是,当有人做到了扛木头这件事后,代表官府的商鞅立即兑现了黄金50两,信守了之前的承诺,终于换来了百姓的信任,最终商鞅改革成功,使秦国国势强盛,最终统一六国。

吸毒人员在失去家人信任的时候,不妨结合自己力所能及的目标,给家人一个承诺或者尝试着给自己一个承诺。比如,初步计算自己每个月的劳动报酬是多少,一年下来能够积攒多少钱,然后通过书信、电话或者会见时,向家人承诺,一年后将积攒的钱邮寄回家,请家人帮忙监督,当到达预定时间,自己和家人一起检查是否能做到信守承诺。这样一来用行动践行了承诺,二来用实际的收入补贴了家用,在家人的见证下,循序渐进地重塑信任。

(三)量力而为,理性承诺

夫轻诺而寡信,说的是很多人都有这样一个坏习惯,即当别人提出请求时,常轻率答应说“包在我身上”“一点问题都没有”“太简单了,小事一桩”,直到做的时候,才发现实现起来有难度,或者太忙顾不过来,甚至根本无法完成。这样的话,践行承诺也就成了一句空话,久而久之,也就逐渐失去了他人的信任。

因此,在给别人许下承诺的时候,要做到量力而为,理性承诺。既要体察对方的困难,又要对将做的事情作预判,并从自身的角度去考虑有没有可能完成,如果不可能,便说明原因,而后婉拒,以免误事。这与推诿不同,毕竟各人能力有所不同,所能利用的资源也不尽相同。

三、勇于担当,遵守规则

(一)勇于担当,勤于践行

完成任务和履行诺言一样,都是一种对信任的考验,当一个人能较好地完成任务或做好事情,就可以顺利通过考验,获得别人的信任。作为一个值得信任的人,在遇到事情的时候,要勇于担当责任,这便是让别人对你放心的开始。勇于担当,是指在你能力范围之内的事情,就要主动勇敢地站出来,并尽自己的全力去做,而且还要把事情做好,实现自己的诺言。

担当是一个人的责任心,是契约精神,是一种勇气、魄力、自控力的综合体现。只要大家注意观察就不难发现,身边一些人,平常也不乏责任心、契约精神,但当面临有较大困难、有挑战性的任务时,就会退缩。相比这些人,如果做到了勇于担当,那么自己的信任度比起这些人来就更大了,或者说更加可信了。当然,这与量力而为、理性承诺并不冲突,因为这种担当是基于自己的能力,或者通过自己的努力能够做到的事情。

勇于担当与随便承诺不同。勇于担当的人,事先已预想到困难,做好了付出一定代价与牺牲的准备,这种人还具备遇难而乐、迎难而上的性格特征。因此,在困难面前能坚持到底。而随便承诺的人,在面临困难阻力与个人利益牺牲时,便会将承诺置于脑后,随便放弃责任。

当然,在把事情承接下来,做到了勇于担当之后,大家还可以用自己办事的态度来增加别人对自己的信任度,这就是所谓的勤于践行。勤于践行,是指一个人认真勤勉地做事情,包括事前反馈、尽力落实、过程反馈、事毕反馈4个阶段。此时需要切记,千万不可在承接事情后,人就消失了,杳无音讯,让求助者失去信任。首先,是事前反馈,在承接事情之后,采用反馈的方式,将别人交办的事情复述一次,确定任务内容,要完成到什么程度及完成期限,让对方放心。其次,是尽力落实,在办事过程中,要将心比心,急人所难,尽力落实。再次,是过程反馈,如果事情短时间内办不完,中途就需要反馈给对方,现在事情已经落实到哪个阶段了,还需要大约多久才可以完成等。最后,就是事毕反馈,在事情结束后,无论成功与否都要将结果反馈给对方。如此,通过完成一项任务或者办好一件事情的担当精神和认真态度会大大提高自己的信任度,让人觉得自己是可以信任的。

(二)主动真诚,获取信任

只有主动信任他人,付出自己的真诚,才能获取他人的信任。如果每个人都警惕着身边可能存在或者根本不存在的“陷阱”,不愿意率先往前一步伸出自己信任的“橄榄枝”,那么这个社会就不会存在信任。

一个年轻人去买碗,来到店里他顺手拿起一只碗,然后依次与其他碗轻轻碰击,碗与碗之间相碰时立即发出沉闷、浑浊的声响,他失望地摇摇头。然后去试下一只碗……他几乎挑遍了店里所有的碗,竟然没有一只满意的,就连老板捧出的自认为是店里的碗中精品也被他摇着头失望地放回去了。老板很是纳闷,问他老是拿手中的这只碗去碰别的碗是什么意思?他得意地告诉老板,这是一位长者告诉他的挑碗诀窍,当一只碗与另一只碗轻轻碰撞时,如果发出清脆、悦耳声响的,一定是只好碗。老板恍然大悟,拿起一只碗递给他,笑着说:"小伙子,你拿这只碗去试试,保管你能挑中自己心仪的碗。"他半信半疑地依言行事。奇怪!他手里拿着的每一只碗都在轻轻地碰撞下发出清脆的声响,他不明白这是怎么回事,惊问其详。老板笑着说,道理很简单,你刚才拿来试碗的那只碗本身就是一只次品,你用它试碗那声音必然浑浊,你想得到一只好碗,必须要保证自己拿的那只也是只好碗……

就像一只碗与另一只碗的碰撞一样,一颗心与另一颗心的碰撞需要付出真诚才能发出"清脆悦耳的响声"。带着猜忌、怀疑甚至戒备之心与人相处,就难免得到别人的猜忌与怀疑,犹如上文中那个年轻人开始时一样,用一只次品碗去触碰其他的碗,结果必然令人失望。人付出了真诚就会得到相应的信任,献出了爱心就会得到尊重。反之,对别人虚伪、猜忌甚至嫉恨,别人给自己的也只能是一堵厚厚的墙和一颗冷漠的心。每个人的生命里都有一只碗,碗里盛着善良、信任、宽容、真诚,也盛着虚伪、狭隘、猜忌、自私……请剔除碗里的杂质,然后微笑着迎接另一只碗的碰撞。

上文中的故事告诉大家,想要得到别人的信任,就要先学会主动付出,用自己的真诚让别人感受到诚意,别人才会慢慢地相信自己。比如,在自己毫无信任基础的前提下,你准备开一家网店,可以尝试"先试用,再付款"的生意模式,将货品先给别人使用,待别人满意后再行付款;或者事先作出承诺,假一赔十,顾客不满意货品可以包退包赔,先把自己的真诚表达出去,以此承诺给顾客安全的保障,当别人愿意信任自己时,也就是自己收获生意的时候。当你决定痛改前非,重新获得家人的信任时,应该从自身做起,积极改造,努力学习,将减刑的好消息、自考通过的分数又或者是职业技能获得的证书展示给家人,把自己的"诚意"给对方,期盼对方能够再次信任你。当然,付出真诚并不局限于此,一个真诚笑脸,一句温和的话语,或者热情的态度,都可以表达自己主动付出的真诚。

上面说的是真诚,主动真诚还表现为发自内心的、热情的主动。在日常生活中与人为善,主动做一些助人为乐的事,主动帮助其他人,无论是与自己熟悉的人还是陌生的人,只要是有困难,需要自己帮忙且在自己能力范围之内的,就主动帮助别人,这能让自己逐渐树立一些口碑,让周围的人认为自己可以信赖。学会爱心做人，待人大度，做到这些，才能让大家感觉到你的诚意，才能重新找回你曾经失去的信任，甚至更胜从前。

（三）遵守规则，严守法律底线

1. 规则即规矩和规章制度。规则无处不在，人类有人类的规则，自然界有自然界的规则。有些规则是人为确定的，有些规则是约定俗成的。正所谓“无规矩不成方圆”，人类在进步和发展中为自己订立了许许多多的规则，这些规则存在于我们的现实生活。规则具有普遍性，从广义的角度来说，法律是一种规则，道德是一种规则，规章制度是一种规则，约定俗成是一种规则，自我约束也是一种规则。

2. 规则可以用来衡量一个人的信任度。当一个人遵守规则、遵守道德、遵守法律，他就能给自己树立一个良好形象，让人感觉到他是一个可以信赖的人，信任度自然而然也就有了。反之，当一个人经常违反规则，不遵守道德法律，他的个人形象就会变得糟糕，大家往往也就感觉他不可信赖。例如，一个惯偷，在刑满后，再次小偷小摸，顺手牵羊；如一个吸毒人员，在刑满后，再次频繁出入涉毒场所，而且密集地接触毒友，甚至购买、贩卖、运输毒品，以贩养吸；如一个诈骗罪犯，在刑满后，又开始谎话连篇，言行不一致……如此这样不顾法律、道德、自我约束的规则，经常把违反各种规则当作家常便饭，无视规则的约束，其所作所为将会遭到大家质疑，更谈不上让人信任了。各位服刑罪犯曾经都有前科，如要让人信任，就更要遵守规则，重新树立良好的个人形象。例如，当刑满出狱后，自己要痛改前非，找一份工作，遵守工作规则，按照工作要求认真上班，不迟到早退，不旷工；下班回家遵守家庭规则，孝敬老人，与爱人相亲相爱，尽到为人父母的责任。遵守规则不分大小，不分场所，只有逐渐改变自己之前的不良习惯，养成遵守规则的良好形象，才能逐渐改变别人对自己的看法，从而获取信任。

3. 诚实守信，需要遵守法律底线。诚实守信是人应有的品德。诚实，即忠诚老实，就是忠于事物的本来面貌，不说谎、不作假、不欺瞒别人；守信，就是讲信用、讲信誉，答应了别人的事一定要去做。这里所说的信任绝不是哥们义气，也不是维护圈子利益的结党营私，而是一种符合社会良知和正气的正确价值观。比如：遵守承诺的时候，要严守法律底线，不能为了兑现承诺而不顾法律底线，弄虚作假，颠倒是非，帮助别人隐瞒缺点、掩盖错误。举个简单的例子，有人请自己代卖或者运输毒品，为了所谓的“守信用”而帮助别人做这件事，这就明显地违反了法律底线，这种行为绝不是诚实守信，而是违法犯罪，甚至还会让人身败名裂，信誉扫地，最终身陷囹圄。

用良心做事，遵守规则。无论在什么情况下，做任何事情都一定要对得起良心，不要昧着良心做事，不要昧着良心说话。要严守法律的底线，不做违背道德的事情，要遵纪守法，远离违法犯罪，这样可以使自己在孤立无援的时候得到帮助和温暖。坚持自我、遵守规则、严守法律底线，一个人诚实可靠的形象会使他获得别人的信任，赢得大家的尊重和社会的赞誉。

矫正作业：

1. 谈谈从哪几个方面重塑信任？

2. 结合自身实际，将自己重塑信任的具体做法写下来。

将答案填写在《矫正足迹》上。

第四章　脱毒自律指引

吸毒人员由于身心受到毒品的侵害，自信遭到打击，亲情关系紧张，信任度大打折扣等，通过本矫正项目的3项重塑帮助而新建立的自信、信任及亲情关系等都尚不牢固，受毒品影响，意志力、决断力也较差。因此，此类罪犯在刑满出狱遇到问题时会更加难以处理，面临复杂的社会环境，一旦处理不好，很容易再次复吸，继而再次走上犯罪道路。

本矫正模块分别对社会环境和朋友圈进行分析，强化矫正对象的自律性，促使其学会自我管理，并能给自己划出脱毒警戒线。通过实例讲解毒品的谎言骗局，使矫正对象在面对诱惑时能作出正确的判断，远离毒品。另外，指导矫正对象能够正确看待现实与落差，给自己一个准确的定位，坚定脱毒自律的思想信念。

建议课时：16课时

第一节　生活环境与警戒禁区

矫正目标：通过分析生活环境对人的影响力，使矫正对象能够充分发挥人的主观能动性,识别生活环境中的警戒禁区并自我约束,学会选择积极的生活环境。

建议课时:4 课时

一、环境对人的影响

环境是人创造的,但人又在环境中生存,互相影响。什么样的环境一般就会造就什么样的人,环境对人的影响,早在我国古代《太子少傅箴》中就被总结为“近朱者赤,近墨者黑”。由此可见,环境对人能产生很大的影响力,环境也可以改变人。

举个例子来说,罪犯在服刑时,如果在一起服刑的同改,都积极向上,遵守监狱的规章制度,那么自己也会变得积极改造,把刑期当作学期,充实地度过每一天,逐渐改过自新,找到新的自己。反之,同个监舍的狱友如果消极拖混,以违规违纪为荣,对遵规守纪嗤之以鼻,时间久了,自己也会变得与其一样,放弃自我,破罐子破摔,不仅减刑无望,自己也三天两头被警官批评,被优秀的同改嘲笑,还让家人一次又一次地失望。

同样地,当我们走进饭店用餐的时候,如果饭店的装潢设计新颖、独特、卫生条件良好,工作人员服务热情周到,那么我们就会精神振奋、心情愉悦,食欲大增。如果这个饭店格调低下,庸俗不堪,桌椅横七竖八非常邋遢,那么再精美的菜肴,再高级的食品也难以让我们提起食欲,可见环境对人的影响是非常重要的。

当刑满出狱时,服刑罪犯将重新回归社会。那么,社会环境对即将刑满出狱的罪犯会有哪些影响呢?

谈到环境对人的影响,在民间也有一句话是这样说的:“跟着好人学好人,跟着巫师学跳神。”同一个人,在不同的环境中就会形成两种截然不同的性格。如果在一个积极向上的群体里,受到周围的人感染,他也会努力勤奋起来,并且做到最好。相反,如果待在一个散漫懒惰的环境里,也会让一个优秀的人变成懒汉。

因此,国家出台政策,加强社会治安管理,加强社区文化建设,打击网络淫秽、色情、暴力传播,规范图书出版,用健康的环境和文化影响、陶冶和塑造人。这也充分说明了环境对人的影响。在座的各位曾经有过吸毒经历,更要认清楚环境的重要性,有毒的环境和无毒的环境对人的影响差别是巨大的。

二、面对不同环境作出正确选择

环境对人的影响的确很大,在环境面前,人的力量非常渺小。我们无法通过个人的力量去改变环境,但是我们可以发挥人的主观能动性去选择环境。古语说“良禽择木而栖”,原意是指,优秀的禽鸟会选择理想的树木作为自己栖息的地方。连飞鸟禽兽都会选择生活的环境,更何况是人!

这里说一个《孟母三迁》的故事。孟子是我国战国时期伟大的思想家、教育家,儒家学派的代表人物。在孟子小时候,他的父亲就死去了,母亲守节没有改嫁。最初,他们住在墓地旁边。孟子就和邻居的小孩一起学着大人跪拜、哭嚎的样子,玩起办理丧事的游戏。孟母皱起眉头:不行！我不能让我的孩子住在这里了！孟母就带着孟子搬到市集旁边去住。到了市集,孟子又和邻居的小孩,学起商人做生意的样子,一会儿鞠躬欢迎客人,一会儿招待客人,一会儿又和客人讨价还价,表演得像极了！孟母知道了以后又皱皱眉头:这个地方也不适合我的孩子居住！于是,他们又搬家了。这一次,他们搬到了学校附近。孟子开始变得守秩序、懂礼貌、喜欢读书。看到这些,孟母很满意地点着头说,这才是我儿子应该住的地方呀！

这个故事说明,在我国古代就有像孟母这样的人,她知道环境对人的影响力,意识到环境与教育的关系,在面对墓地、市集、学校不同的环境时,孟母正确地选择了环境,结果使孟子成为战国时期伟大的思想家、教育家。人的生活总会受周围环境的影响。在环境的影响下,人可以形成各种思想观念和行为习惯,也会获得一定的生活知识和社会经验,环境具有潜移默化的作用和影响。

吸毒人员具有群体性特性,即吸毒行为多为群体行为,吸毒人员彼此间联系密切。"要戒毒瘾,先换环境",这是一句对于各位吸食型罪犯的戒断毒瘾的新生活指引。吸毒人员刑满出狱后如没有管理好自己,经常出入容易涉毒的场所,接触易涉毒人员,彻底戒除毒瘾就是难上加难。

三、划定生活环境的警戒禁区

俗话说:“常在河边走,哪有不湿鞋。”如果刑满出狱的吸毒人员经常出入贩毒者、吸毒人员、毒友的聚集地,受到这样环境的影响,很容易就会走上复吸的道路,那么戒毒又变成了泡影。既然环境对人的影响力很大,人又无法轻易地改变环境,那么只有充分发挥人的主观能动性,主动避开那些有着诸多不利因素的环境。

我国春秋时期著名的思想家、教育家孔子说过:“君子不立于危墙之下。”讲的就是,聪明人不会站在快要倒塌的墙下面,要远离危险的地方。这包括两方面的寓意:一是提醒人们应防患于未然,预先觉察潜在的危险,并采取防范措施;二是一旦发现自己处于危险境地,要及时离开。因此,聪明人是会远离危险场所的。

这些危险的场所就是所谓的警戒禁区。无论个人还是集体都受警戒区或禁区的制约,甚至国家与国家之间都有警戒禁区的限制,如领土、领海、领空和边界。一国公民若未经外交途径进入别国的领土,轻者将被视为偷渡,重者将被作为间谍受到处罚。国家内部也有禁区,如政府机关、军事要塞、科研基地、监狱等。国家宪法法律的禁止性规定就是所有公民不可触碰的警戒禁区。

在吸食型罪犯刑满出狱后,进入了新的生活也要给自己划定出一些警戒禁区，这些危险的区域对于有吸毒史的人来说，更加容易接触贩毒者、毒友和毒品。当有吸毒史的人进入这样熟悉的环境中，无论是在心理上还是身体上都会被毒品再次吸引。这样的环境极易引起有吸毒史的人复吸。为了能够远离毒品，彻底戒毒，刑满释放的吸食型罪犯应将这些区域划定为警戒禁区，时刻提醒自己远离或者尽量减少出入这些场所。

根据某省公安厅摸底调查的结果，吸毒人员吸毒的地方涉及不同的场所。对在册吸毒人员的调查样本显示，吸毒地点累计1332次，其中，娱乐场所占201次，出租房251次，宾馆饭店291次，分别占15.09%、18.84%、21.85%。另外，部分人员在网吧、按摩场所、机动车内、仓库、工地、户外楼梯、巷道和野外吸食或注射毒品，有的甚至在废旧的拆迁房、公厕等地方吸食或注射。

通过查阅相关调查结果和资料，我们总结出了一些易涉毒场所，在刑满出狱后，吸食型罪犯一定要在思想上将这些区域、场所划为警戒禁区，尽量远离或避开。这些易涉毒场所是酒吧、KTV、慢摇吧、歌舞厅、小旅馆、夜店、网吧、足疗店、不正规按摩房等。当然，上述这些场所并没有包括所有的易涉毒场所。因此，还需要大家提高警惕，避免误入。

矫正作业：

结合学习的内容与自身经历，说说容易涉毒的区域有哪些?

将答案填写在《矫正足迹》上。

第二节 "毒友圈"的防范与自律

矫正目标:通过本节的学习,让矫正对象认清朋友圈与"毒友圈"的区别,学会如何提高自律能力,学会分辨毒友,从而彻底摆脱毒友,选择正能量朋友,建立新的朋友圈。

建议课时:4 课时

一、圈子文化与"毒友圈"

先为大家简单地解释一下什么是"圈子文化",应该怎样认识朋友圈。从社会学意义上来说,"圈子"就是"社群""部落""团体";从个人角度来说,"圈子",就是由志向、趣味、爱好、年龄,甚至居住地点都相同或者相近的人形成的团体。所谓"圈子文化",就是指这些团体之间相互沟通、联系,一起产生的相关活动。同学讲同学圈子,朋友讲朋友圈子,战友讲战友圈子。可以这样说,凡是有人的地方就一定会分出圈子。

朋友圈,是指彼此感情很好,有共同语言而经常交流,相处起来很舒服,双方有时间就相约在一起聚一聚的一群人。因为"吸毒"在一起组成的所谓"朋友圈",就是"毒友圈"。

二、“毒友圈”案例解析

下面我们将分析一些实际的案例，从这些案例中挖根源、找原因，解读有毒朋友圈。

（一）为“合群”吸毒染艾滋

戒毒者资料：王某，30岁，某监狱感染病监区罪犯，艾滋病病毒携带者。

戒毒者自述：我是家中独子，父母长年在外做生意，从小由姥姥带大。大学毕业后，我在重庆开了一家专门从事电讯业务的公司，自己当起了小老板，生意一度非常红火，月收入在2万元左右。

物质上的富裕，让我开始膨胀，过上了花天酒地的生活，整天和一帮所谓的“朋友”厮混。从一开始，我就知道这些“朋友”大多都在吸食毒品。我是受过高等教育的，心里很明白毒品碰不得。可是经不住“朋友”不停劝说，同时也为了显得自己更加“合群”，我开始动摇。

一天，我和“朋友”在一家宾馆打麻将。在另外3个人的怂恿下，我第一次吸食了掺杂着麻古的冰毒。十几分钟后，我感觉头开始发晕，身体燥热，精神处于高度亢奋状态，始终不想睡觉。吸完后，我连续两天两夜在麻将桌上没有下来。

吸食了第一次，接下来第二次、第三次就顺理成章了。尽管刚开始，我心里非常矛盾、后悔，但是，毒品带来的“精神快感”让我无法自拔。因为沉沦毒品,一年后我的公司倒闭了。我不敢将实情告诉家人,但又失去了经济来源。在其他毒友影响下,我走上了“以贩养吸”的不归路。半年后,我在一次贩毒交易中,被民警当场缴获毒品、毒资。结果我被判处死刑缓期2年执行。在看守所羁押期间,一次例行体检时,我被查出是艾滋病病毒携带者。从我大学毕业到查出艾滋病病毒,毒品毁了我整个人生只用了4年时间,是那些带我吸毒的“朋友”将我推进了万丈深渊。

(二)误入“有毒朋友圈”欠债累累

戒毒者资料:李某隆,38岁,某强制隔离戒毒所戒毒人员,曾就职于某事业单位。

戒毒者自述:我之前在一家事业单位做会计,有爱人、孩子,家庭原本很和睦。然而,这一切都因为有毒的“朋友圈”改变了。

2011年我跟“朋友”一起在外面喝酒,喝完酒“朋友”让我去他租的房子坐一会儿。去了之后,他就拿出了吸毒的工具。我当时很诧异,问这是什么东西,他说这叫“溜冰”。看他样子很投入,我就问是不是很舒服,他说喝完酒之后这个东西很解酒,我就尝试吸了一口。

后来别人再说吸毒的时候,我就很想再去尝试一次,发展到后来每天都想吸,也觉得吸毒是件很值得炫耀的事。“朋友”和我去打麻将,我会故意带着毒品说“搞两口再打”。看到其他人的表情,我心里反而觉得很得意。

没吸毒时我有很多朋友,对吸毒有依赖性后,以前的朋友也不怎么联系我了。我的"朋友圈"越来越小,最后我只跟吸毒的朋友来往。

刚开始吸毒时的花费不怎么高,自己的工资以及跟别人做小生意的私房钱,都能支付毒资。但后来,我在吸毒后经常跟毒友一起到赌博网站玩赌博游戏。在进来强制戒毒时,我已经欠了十几万元的外债。

吸毒那几年,我感觉自己就像行尸走肉,一天到晚都在吸毒、找毒品,一直没管过孩子,没照顾过家里,我本是一家之主,却只知道跟妻子要钱去买毒品,没有尽到一个丈夫、父亲的责任。如果能重来一次,我希望不要再碰到毒品。

(三)相信发小谎言,吸毒上瘾

夏某鑫来自偏僻的农村,吸食K粉已经很多年,在这期间,冰毒、麻古也没少接触,2个月前被家人强制送来戒毒。那天他在家中被几个人"五花大绑"地送上车送往医院,还未下车,就听见他在破口大骂:"你们都有病吧,我没问题!送我来医院干吗?!快放开我,不然我出去后弄死你们。"

这几个人并不是外人,正是他的父亲、老婆以及几个堂兄。夏某鑫很愧疚地说,自己那时候吸毒吸废了,为了阻止家里人带他来戒毒,什么伤人的话都不经大脑就脱口而出。如果不是父亲和妻子一直没有放弃,自己大概真的会成精神病。

在吸毒的这几年，夏某鑫也能明显感觉自己变了很多，对孩子不再亲热，甚至有点凶巴巴。对妻子和父亲更不用说，动不动就是指责和辱骂，总觉得他们看自己不顺眼。甚至有一次，为了一点小事，夏某鑫动手扇了妻子一耳光，这是之前从来没有过的事。

夏某鑫没有高学历，也没有技术，但他勤奋好学。从最初的工地体力劳动者，到自学挖掘机驾驶。当他看到挖掘机市场需求大，便大胆一搏，贷款买下一台挖掘机单干。凭着出色的技术和人脉，生意做得红红火火，又添置了一台挖掘机用于出租。

“那个时候，我真是拼了，一天工作十几个小时，除了晚上回家洗澡、睡觉，其余时间就是在工地上，每月收入至少 5 位数。”说起这些，夏某鑫仿佛又回到从前，语气也变得非常有激情。

赚到钱的夏某鑫，娶了一个贤惠的妻子，生了个胖小子。如果没有吸毒的事，这应该是一个农村青年通过努力走向幸福生活的励志故事。在那段日子里，夏某鑫做梦都会笑，从没想过当年的穷小子会有如此成就。

听闻夏某鑫赚了大钱后，发小、同学、邻居便纷纷来访，出于面子，夏某鑫来者不拒，每个都热情招待。几年的功夫，夏某鑫很快还清了贷款，每月收入也在稳步上升，便琢磨着该放松一下。刚开始只是偶尔会请人代开一下挖掘机，慢慢就请了专职司机,自己只需要谈业务和收钱。

“毒品是发小递给我的,他说可以提神,打牌玩耍更有精神。”闲下来的夏某鑫,在发小的带领下,过上了大老板的潇洒生活,频繁出入 KTV、酒吧等夜场。在一次聚会中,发小递给夏某鑫一包东西,这是夏某鑫第一次接触毒品。在其劝说下,夏某鑫吸了第一口,有了开始,就不可避免地有第二次,最终其将K 粉、摇头丸、冰毒、麻古都尝试了一遍。

“我小时候看过海洛因的宣传,知道这是毒品,碰不得。但是朋友一再强调这不是海洛因,不是毒品,只是用来提神用的,不上瘾。”

“吸毒后,最大的改变就是做任何事都失去兴趣,有业务也不愿意谈,脑子里只有吸毒。对家人态度也发生了改变,动不动就发脾气。吸毒这几年从没带孩子出去游玩,他都不敢靠近我,可能感觉我总是凶巴巴的。”

“脾气很坏,对谁都骂,家里能摔的全让我给摔了。还曾经打了妻子一耳光,都怪自己没去了解过毒品,轻易就被别人带上了道。如果不是到这里治疗,不知道会对家人造成什么样的伤害。”说完这些,夏某鑫沉默了。

听了王某,李某隆,夏某鑫 3 个鲜活的案例,大家是否有心灵的触动！又或者大家也有过跟这些人相似的经历。结交朋友没有错,建立自己的朋友圈也没有错,错就错在结交的朋友都是吸毒的瘾君子。案例中的人无论是第一次吸毒,还是戒毒后的复吸,都和吸毒的朋友有关,都是误入了“毒友圈”。王某是为了跟朋友“合群”染毒;李某隆的第一口毒品是朋友送到嘴边的;夏某鑫更是因为相信吸毒发小的谎言,才陷入毒品的深渊不能自拔。

由此可见,朋友也分好坏。这些由吸毒的坏朋友组建的毒友圈只会让人陷入毒品的漩涡,里面的坏朋友有些自己就是毒贩,他们自身不吸毒或者自身吸毒但以贩养吸,为了卖出毒品赚到钱,自然要拉人下水一起吸毒;有些因为吸毒导致心理自卑,认为吸毒的人越多越好,只有和同样吸毒的人聚在一起吸毒才有归属感,因而拉人吸毒;还有些则是心理不平衡,认为自己已经被毒品害得很惨,看不顺眼别人脱离毒品走向美好,出于嫉妒心理,拉人下水吸毒等。这些坏朋友会用各种花言巧语,百般引诱别人走上吸毒之路。因此,当你遇到这些坏朋友时一定要保持警惕,要有防范之心,不要给贩毒者送生意,不要给那些自卑的毒友当“伴侣”,更不能当那些心理不平衡毒友的垫背,甚至做毒品的奴隶,让自己无法自拔。

对于上述这些坏朋友,我们要能做到及时识别、警惕和防范,如果他们主动找上门来,要会拒绝他们的邀请,不让他们拉人吸毒的阴谋得逞。当然,在有些情况下,你也可以尝试着婉拒他们,这样既不得罪他们,也不会将关系弄僵引发正面冲突。因此,拒绝也是讲究方法与技巧的,你可以使用一定的方法和技巧拒绝来自坏朋友的邀请,善意的谎言无碍于诚信。谎言是否善意在于其出发点是正是邪，如果谎言的出发点是为了躲避邪恶，或是惩恶扬善，那么它既不会造成信任危机，也不会玷污文明，更不会扭曲人性。如向病重的患者隐瞒病情，给患者带来活下去的希望，使其积极配合治疗。具体的实施方法如下：

1. 借口法

当坏朋友邀请时，借口托病是一个拒绝坏朋友邀请的好办法。告诉他们自己病了，一是病情严重，卧病在床；二是病情可能传染，为了不传染别人，影响别人健康，所以不能应邀了。

2. 躲避法

当坏朋友邀请时，告诉他们自己答应了去某某亲戚家走访，正准备出门，或者已经坐车离开了，所以不能应邀了。使用这个方法的时候要注意，外出躲避好，不要四处溜达散步，避免遇上他们。

3. 推脱法

当坏朋友邀请时，找家人或者亲友作“挡箭牌”，将问题推脱到家人那边。比如，推说家人要自己去办事，或者说家人不允许去，去了家人不高兴等，以此拒绝邀请。

4. 反客为主法

当坏朋友邀请时，反客为主，先开口向对方提要求，比如，跟对方说自己最近生活苦难，要向对方借一大笔钱，让对方知难而退，也就不会继续纠缠于你了。

5. 拖延法

当坏朋友邀请时，一个字“拖”，去是去，但不是现在，过一会儿就去，实在“拖”不了，就让对方先去，自己晚点去，然后无限期往后拖，最终达到不去的目的。

6. 拒绝法

当坏朋友邀请时，无论对方有多少千奇百怪的理由，或许你已经避无可避，但你只要坚定立场，只需一个理由，直接告诉他不去！这是最直接也是最有效的拒绝邀请方法。

当用尽这些办法仍然没有效果，坏朋友一直步步紧逼之时，就更加暴露了他们拉人下水吸毒的真实目的，自己就要更加小心，坚决拒绝再入毒友圈。

三、加强自律，勿入毒友圈

在学会了如何拒绝之后，对朋友圈的你来我往，除防范之外，更多的是加强自律。自律的意思是遵循法度，自加约束，自己管理好自己。简单来说就是给自己定出规则或条件，并严格遵守。

作为成年人，分辨朋友圈的好坏并不难，只需要观察朋友圈中的人有什么共同的爱好，经常一起做些什么事情就大致能清楚这个朋友圈的情况。比如：一群喜欢打羽毛球的人聚集在一起，他们聊的都是羽毛球相关的内容，聚会时也喜欢一起打羽毛球；一群吸毒的人聚集在一起，他们不会谈论毒品之外的话题，可以说是3句话离不开毒品，不然就索然无味。

既然大家都知道毒友圈是有害的，而且又容易分辨，为什么还有这么多人脱离不了毒友圈呢？原因很简单，他们的自律能力太弱，没有管好自己。要解决这个问题就需要明确自律的目标，把自己管住了，也就能彻底脱离毒友圈了。因此，可以将自律目标定为：

1. 将涉毒朋友划为毒友，坚决与他（她）们断绝来往，当其找上自己，要坚决拒绝。

2. 警惕毒友圈，不进入或减少出入毒友圈聚集的场所，一旦进入毒友聚集场所，要反复警示自己，打起十二分精神，谨慎地说每一句话，谨慎地对待每一件事情，谨防再次落入毒品陷阱。

3. 不给自己找借口创造与毒友接触的机会，严于律己防范毒友。删除这些人的所有联系方式，不要抱有共同相约戒毒的侥幸心理，因为谁都无法保证在毒品的诱惑下，是谁先放弃，谁又带着谁继续吸。

4. 严格遵守各种规则，按时工作，按时回家，发现可能涉毒的环境，及时远离。

做到上述这些，可以增强自己的自律能力，加大自我管理的力度。在识别毒友圈之后，第一时间远离那些有毒的坏朋友，与他们划清界限，断绝来往，勿入毒友圈。

四、开辟新的朋友圈

古人云:“一个篱笆三个桩,一个好汉三个帮。”这说明交朋友对日常生活来讲是非常重要的。真正的朋友、纯洁的友情,给人以力量,给人以关怀,给人以战胜困难的勇气,能陪伴自己一起进步,人生路上能够互相鼓励。因此,我们需要远离原来的毒友圈,开辟新的朋友圈。

其一,应该从自身做起,改变自己,戒除毒品,重新找到自己的兴趣点,培养其他正向的爱好。例如,可以选择游泳、羽毛球、篮球、足球、象棋、围棋、自行车骑行、户外运动、健身房锻炼、瑜伽练习、乐器弹奏等,塑造全新的自我,进入新的朋友圈,结识新朋友。

其二,交朋友的原则是应以德(人品)为主,交挚友,同心同德,齐心协力,共同进步。交朋友的底线是千万不能再交毒友,这是底线也是原则,在知道对方吸毒并且没有戒毒的想法后,就必须立即亮起红灯,拒绝并远离对方。

除此之外,还可以给自己建立一些正能量的信仰,将一些名人名言作为自己的座右铭,努力改变自己,这样才能跟正能量的朋友有共同的语言、兴趣等,进入这些正向的朋友圈,从此彻底地摆脱毒品的魔爪,真正地走进美满的幸福生活。

矫正作业：

1. 谈一谈，如何有效拒绝毒友的诱惑和邀请？

2. 如何开辟新的朋友圈？

将答案填写在《矫正足迹》上。

第三节　毒品陷阱离奇多变，识毒防毒永无止境

矫正目标：通过本节的学习，使矫正对象了解各种毒品的诱骗伎俩，识破毒品谎言，筑牢识毒拒毒思想防线，不再掉入毒品的陷阱中。

建议课时：4 课时

对有吸毒史的罪犯来说，要想过好刑满出狱的新生活，不仅要小心毒品的诱惑，还要谨防各式各样毒品骗局。为了筑牢大家的思想防线，不被毒品的谎言欺骗，我们给大家准备了这一课——《毒品陷阱离奇多变，识毒防毒永无止境》，对一些真实的案例进行讲解，帮助大家擦亮双眼，彻底远离毒品。

一、谎称吸毒醒酒提神

吸毒违法，吸毒伤身，这是一个常识。毒品对人体百害而无一利，有人却说自己吸毒是因为朋友说吸毒能醒酒，能提神。

案例链接 1

由于交友不慎，刘某染上了毒品，继而整个人生都发生了

改变。短短6年时间，因吸毒和赌博耗去了他近700万元的积蓄，房子也卖了一套，生意难以为继，吸毒的往事令他不堪回首。刘某清晰地记得自己第一次吸毒的经历，那是某年的一个夏天，他在朋友处泡茶聊天，聊着聊着，朋友就开始吸冰毒，出于无知和好奇，刘某尝试了第一次。吸完以后，他感觉并不好，头晕乎乎的，觉得很困，可3天3夜都没有睡觉，就是闭不上眼睛，他感到很害怕。间隔了两年多时间，刘某没有碰过冰毒。一天，刘某又遇到了那位朋友，在他们酒足饭饱之后，那位朋友又开始吸毒，刘某担心地问："会上瘾吗？"朋友回答："不会，还有醒酒的功效，不信你试试，没关系的。"刘某抱着试试看的心态，又一次吸食了冰毒。这次感觉不错，吸完以后，原本晕乎乎的头脑顿时觉得清醒了许多，人也有精神了。从此以后，只要酒醉，刘某就用冰毒来解酒，毒品带给他短暂的兴奋让他误以为吸毒真的能醒酒，结果越吸毒瘾越大，他在冰毒的泥潭里越陷越深。最终刘某被送到了戒毒所。

案例链接2

李某某，一个风华正茂的女孩，在老家做销售员。一次出去唱歌喝醉了，同行的朋友递给她一个"冰壶"（吸食冰毒的工具），并跟她说，吸一点能解酒，李某某接过去了，从此万劫不复。短短两年的时间，毒品把她折磨得不成人样，一段时间不吸，她就浑身难受。才20岁的她，容貌却像是40岁的女人。吸毒已经让她几乎毁容，身材极度瘦削，嘴唇一点血色都没有，真是酒没解,反而有了巨大毒瘾。

二、谎称吸毒可以治病

摇头丸、K粉等,外表同普通的药丸相似,毒贩子利用人们对毒品的无知,引诱人吸毒。不少人就是由于轻信了这是药品,认为吸食毒品后可以治疗失眠,可以治病而被毒贩子拉下水的。有的人甚至明知是毒品,却还想着尝试"以毒攻毒",以达到所谓治病的疗效。

案例链接1

20年前,王某轻信朋友的谎言,用毒品尝试治疗失眠,然而,毒品不仅没治好失眠,反而让他坠入"毒海"。吸毒—戒毒—复吸,20年间,他在"毒海"中挣扎徘徊,耗尽数百万家财,妻儿也离他远去。

改革开放后,我国设立了厦门经济特区,凭借着聪明的头脑和良好的海外人脉,王某的进出口生意做得风生水起,赚得盆满钵满。20世纪80年代末,王某在业界已颇有名气,攒下数百万身家,票子、房子、车子、妻子、孩子都有了,属于厦门第一代个体户中的佼佼者。王某在生意场上打拼,落下了神经衰弱的病根,他常常失眠,而且睡眠质量很差。医生开了安眠药改善睡眠,但药量从每天2片加到每天10片,他还是难以入睡。

一天晚上,王某和朋友喝完酒回家后仍然难以入睡,于是打电话向朋友诉苦。朋友说有一种"药"可以试试,王某也知道，朋友所说的"药"就是毒品海洛因。王某没能顶住失眠带来的巨大压力，认为失眠是重病，要以治病为主，于是让朋友当晚就把毒品送来。此后，王某每天都要吸食毒品，一天没有吸毒就难受。后来，王某警觉起来，他想戒毒，前后半年的时间里，他购买并服用了不少戒毒药物，但收效甚微。王某的妻子是华侨，他自己也想和儿子一起移民到国外，躲避毒品"朋友圈"。可是，在申请办理移民手续过程中，王某仍然毒不离口，最终因吸毒被劳动教养戒毒 2 年，王某的移民梦就此彻底破碎，他的妻儿已移居海外，数百万的身家因为吸毒的消耗和疏于打理，化为泡影。

移民失败后，王某因再次吸毒被送进戒毒所。只有 53 岁的他，看上去却像 70 多岁——脸上布满皱纹，身体干瘦、弱不禁风，无论走路说话都比正常人慢半拍。毒品非但不能治病，而且还会让人染病。

王某想要彻底离开毒品，在戒毒所里找回信心，回头看吸毒 20 年间沉浮于"毒海"中的自己，其实距离岸边并不遥远，但要彻底"上岸"，只有靠他自己才能做到。王某表示，等到解除戒毒后，他要把电话、住所全部更换掉，离开不良的"朋友圈"，摆脱毒品的"纠缠"，回归到正常的人生道路上。王某也用自己的人生经历警示所有人，有病要去正规医院治疗，要听医生的医嘱，切勿以为毒品能治病而去沾染毒品，否则自己将万劫不复。

案例链接 2

52 岁的杜某身患多病，在一次朋友聚会中，偶然听人说吸毒能够治病，于是尝试了这门“偏方”。本以为可以缓解病情，没想到这病没治好，身体状态反而越来越差，想要下决心戒毒，但毒瘾又让其深陷其中不能自拔。

辖区派出所民警根据线索，将涉嫌吸毒的嫌疑人杜某当场抓获。面对民警的询问，杜某坦诚自己吸毒的事实，又一边向民警倒苦水，称其吸毒也是“迫于无奈”，希望博得民警的同情并将其释放。

原来在几年前杜某患上了高血压、心脏病以及胆结石等疾病，因为听信别人说吸毒能治病，之后就如流水般花钱购买毒品进行吸食“治病”。刚开始他也是少量、间断性地吸食毒品，后来随着毒瘾加大，每天早晚都需要吸食。这几年，连他自己都不知道吸食了多少毒品。因为吸毒，杜某花光了他辛苦积累的积蓄，家里人也因此与他断绝关系，身体状况也每况愈下。当杜某意识到吸毒不能治病时，他的毒瘾已经到了欲罢不能的地步了，只能被毒品控制，沉沦“毒海”。

随后，杜某被警方强制隔离戒毒 2 年。在进入戒毒所之前，民警对其身体状况作了检查。当医生告知，若杜某能将这 2 年吸毒的费用花在治病上，他的病早就治愈了，杜某更是悔不当初。

吸毒治病只是吸毒人员的自我安慰或引诱他人吸毒的借

口，生病了应该去正规医院就诊，对来路不明的“偏方”要保持警惕，切不可以身试险。

三、谎称吸毒无害而且时髦

毒贩们会把“吸毒没有那么可怕”“现在有钱人都吸毒”“吸毒是时髦”“吸毒跟吸烟一样不会上瘾”等错误观念传递给青少年，误导青少年，导致他们慢慢开始因好奇沾上毒品。这里更正一个观点，吸烟有害健康这是众所周知的问题，毒贩们为了兜售毒品，编造了吸毒和吸烟一样不会上瘾的言论，荒谬至极。

案例链接1:18岁花季少女吸毒只为时髦

18岁是花一样的年纪，这个年纪的孩子应该是父母的掌上明珠，他们的日常生活应该是走在校园的青草地上，听着朗朗的读书声，和同伴们一起憧憬美好的未来。可是在最近某市警方摧毁的一个青少年吸毒团伙中，年龄最小的吸毒人员竟然只有18岁。民警在一家KTV例行巡查时看见了这些画面，一群花季少男少女，虽然已经意识模糊，但还是在KTV音乐的伴奏下不自觉地扭动着身躯，而KTV的角落里散落着一些用过的锡纸和吸毒用的工具。经核查，这些年轻人中年龄最大的23岁，年龄最小的李某刚刚过完18岁生日。在派出所，李某说自己父母长年在外经商，由于无人看管，初中没有读完就辍学了。前几天她和几名网友相约来到这家KTV，在KTV里面认识了一些新朋友,看到他们在吸食冰毒,觉得好奇。朋友又告诉李某,吸毒就像吸烟一样,不会上瘾,而且很时髦,年轻人都吸这个,于是李某就跟着吸了起来。她吸毒的原因仅仅是觉得挺时髦,挺酷。结果正是因为新奇、刺激,好奇心驱使她染上了毒品。

青少年心智发育尚未成熟,正确的世界观、人生观尚未完全形成,好奇是此年龄段的特有心理,青少年对许多事物都存在强烈的好奇心和探索欲望,很多人最初只是为了盲目满足对毒品的好奇心而吸上第一口毒品,好奇心理促使部分青少年误信谎言而尝试吸毒。轻信毒品就像吸烟一样"无危害",试一试也无妨。其实是一种极其错误的观念,易使人误入歧途。

但是千万别以为只有年轻人才会赶时髦,在下面这个案例中,中年人也"赶时髦"。

案例链接2:被笑老土,为了赶时髦决定吸毒,两死党"溜冰"被抓

民间有句老话叫作"叹老不叹穷",有个"70后"和"80后"就是感叹自己老了,为赶时髦竟决定吸毒,认为这就是种年轻的表现,最后被民警抓个正着。

一日凌晨,派出所在进行日常例行检查时,在辖区一出租房内,当场抓获吸毒人员邢某和龙某。在接受讯问时,邢某和龙某交代了吸毒的原因,令人啼笑皆非的是,两人竟然是因为要赶"90后"的时髦而吸毒的。邢某出生于1989年,差一年就可以入列“90后”，而龙某出生于1979年，差一年就是“80后”，两人惺惺相惜，都为自己的“早产”唏嘘不已，又因都是在外务工，更觉得境遇相似，因此成了好友。

在一次朋友聚会中，一个“90后”小伙子打扮时髦，嘲笑他们俩是“70后”和“80后”老土，这让邢某和龙某很不高兴，于是开始想方设法赶时髦。在看娱乐报道时，他们竟然觉得明星吸毒很时尚，于是两人一拍即合，开始吸毒，这让两人觉得，终于可以在那个“90后”面前扬眉吐气了。没想到，两人正在出租房内吸食冰毒时，被例行检查的民警当场逮了个正着。

更有甚者，为了满足虚荣心，在群体中自我炫耀，以获得在群体中同伴的肯定而把攀比、炫富、吸毒当作时尚潮流。自认为吸毒时髦、气派，是高档消费和富有的象征。毒贩们往往抓住了人们这样的心理特征向他们兜售毒品，让他们尝试吸毒。于是有的人就这样染上了毒瘾，可是他们并不知道毒品的爪牙已经缠住了他们，将使他们身败名裂、一无所有。因此，大家一定要保持警惕。

四、谎称吸毒减肥

爱美之心，人皆有之，但是为了漂亮的身材，却葬送自己的人生，这完全是走了相反的方向。吸毒减肥这种方式导致的后果是，人的脸色一天比一天难看。随后，也许会出现伴随性的皮肤病变，针孔会在皮肤上溃烂，毒品并不能减肥，也不能给人带来美貌,毒品给人带来的只有疾病和丑陋。

案例链接1

22岁的周某算得上是一位美女,美中不足的是,一米六六的个子体重却有150多斤,看上去胖了点,爱美的她试过各种减肥方法,可是都没有什么效果。后来,周某在上网聊天时认识了马某,两人聊得很投缘,很快便发展成情侣关系。

马某得知周某多次减肥失败的消息后,就告诉她:"吸白粉减肥很有效果。"周某便吸上了马某免费提供的"白粉"。她吸了"白粉"后不但感到刺激、兴奋,而且过一段时间确实也瘦了几斤。后来随着吸食毒品后的过激现象的出现,周某产生了自残、自虐的行为,她的精神萎靡,身体不正常消瘦,皮肤萎缩,乳房干瘪,骨头凸显,眼睛凹陷,麻木失常等……可见,吸毒并不是正常的减肥途径,毒品是在消耗人的健康和生命。

谈起对吸毒人员的印象,大多数人脑海里就蹦出面黄肌瘦、骨瘦如柴、形同骷髅等词语。如图6所示,这张国家禁毒宣传的老照片应该是很多人小时候的梦魇,照片中的男子从正常体态变成那副骨瘦如柴的骷髅体只用了短短4年。该男子减去的不仅仅是脂肪,还有生命。从照片上来看,他从头到脚,无论是手臂还是胸腹部,都只剩下骨架,说是皮包骨头也毫不夸张,他瘫坐在椅子上,是因为他的双腿已经没有力气支撑整个身体站起来了。

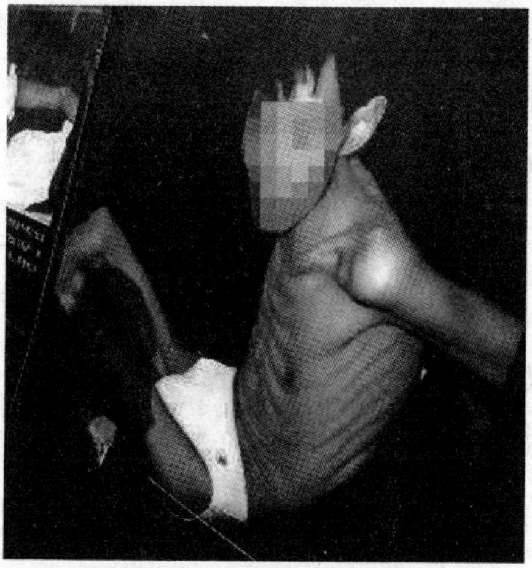

图 6　国家禁毒宣传照片

对正常人来说,这张照片是一种触目惊心的警示,但对那些相信吸毒可以减肥的人来说,就有可能认为毒品确实有减肥之功效。那么毒品到底有什么样的威力,能让人迅速消瘦?真的如一些人叫嚷的,只要控制好剂量和次数,就能减肥还不上瘾吗?答案是否定的。吸毒不是减肥,而是减命!

让我们来看看传统毒品让人消瘦的原因,以海洛因为例。饮食是人类赖以生存的第一条件,而体内的消化系统就像是一套完整的工业化流水线,把从口腔、食道进来的食物,通过胃、大小肠一一消化,将有用的营养吸收,没用的废物排泄出去。人体刚开始吸食海洛因是不会变瘦的,因为人体刚接触到海洛因,身体的器官功能还能保持正常的运行。随着海洛因的不断摄入,身体的内脏器官随着毒品的摄入渐渐衰竭损坏。另外,由于吸食毒品具有欣快抑制作用,导致吸毒人员沉迷于毒品带来的舒适感中,从而改变生活规律,如饮食、运动等,变得整日只爱躺在床上昏昏欲睡。而这些改变,会让人体内的营养吸收速率降低,导致人的躯体日渐消瘦。这才是吸毒让人变瘦的真正原因。

简单来说,在吸食毒品后,一天不吃东西仅喝一点水也能精力充沛,所以毒品让很多吸毒者瘦了下去,而且慢慢地会变得骨瘦如柴,因为吸毒者的身体已经中毒,各个器官发生了损害,实际上,这是一种可能随时让人送掉性命的病态瘦,是毒品损害人体的恶性反应。因此,吸毒减肥就是一句彻头彻尾的谎言。

案例链接2:听信吸毒减肥,结果染毒瘾还流产

某市派出所民警在一家公寓内抓获了一名吸毒女子。该女子姓黄,26岁,面容姣好,在高档车行上班,和男友一起住。黄某交代,自己从半年前开始沾染毒品,说起吸毒的原因,竟然是因为其男朋友嫌弃自己体型偏胖,又听信了吸毒可以减肥的荒唐传言。之后她开始和男朋友一起吸毒,结果双双染上毒瘾。自第一次吸毒开始,到被警方抓获,前后共计吸毒5次。被抓当日,黄某发现小腹有坠痛感,流了很多血,派出所民警带黄某到医院检查发现黄某怀孕了,还是双胞胎。但医生告诉她,孩子因为她吸食毒品的原因,可能保不住了,经过医生的抢救,大人虽然保住了性命,但已经流产。为此,黄某痛不欲生,悔不当初。

一次又一次的事实证明,吸毒减肥完全就是谎言,吸毒不仅不能让人减肥,而且还会使人染上毒瘾。

五、谎称吸毒可以激发创作灵感,缓解工作压力

吸毒可以引发创作灵感,不知道从什么时候这句话开始成为明星艺人吸毒的借口。不仅他们自身深信不疑,更是让他们的粉丝也相信自己的偶像吸毒就是为了找灵感,仿佛没有毒品就没有他们的事业。

吸毒能激发所谓艺术灵感和突破创作者的艺术巅峰,这是一句赤裸裸的谎言。不能否认,一些天才创作明星沾染过毒品,如获得诺贝尔文学奖的鲍勃·迪伦。

在1966年的采访中,鲍勃·迪伦承认吸毒并说道:"我住在纽约的时候曾经有过一段对毒品十分沉迷的日子,那段时间我因为毒瘾,身体非常虚弱,但是我戒掉了它。"

从鲍勃·迪伦的言论中,我们只能看到毒品给他的身体带来的伤害,并没有带来所谓的创作和灵感,并且最终他是以极大的意志力戒掉了毒品才获得了成功。

大多数人并不知道,在美国历史上,有很多天才巨星都是被毒品毁掉的。20世纪90年代,美国有一个极具天赋的年轻巨星——瑞凡·菲尼克斯,他是一个拥有俊美脸庞和惊人演技的年轻人。他那独特的脆弱气质与忧伤脉脉的绿眼睛,让他参演的每部影片都令人难以忘怀,更不用说他在音乐上的造诣。

然而就在事业如日中天之时，他却身染毒品，如果不是23岁那年死于吸毒过量，他的前途可以说是一片光明。

毒品并没有给这位天才带来什么与创作有关的灵感，反而让他死于非命。瑞凡·菲尼克斯的遭遇让人惋惜，他的死也警醒了同辈的许多人。例如，和他一样的艺术天才约翰尼·德普和基努·里维斯等，从他的死亡中吸取了教训，从此戒毒，并宣布永不沾毒。

吸毒并不能激发创造灵感，更不能缓解压力，而是毁了艺人的毒药。近年来我国年轻的80后男歌手，李某某，从小开始就学习单簧管，学习唱歌。他高一时开始学习美声，大学考上某音乐学院，主修专业为美声，在某卫视节目中表现抢眼。节目播出后李某某迅速走红，这与他自身努力是分不开的，可是，偏偏在其艺术事业如日中天的时候，却因自己吸毒和涉嫌容留他人吸毒罪被北京市公安局朝阳分局依法刑事拘留，并被移送至看守所，法院当庭对此案作出判决，以容留他人吸毒罪判处其有期徒刑9个月，罚金人民币2000元。李某某当庭认罪，并表示吸毒只是因为工作压力大，听信了吸毒可以缓解工作压力的谎言。最终李某某表达了自己的悔意，他说自己很后悔，对不起父母的养育之恩，对不起支持和帮助他的恩人，对不起家人、朋友和歌迷。

这些天才也好，明星也罢，到最后都承认了，毒品并不能给他们带来什么创作的灵感，更不能缓解什么压力，而是伤害了他们的身体。另外,我们更应该看到的是这些天才巨星们狠下决心、戒断心瘾、断绝毒品的决心和行动。

六、新型毒品的各类伪装

通过上面这些活生生的案例,特别是亲身体验过毒品的残害以后,更应该要注意各式各样的谎言借口。一些新型毒品的出现也值得我们注意,地下流窜的毒品包装上也永远不会印上"毒品"两个字。它们可能会伪装成"酒""奶茶""跳跳糖""棒棒糖""巧克力""咖啡""茶叶""矿泉水""小贴纸""小贴画""邮票""饮料""止咳水"等,这些新型毒品不断地推陈出新,混入大家的日常生活,让人防不胜防。

目前被发现的更厉害的第三代新型毒品名称叫 LSD,其无色无味,难以辨别,这种毒品不用传统的吸食方式和注射,小小一片,贴在皮肤上就能让人染上毒瘾,它比摇头丸的毒性强 3 ~ 5 倍,可使人立刻变成毒贩的傀儡,而最可怕的地方在于,它会让人严重致幻,继而自杀。公安部的毒品分析师称:LSD 对人体的神经中枢系统会产生强烈的损害作用,如果长期食用,会诱发精神分裂症等症状,甚至让人产生自残、自毁、自尽等一些极端行为,非常危险。

无论是已经存在的,还是将来可能会出现的,毒品的谎言总有一些共性的特点,就是引诱人达到一些美好的目的,要么谎称可治病提神,要么骗人不会上瘾且无害。但毒品的最终目的只有一个,就是让人上瘾。当人吸毒上瘾后要么散尽家财,要么沦为毒贩的傀儡,掉入万劫不复的深渊。大家一定要谨记,无论毒品被什么美丽的谎言包装,它能带给大家的只有一个结果,就是毁灭。

为了自己的生命健康和家庭、前途,识破毒品伪装,远离毒品可以尝试做到以下3点:

1. 不接受陌生人给的饮料。在酒吧、KTV等陌生场所,不要叫别人帮忙看饮料,离开视线的饮品不要再次饮用,以防被人加"料"。

2. 不接受陌生人、可疑人士提供的食物、饮料、酒水等,特别是免费赠送的,不相信他们的花言巧语。

3. 不和一些陌生的、奇怪的人做朋友,在酒吧、KTV等娱乐场所要特别小心"朋友的朋友",和熟悉的朋友一起也要保持警惕,避免被杀熟。

总而言之,大家要筑牢思想防线,善于识破毒品谎言,彻底远离毒品。只有这样才能享受新的美好生活,重新走向幸福美满。

矫正作业:

1. 毒品的谎言有哪些?

2. 毒品谎言的最终目的是什么?

将答案填写在《矫正足迹》上。

第四节 正确对待现实

矫正目标：通过本节的学习，让矫正对象能够正确地看待现实，正确地对待落差，既要树立希望，不能破罐子破摔，也要学会如何给自己准确定位，懂得该做些什么，该怎么做。

建议课时：4 课时

当刑期快要结束、即将重新走入社会时，想必对自己都已经进行了深刻的反思，对于服刑前的一些想不通、看不透的事情，经历了这段监狱服刑的时光也应该想通了、看透了。

试着回想一下，在监狱里都收获了什么？比如，学习了很多文化知识，学习了一些生活技能，学会了一些为人处事的道理，知道了怎么敬畏法律，明白了毒品的危害，了解了心瘾戒断的方法技术，也认识了自信、亲情、信任的重要性以及重塑这些的方法。自己跨出监狱这道大门时，心情应该是特别复杂的，既充满希望，又有一些担心，希望重新融入社会，拥抱幸福生活，但同时又担心家人是否接纳自己，社会人士是否会对自己吸毒和服刑的过去有看法，自己能否顺利地融入社会等。希望服刑人员学完本节的内容，可以做到不再迷茫，脱毒自律，正确地看待现实与落差。

一、正确对待自己的避风港

刑满出狱并不代表戒毒之路的终结，作为曾经有吸毒经历的人，一定要坚定在戒毒之路上永远不放松警惕的信念，时刻谨记“吸毒一时，戒毒一世”的警示语。

家，是庇佑家人、遮挡风雨的温暖栖息地，也是每个人的避风港。当服刑人员刑满之后，家就会成为他们停留时间最多的地方，曾经的家已因为吸毒人员变得支离破碎，那吸毒者回家后应该怎样处理家庭关系呢？服刑期间盼望着刑满释放回家，回家之后又是否能够事事如意呢？当理想中的一帆风顺在现实中变得支离破碎之后，要怎样走好那些坎坷不平的人生路呢？

正所谓“家和万事兴”。“家和”就是说要做到家庭关系融洽，家庭成员之间能和睦相处，那么就能家庭兴、家族兴、家国兴、万事兴，这不仅体现了中国传统文化中的和谐关系，展示人们向往和谐美满生活的愿望，而且告诉我们想要事事顺利，基础就是要处理好家庭关系。除之前提到的重塑亲情关系之外，刑满出狱的吸毒人员一定要管住自己，做到自律，对待家人要多付出、少索取，不要对家人的期望过高，不能随意要求家人干这样、做那样，家是由每一个家庭成员组成的，而自己只是家庭成员的其中之一，在提出要求之前，也要想想自己对家的贡献是什么。另外，对待各种家庭关系应该从实际出发，而不是不切实际地提出要求。

或许你在监狱学习了各种职业技能，刑满释放后也设想得非常好，想要用自己学习的这些技能干一番事业，可是谈到具体的事宜时，如开店办厂等，就需要经济上的支持，几万元、十几万元甚至更多的钱，当家人们没有经济能力或者不愿意借钱出资时，这些美好的想法往往就无法实现，这个时候自己就要学会换位思考，家人们是否真的拿不出这些钱来，或者是虽然有出资能力，但是对你曾经的作为还心存顾虑，不愿意再信任你，要结合自己家庭的实际情况，体谅和理解家人。除此之外，千万要注意，尽管自己的要求被家人拒绝或者家人给予自己的帮助没有达到自己预期的效果，也不能遇到困难就轻易放弃，错误地认为家人不帮助自己，只有毒友才能理解自己，与家人赌气，自暴自弃，重回毒友怀抱，再次掉入毒品的无底深渊。

举个例子，假如已出狱的吸毒人员在监狱学习过汽车维修技术，并且通过自己的努力学习，也掌握了这门技术，然后计划在刑满释放后大干一场，回家后就跟家里要钱，开一个汽车修理厂，可是，现实中家人们根本没有这么多钱来投资这个汽车修理厂。知道开一个汽车修理厂需要具备多少条件吗？首先，是设备的投入，大件有举升机、电脑检测设备、四轮定位仪、烤漆房、车身校正架，小件有轮胎动平衡机、发动机吊架、机油抽注机、发动机变速箱托架、空调检测抽注机、减震拆卸台、轴承压卸台、氧焊机、激光切割机、整形机、发动机工作台、喷枪、员工常用工具等。其次，就是配件的采购进货量，这个和自己准备开的修理厂的规模息息相关，还有就是水电、通信、燃油、业务走访、员工工作服、劳保损耗、办公用品、宣传策划、租赁等费用，当然，还有钣金、漆工、电路等各个工种人员的聘用及工资薪酬，这样算下来，开个汽车修理厂需要一大笔钱，一般的家庭根本拿不出这些钱来。另外，沟通进销货渠道，维修客源等都是一些不得不考虑的重要因素。此时，一定要结合家庭的客观实际，切记不能漫天要钱，更不能在家人不给钱的时候就认为家人不关心自己，就与家人闹僵。

由于现实的情况导致自己的梦想无法实现，而自己却错误地认为自己的失败是家人不支持所致，如果就在这时，往日的毒友出现了，他们告诉自己，不要再为生活烦恼，别人都不理解自己，只有他们才是和自己同样的人，只有他们才真正的理解自己，只要再来吸一口，打一针就能满足，就可以忘记所有的烦恼忧愁……此时此刻，面对选择，刑满出狱的吸毒人员一定要保持清醒的头脑，理智地思考，不能怀着报复家人不支持的心理，自甘堕落，更不能自暴自弃被毒友和毒品再次吸引，应该结合自身实际情况，从基础工作做起。例如，可以通过自己的努力，先找到一个汽车修理厂打工，一来可以熟悉具体维修业务工作，将自己所学的知识转化为实操经验；二来可以积累资金，把劳动换来的钱存起来，作为日后开办修理厂的启动资金；三来可以学习开工办厂的经验，在打工期间认真学习别人开工办厂的经验，学习如何分配技术工人，怎样进货销货；四来可以缓和家庭关系，不去逼着家人要钱，反而还可以将多余的钱寄回补贴家用。

要处理好让自己感觉有巨大落差的家庭关系，要谨记 3 个要素：一是知恩感恩；二是多付出；三是少索取。另外，对待家庭成员要有一个正确的态度和相处方法，对于父母、夫妻、子女的态度和相处方法可参考以下内容。

父母在一天天老去，父母生养自己不容易，在刑满释放后，不要对父母要求太高，索取太多，有些人在自己吸毒时就已经将老人的积蓄都花光了，回家后，更不能对着老人张口就要钱要物，要带着感恩之心、愧疚之感对待父母。在刑满释放后找不到工作，就业遇上困难时，千万不能把失败的怨气撒到父母身上，更不能把父母当成摇钱树。在自己提出的要求得不到满足的时候，多想想他们也要生活，也要买菜吃饭，生病了也要花钱看病。与父母正确的相处方式应该是在父母一天天老去的时候，多多关心父母的身体健康和心情愉悦问题，尽量抽空多陪陪他们。要懂得父母含辛茹苦地把自己抚养成人不容易，要少提要求，少抱怨，让他们少操心。

夫妻是一种极深的缘分，在茫茫人海中，你们能相遇已是不易，俗话说的好，十年修得同船渡，百年才能修得共枕眠，能够结为夫妻，本来就是缘分中的缘分。从你吸毒到你服刑，你的另外一半都一直对你不离不弃，这是多大的情意，多深的缘分！夫妻关系就像一棵小树，必须两个人同时浇水，小树才会存活，长成大树，夫妻相处一辈子无非 4 个字“包容，理解”，无论怎么说，你们在茫茫人海中从相遇、相知到结婚生子，这些都是缘分，要多理解对方，学会站在对方的角度思考问题，对方工作回来,要体贴一下对方,递上一杯热水,嘘寒问暖一下。当发生争执时,要多想想对方的好,切不可记仇记恨,如果自己心中有恨意,就试着用爱去化解。父母子女终将离去,只有夫妻是公不离婆、秤不离砣,要相互扶持,才能执子之手,与子偕老。在刑满释放回家后,不能因为对方没有满足自己的要求,就谩骂或者挥拳相向,更不能一味地叫对方理解自己,关心自己,无休无止地索取关心和照顾。

每个孩子都是降落凡间的天使,他们愿意折断自己天使的翅膀,降生到你的家里,说明他们是爱你的。当刑满释放后,自己要多想想在服刑期间,孩子给自己写来的一封封家书,会见时伸过来想触碰你而又只能贴在玻璃上的小手,回家后,更应该多抽点时间陪陪孩子,将自己的经历告诉孩子,警示他们不要重蹈覆辙;如果孩子已经长大成人,组建了自己的家庭,那就要注意不要过多地干涉孩子的生活,更不能从孩子那里过分索取。

无论是父母、夫妻还是子女,家人永远都是血浓于水的存在,如果你的脑子里还会出现想吸毒的念头,就多回想一下自己的家人,想一想他们泪水盈眶通红的双眼,想一想他们多么渴望与你共同享受生活和亲情的温暖,你舍得让他们整天担惊受怕,以泪洗面吗?因此,当刑满释放回家后,自己一定要做到知恩感恩,少索取,多付出。当自己对家人期待过高,提出的要求得不到满足时,一定要正确对待,要能够体谅家人,不能自暴自弃，再次向毒品低头。要知道做成、做好一件事，需要天时地利人和，各种因素缺一不可，而最重要的是跟自己的努力是分不开的，毕竟求人不如求己。然而，最大的忌讳就是将落差产生的怨气发泄在家人身上，要设法让自己冷静下来，通过自己的努力，理智地寻找出路和办法，这才是明智的选择。正确认识每一个家庭成员，给自己准确的定位，经营好家庭关系，才能维护好这个属于自己的避风港。

二、正确对待社会压力与落差

理想很丰满，现实很骨感。这句话用来形容社会给个人带来的落差再贴切不过，无论你是社会上的自由人，还是刚刚刑满释放的人，社会压力都很大。有希望、有理想是一件好事，自己的理想很大，也有信心把它实现，但是当面对现实社会的时候，会发现，在现实面前，自己的理想有可能一文不值，社会不会因为某一个人的意志、想法而改变。在走出监狱大门的那一刻，或许自己心中有千万种想法、千万种期待，认为什么事情都是美好的，可是在真正回归社会后，这些期待和想法可能跟社会现实相距甚远，甚至是南辕北辙的。

图7、图8的强烈反差就是典型的例子。或许自己想吃的是满汉全席，结果却是冷水馍馍；想的是轻松工作赚大钱，结果却是辛苦工作混口饭吃。刑满释放后需要面对的第一件事情就是找工作，有了经济收入，才能养活自己，也才可以体现自己

的人生价值,还可以帮助家人补贴家用。但是,很可能当你信心满满,认为自己找一份好工作非常容易,志在必得的时候,会发现竞争对手比自己优秀得多,雇主又是追求完美和挑剔的人,面对的还是一些自己根本不会或者无法完成的任务,在这个时候,现实可能会将你打击得体无完肤,甚至无地自容,希望与现实的落差会强烈地冲击你的心灵。

图7　理想的车是这样的

图8　现实的车是这样的

社会压力、就业问题、衣食住行温饱问题,都是自己要直接面对的。当发现社会是残酷的,自己终于认识到理想与现实的差距有多大。其实,社会压力不是只针对某个人,并不是因为自己曾经吸过毒,也不是因为自己曾经服刑过就被特殊对待,而是对所有人都如此公平对待。即使是大学生也不能回避这些社会压力与就业问题,每年都有数以万计的大学毕业生,很多应届毕业生刚毕业就失业,可见,社会不会同情弱者,面对这些,更不能把自己放在一个“特殊”的位置,认为自己跟别人不一样,吸过毒、服过刑,是弱者,比别人特殊,要求社会和政府给自己特别的待遇,当这些要求得不到满足时又认为社会亏欠自己,陷入自设的泥潭之中无法自拔,自暴自弃,破罐子破摔,就这样被社会所打败。自食其力的守法公民要自强自立,要努力奋斗才能得到社会和别人的认可,社会认可的是人品,是能力,是技能,是你学了多少知识,是你掌握了多少技术本领,作为一个曾经有过吸毒、服刑经历的人,要想刑满出狱后在社会中有一席之地,在社会竞争中增加自己的优势,正确地对待社会压力与落差,可以试着做到以下 4 点,我们简称为避免落差 4 诀窍:

(一)坚定脱毒信念

现实的残酷,家庭的矛盾,生活的压力,还有不怀好意者甜言蜜语的诱惑,都可能成为你在戒毒脱毒和正常生活这条路上的阻碍者。这时更要坚持自己正常生活的想法,坚定自己彻底脱毒的信念，用结果告诉大家自己是有能力抵御这些负面影响，有能力摆脱毒品诱惑，有能力融入社会的。但是，坚持并不是钻牛角尖，不是不听劝告，一条道走到黑。要分清是非，要以毒品为界，但凡劝自己吸一口，尝一口不会上瘾的人都要远离，相信自己，给自己动力。

(二)学会承担失败

《西游记》里唐僧、孙悟空、猪八戒、沙僧和白龙马去西天取经，那是走了十万八千里、经历九九八十一难才取得真经；电灯是发明大王爱迪生用了13个月的艰苦奋斗，试用了6000多种材料，做了7000多次实验才取得突破性进展，最终研发出来的。失败是成功之母，这样的例子举不胜举。失败并不可怕，可怕的是不敢面对失败，不能承受失败的打击。可见，信心满满、重入社会的刑满出狱吸毒人员，先要学会承认失败，正确地看待失败，有敢于承担失败的勇气，在一次次的失败中成功。不经历风雨，怎么见彩虹，美丽的彩虹都是在暴风骤雨之后才出现的。面对一次次的戒毒失败，承认它并不是向它认输，对毒品低头，而是要敢于正视它、直面它，最终战胜它。学会并敢于承担失败，在失败中不断总结经验，不在同一个坑中跌倒两次，从而战胜失败，获得胜利。

(三)正确面对现实中的意外

当我们没有能力改变世界的时候，我们能做的只是改变自己。古话说，人生不如意十有八九，这不仅是古人的一句叹息，更是先辈们总结的人生道理,万事如意只是祝福的话,人生在世不可能事事顺心,事事顺意,人活着,总有那么多让我们始料未及的事,如常见的生老病死、失业、失败等,如果对一切掌控不了就放手吧,在坚守绝不复吸毒品的底线原则下,也可以尝试让一切顺其自然,这和我们的努力并不矛盾,不久后自己就会发现原来事情并不是很坏。除此之外,出狱人员也可以尝试做到以下两点:

第一,准确定位自己。"蛇有多粗,洞有多大"的意思是,蛇洞太小,蛇进不去也出不来;蛇洞太大,蛇又处于一个不安全的境地。因此,只有合适的蛇洞才能让蛇安全,进退自如。这是借蛇比喻。人贵有自知之明,每个人都要给自己一个准确的定位,如此才可能打造出适合自己的人生之路,否则,只是在很自信地做傻事。比如,如果自己一没有文化知识,二没有技术专长,三没有雄厚的家底,刑满出狱就想做大生意、赚大钱,这可能就是一个笑话。因此,认识你自己,给自己准确定位,找到最适合自己的位置,扮演最适合自己的角色,开发属于自己的领域,这才是最大限度地避免现实中不公平和意外的方法,也是走向成功的一条捷径。

第二,谋事在人,成事在天。这也就是老少皆知的"尽人事,听天命"。尽人事,是面对过程的态度,代表着人的努力付出;听天命,则是面对结果的态度,但并非消极等待。也就是说,我们在做事的时候,在过程中,应该竭尽所能,不遗余力,尽自己的全力做到最好。而面对结果，却需要保持一颗平常心，成功了，不必太过喜悦；失败了，也不必太过悲伤。只有这样，才不会被偶然的成功或失败轻易击倒，才能正确面对现实中的意外。

（四）努力学习，降低落差感

活到老学到老，是一句至理名言。当今世界，科技发展日新月异。随着网络化、信息化、智能化进程的加快和全球经济同步的迅猛发展，要想掌握基本的生存法则就更加离不开学习。比如，现在社会普及了手机支付、滴滴打车等逐渐地使大家钱包里都不放许多现金了，科技已经让我们的生活日新月异了。这个时候如果还不努力学习，就会造成眼高手低，曾经某监狱的一名罪犯说，根本不用担心自己刑满释放后的生活，因为他会修理传呼机，也就是20世纪90年代大家说的BB机，有这门手艺根本不愁吃穿的。这就是典型的不学习案例，他根本不知道现在的科技发展，手机都早已经变成了智能手机，传呼机已经被时代淘汰了，谁还会要修它呢？这就是对自己的能力过于自信，又不努力学习造成的巨大反差。因此，学习已成为与我们终身相伴的事情，离开学习，会使社会逐步倒退，人类无法正常生存，渐渐没落、愚昧，一直持续会倒退至茹毛饮血的时代，和低级动物无任何区别。而努力学习能使人更加聪明，更能跟上社会的步伐，让自己处于优势地位。

脱毒自律靠的是自己，面对落差，需要给自己一个准确的定位。在刑满释放后,要能自我约束、自我管理,无论在家庭还是社会中都要给自己一个准确的定位,在家好好做人,在社会好好做事。回家了要懂得处理家庭关系 3 要素(知恩感恩、少索取、多付出);进入社会要学会避免落差 4 诀窍(坚定脱毒信念;学会承担失败;正确面对现实中的意外;努力学习,降低落差感),当自己的希望与现实发生巨大差距时,不能怨天尤人,不能一味地抱怨社会,而要及时反省自己的方法是否错误,是否需要改变策略,是否还需学习提高。成功了不能过分骄傲,失败了不能破罐子破摔,要做好充分的思想准备,踏踏实实地适应社会的规则,走好自己人生的每一步,将毒品永远拒之门外。

矫正作业:

1. 想一想,当自己回家后没钱花了,应该怎么办?
2. 假如自己回归社会后生活过得不顺利,应该怎么办?

将答案填写在《矫正足迹》上。

职业匹配指引篇

吸食型毒品罪犯，既有吸食毒品的经历，也有服刑改造的经历，无论哪种经历都可能给在社会上找工作增加难度。他们或对职业观没有一个正确的概念，不清楚职业的意义和职业观不正的危害有什么；或对自己定位不准，不明白自己有什么能力、适合做什么事情、干什么工作，更谈不上给自己制订一个符合自己实际情况的职业规划，按照职业规划，找到一份可以养家糊口的工作。

结合上述问题，本篇讲解职业观的基本概念以及如何树立正确的职业观，教授矫正对象学习“九型人格”，并能使用“九型人格”测量工具进行自测，使其进一步了解自己，能结合自身实际制订职业规划，找到与自己匹配的职业，自力更生，自食其力。

本矫正模块总课时：26 课时

第一章　树立正确的职业观

矫正目标:通过对职业的特征、分类、外在表现形式进行分析,讲解职业的意义,以案解析形成不正职业观的原因,介绍职业规划,使矫正对象能正确认识职业、职业观并树立正确的职业观,学会规划自己的职业生涯。

建议课时:6 课时

第一节　职业的定义与特征

建议课时:2 课时

一、职业的含义及特性

职业,是指人们在社会生活中所从事的以获得物质报酬作为自己主要生活来源,并能满足自己精神需求的,在社会分工中具有专门技能的工作。

职业与人类的需求和职业结构相关,强调社会分工,强调利用专门的知识和技能。职业与社会紧密相关,强调创造物质财富和精神财富,并获得合理报酬。职业与个人生活相关,强调物质生活来源,并涉及满足精神生活。总体来说,职业具有以下 4 个特性。

(一)职业的社会属性

职业,是人类在劳动过程中的分工现象,它体现的是劳动力与劳动资料之间的结合关系、劳动者之间的关系。劳动产品的交换体现的是不同职业之间的劳动交换关系。这种劳动过程中结成的人与人的关系无疑是社会性的,他们之间的劳动交换反映的是不同职业之间的等价关系,这反映了职业活动、职业劳动成果的社会属性。

(二)职业的规范性

职业的规范性包含两层含义:一是指职业操作要求的规范性;二是指职业道德的规范性。不同的职业在其劳动过程中都有一定的操作规范性,这是保证职业活动专业性的要求。不同职业在对外展现其服务时,还存在一个伦理范畴的规范性,即职业道德。

(三)职业的技术性和时代性

职业的技术性,指不同的职业具有不同的技术要求,每种职业往往都表现出相应的技术要求。职业的时代性,是指职业由于科学技术的变化,社会生产力的发展,人们生活方式、习惯等因素的变化,会催生新的职业,如微商、电商、外卖配送员等。

(四)职业的广泛性

职业的广泛性有两层含义:一是职业主体广泛,但凡通过劳动自食其力的人员,都属于从业人员;二是涉及的领域广泛,涉及政治、经济、文化等许多领域,所以有公务员、医生、教师、商人等众多职业。

二、职业的分类

根据不同的标准,职业有不同的分类方法。每一种分类方法,对职业的特定性都有明确的解释,这对个体更好地掌握某一职业的特点,进而选择适合自身的职业有指导作用。

《职业分类大典》把我国职业划分为 8 个大类:第一大类:国家机关、党群组织、企业、事业单位负责人;第二大类:专业技术人员;第三大类:办事人员和有关人员;第四大类:商业、服务业人员;第五大类:农、林、牧、渔、水利业生产人员;第六大类:生产、运输设备操作人员及有关人员;第七大类:军人;第八大类:其他从业人员。

三、职业的外在形式

(一)体力劳动类职业和脑力劳动类职业

按照传统的职业分类理论,职业可分为体力劳动和脑力劳动两大类。体力劳动类职业是以人体肌肉与骨骼的运动为主,以大脑和其他生理系统的运动为辅的主体运动,体力运动是所有动物具有的运动形式,生物进化到一定程度,就形成了动物的运动系统。如种粮栽菜、盖房建屋、挑水等劳动方式。脑力劳动类职业是以大脑神经系统的运动为主,以其他生理系统的运动为辅的主体运动,如思考、记忆等。

脑力劳动类职业与体力劳动类职业是相互依存、相互促进的关系。体力劳动是脑力劳动的基础,体力劳动的直接性、多样性、灵活性是神经系统不断发展的客观动力,脑力劳动的基本设想最终必须通过体力运动来实现。例如,建造房子先需要脑力劳动绘制图纸,但是具体房屋的建造又需要体力劳动来完成。

(二)简单重复类职业和高精复杂类职业

按照具体职业实践方式、职业劳动对象、职业者自身素质的差异将职业划分为简单重复类职业和高精复杂类职业。简单重复类职业主要以体力劳动为主,劳动对象本身技术含量较低,对劳动者自身素质要求不高,如房屋的建造、产品的组装、家具的制造、土地的开垦。高精复杂类职业主要以脑力劳动为主,劳动对象技术含量要求高,对劳动者自身素质要求较高,要有深厚的专业知识储备,严密的逻辑思维能力等方能胜任。如航空母舰的建造、操作系统的开发、管理体制的改革优化等。

(三)职业没有高低贵贱之分

每个人的知识水平、思维观念、人格特征、兴趣爱好的不同,决定了每个人具体工作职业的不同。有的人擅长艺术领域;有的人擅长理论研究;有的人擅长发明创造;有的人擅长农业种植等。擅长的领域不同,从事的职业也会有所不同,但是职业无高低贵贱之分。择业时需要立足自身实际,找准自身定位,作出合适的职业选择,宜农则农,宜商则商,切忌眼高手低、好高骛远,应在适合自己的岗位上脚踏实地,一步一个脚印,创造出属于自己的精彩人生。

充分了解职业的社会属性、分类,以及职业的外在形式,有助于服刑人员在日后刑满出狱时,能够根据自己的实际能力进行职业选择,选择适合自己的职业进行工作,同时有助于服刑人员在监狱服刑改造这段时期,提前找准自己的努力方向,为将来就业提前做一些思考和准备。

矫正作业:

1. 由浅入深地介绍职业的特征、分类以及外在形式。

2. 结合本节所讲的内容,在《矫正足迹》上列出自己从事过的职业,并分析自己从事过职业的特点和应归的类别。

将答案填写在《矫正足迹》上。

第二节　职业的意义与正确的职业观

建议课时:2 课时

一、职业的意义

(一)职业是人立足社会的必备手段

社会是共同生活的个体通过各种各样社会关系联合起来

的集合,而人类的本质是一切社会关系的总和。换句话说,无论个体是否愿意都会成为社会的一个分子,都会在社会中产生千丝万缕的联系,任何人都不能脱离社会、集体而单独存在。这也意味着,人必须要在社会范围中才能得以生存。而社会又是由多个个体组成的,每个个体必须拥有保障自身生存的物质资料,而物质资料的获取只能通过职业劳动。所以说,职业是人在社会生存的必备手段。

个体立足于社会,必须要有基础的衣、食、住、行物质保障,如何获得呢?有以下3种途径。

第一种途径,通过市场购买。无论是过去,还是现在,商品的购买都需要以一般等价物作为媒介,才能实现交换。只不过具体充当一般等价物的商品有所不同,在市场经济中,商品的购买必须以货币为流通媒介,即手中有钱才能实现交换,而金钱的获取从来都不是凭空而来的,必须通过职业劳动这一途径才能获得。

第二种途径,通过物物交换的方式。如用大米去换取羊或者用斧头去换种子等,在这个过程中,要想获得自己所需要的东西,就必须拿出自己的东西去交换,而自己的东西同样是通过职业劳动创造出来的。

第三种途径,就是基本生活资料完全通过自己的双手去创造。比如,自己种粮食、自己建房子、自己做衣服等,但是在这个过程中,也付出了劳动。没有职业劳动,粮食、衣服、房子不会自己凭空产生。无论人们是自己创造、相互交换还是市场购买，也许具体劳动方式各有不同，但都一样付出了职业劳动。

另外，人立足于社会，从来都不是独立的个体。人自身的需求也会不断发生变化，如子女的教育、家庭硬件的添置、自身精神需求的满足等更高的需求。这一切也需要通过职业劳动去实现。

综上所述，人存在于社会，无论是基本的物质保障需求，还是较高追求的精神需求都需要职业劳动去实现、去创造。也只有这样，人才能在社会中得以立足生存。

（二）职业是实现个人价值的加速器

个人价值的实现，包含个人对家庭所作的贡献和对国家社会所作的贡献两个层面。

从个人对家庭所作的贡献来看，个人价值体现为，人能够通过自己的努力，改变家庭情况，使家庭物质生活、精神生活质量提高，家庭富裕幸福和睦。父母安享晚年、夫妻相濡以沫、子女健康成长，完美诠释自身作为子女、配偶、父母的角色，成为父母眼中有孝心的好孩子、配偶眼中有担当值得信赖的好伴侣、孩子心中的依靠，获得家人的认可，实现个人的价值。这一切的实现都需要职业劳动才能实现。

从个人对国家社会所作的贡献层面来看，个人只有对国家、社会作贡献，才能获得社会大众的认可，使自身的价值得到实现。如“杂交水稻之父”袁隆平耗尽自己的一生心血研究水稻,成功研制出杂交水稻,大大提高了粮食亩产量,取得了巨大的经济效益和社会效益,为解决中国的温饱问题作出卓越的贡献。袁隆平不断研究,不断创新,从亩产 500 斤到亩产 1149.02 公斤,从超级稻到海水稻,从国内种到国外。小小的一粒种子大有可为,我们见证了水稻产量飞跃式增加的过程,实现了“让中国人吃饱”这一目标;杂交水稻已经种到了马达加斯加、利比里亚等非洲国家,产量已实现每公顷 10.8 吨,极大地帮助了非洲国家发展农业、解决粮食短缺问题。耄耋之年的袁隆平,免疫力下降,十分容易感冒,本该是安享晚年的年纪,却依然坚守在科研前线,同时关心着青年人才的培养、农业发展的稳定。他用自己的一生证明了中国最著名的“农民”不仅是理想家,同样也是十足的实践家。我们从他身上,看到了他对土地的热爱,对农业的坚持,对职业的执着。

不同的人也许涉及的领域不同、具体从事的工作不同,对社会所作的贡献也不同,但是相同的是,他们若要获得社会的认可,实现自身的价值,都必须通过职业劳动这个途径。所以说,职业劳动是实现个人价值的加速器。

二、职业观不正的表现及危害

一般而言,就业首先要满足社会需求,适应用人单位的需要,在岗位上要保有奉献精神。同时,要体现按劳分配、多劳多得的原则,贡献越大,回报越高;一味地追求私利,只讲索取,到头来事业可能也不会取得多大的成功。

职业观就是择业者对职业的认识、态度、观点，如对职业评价、择业方向等问题的认识，是择业者选择职业的标准和指导思想。人要在社会中生存就需要有职业，但在现实生活中选择职业时，每个人的世界观、价值观不一样，对择业的标准也不一样，于是就可能出现职业观不正的情况。

所谓职业观不正，是指在社会工作生活中，不能深刻认识职业的意义与价值，好逸恶劳、不劳而获、一劳永逸的思想占上风，对劳动持否定、躲避、拒绝的观念。

职业和劳动像孪生兄弟一样，职业总是以各种形式的劳动体现出来，劳动总是蕴于各式各样的职业之中，所以职业观和劳动观也有异曲同工之处。有什么样的职业观也就有什么样的劳动观，如向往运筹帷幄的领导职业的人势必是不愿意干拖地抹桌子这样的琐碎小事的，如若偶尔为之，也定是事出有因或不得已而为之。同样，有什么样的劳动观也就有什么样的职业观，如平日里干活怕脏喊苦的人势必也没有多崇高的职业观，他们肯定不会从事清洁工这种“脏我一个，干净千万家”的职业。

（一）职业观不正的外在表现

1. 害怕劳动。迟到早退、偷奸耍滑、出工不出力；有地不好好种、粮食歉收、三天打鱼两天晒网等。

2. 拒绝劳动。有班不上、有地不种、有活不干等。不积极就业,啃老,坐吃山空;拒绝承担责任和义务,依赖国家扶贫资金、社会救济等。

3. 贪图享受。月薪三千,月消费五千,寅吃卯粮,不量入为出,过度预支、透支未来;爱慕虚荣,过度追求物质,吃山珍海味、穿名牌、用高端货等。

4. 不劳而获、一劳永逸。一门心思想通过买彩票中大奖、发横财等轻松手段暴富,久等无望后往往采取偷、抢等违法手段占有他人财物,意图不劳而获。

5. 高不成低不就,眼高手低。收入低的职业瞧不上,收入高的职业干不着,拖来混去,以前拥有的技术技能等已经落伍,失去了市场价值,当再想回头干以前能干但瞧不上的职业时,发现老板已经不愿意录用自己了。

下面这段对话是某市的一个小偷对记者说的原话:

记者:为什么要做小偷?

小偷:没有钱了,肯定要做啊,不做没有钱用。

记者:你有手有脚的,怎么不去打工?

小偷:打工这方面……是不可能打工的,这辈子不可能打工的;做生意又不会做,就是偷东西,才能维持得了生活这样子。

记者:那你觉得家里好,还是看守所好?

小偷:进看守所的感觉像是真正的回家。我很少回家,大年三十晚上我都不回去,就平时家里出点事,我就回去看看这样子。在看守所里面的感觉,比家里面感觉好多了。在家里面一个人很无聊,都没有朋友玩,进了看守所里面去,个个都是人才,说话又好听,超喜欢在里面。

从这段对话中,职业观不正的几点表现小偷几乎全都有,害怕劳动,拒绝劳动,还贪图享受,"一脸死猪不怕开水烫"的样子,干的尽是想要不劳而获的违法勾当。在记者的摄像机面前,他尽可能想表现出自然和洒脱,但画面上的他右手被手铐牢牢地拷住,无论怎么掩饰都挡不住狼狈至极的样子,这一幕被曝光在互联网上,引来了广大网友的嘲笑。职业观不正害的人终究是自己。据网络最新消息,这位小偷在刑满出狱后,靠自己的劳动找到一份正经工作。通过教育和矫正,这位"有名气"的小偷彻底改掉了自己不正的职业观,树立了正确的职业观。

(二)职业观不正的危害

1. 难以取得更大的或应有的发展,人生何谈精彩

"业精于勤,荒于嬉。"若一个人职业观不正,荒废学业,虚度时光,蹉跎岁月,则其面对的现实只能是他人提拔,自己原地踏步;他人清华北大,自己初中都毕不了业;他人稻谷满仓,衣食无忧,自己颗粒无收,温饱难以保证;他人子女双全、家庭幸福安康,自己独身一人,孤苦伶仃;他人早已事业有成,自己仍旧一无所有,注定人生只能凄凉悲苦。

2. 降低了办事的效率

别人3年考上大学，自己花了4～5年；别人评上正科用了5～6年，自己花了十几年；别人学门技能3年出师，自己却毕业遥遥无期；别人处事迎难而上，而自己只会找借口溜之大吉；别人办事雷厉风行，而自己只会拖沓磨事、偷奸耍滑；别人没有机会也要创造机会，而自己就算给你机会也抓不住，最终草草收尾、蹉跎一生。

3. 得不到他人认可，连累家人

一个人若职业观不正，长期游手好闲、无所事事，脑袋空空、钱包空空，被人看不起、说话没人听、得不到尊重、精力无处发泄，很容易跑到牌桌上、赌场等灰色或非法地带，最终背负巨额债务，连累家人，过着东躲西藏、心惊胆颤的痛苦日子，上不能为父母尽孝、下不能为子女创造幸福生活，本该为家庭的顶梁柱，却成为家人的负担累赘。

4. 混迹社会，走上犯罪的道路

职业观不正的人易和一帮"志同道合"的懒人臭味相投，开始消磨时光、寻衅滋事或者靠偷抢度日，逐步滑向犯罪的边缘，最终也只能接受法律的严惩，把自己送进监狱的大门。

三、职业观不正的内在原因分析

职业观不正主要是因为劳动态度不端正。所谓态度，是指个体自身对事物所持有的一种具有一定结构、比较稳定的内在心理状态。相应地,劳动态度,则是指对劳动所持有的具有一定结构和比较稳定的内在心理状态。劳动态度具有比较持久的稳定性,一旦形成便可以保持在一定的时间内不发生改变,劳动态度由认识、情感、行为倾向3部分构成,对任何给定的客观对象、思想或人都会含有认识的成分、表达情感的成分和行为倾向的成分。所以劳动态度直接关系着一个人是否能对劳动有一个清醒的认识,是否能够对劳动有积极的情感,是否对劳动有积极的行为倾向甚至直接关系着收获多大程度的劳动成果。从这个角度来看,端正劳动态度也就显得尤为重要。

(一)拒绝劳动,想不劳而获

不劳而获思想顽固,拒绝劳动。懒惰,怕脏怕累怕付出,面对自身生存需要,基本以向他人索取作为唯一手段,相信天上会掉大馅饼,在这些人的世界里从来没有“劳动”二字。对于他们来说,以最小的付出或者无须付出就可获得所需要的东西才是指引人生的绝对至上信条。

(二)厌恶劳动,贪吃喝玩乐

好逸恶劳观念存积于职业观不正的人的心中,积重难返。职业观不正的人贪图享受、厌恶劳动、恶习难改,由害怕到厌恶再到拒绝劳动,属于他们的认知方式永远是不以为耻反以为荣,劳动对于他们来说仿佛是一种庸人才会采取的方式。无须劳动或者通过少量劳动就可获得财富才会真正使他们感到自豪,产生十足的优越感。对于那些用劳动创造财富的人他们反而看不起。他们仿佛自己即世界的王者,生来就是要享受这个世界的,信奉及时行乐,又怎么能去辛勤劳动,怎么忍心因为劳动而耗费大好时光。

职业观不正的人只具有较低的人生追求。对他们来说,人生苦短,当及时行乐,轻松安逸快乐最重要。什么劳动、什么追求、什么责任全部丢到一旁,游戏人生。日子过一天算一天,每一天开心快乐才是王道,何苦为难折磨自己。这样的人生追求,也就注定了他们好逸恶劳、不劳而获的人生选择。

(三)轻视劳动,求一夜暴富

职业观不正的人往往忽视积累的过程,经不起等待。看不起通过勤劳双手创造的财富,无法意识到任何事物的发展都要经历从量变到质变的过程。质变是量变的必然结果,量变是质变的必要准备,这是必经的历程。只想一蹴而就,一夜暴富,一口吃成胖子,一劳永逸,最终陷入两个极端无法自拔,要么破罐子破摔,完全否定劳动;要么采取非法手段获取巨额利益,最终都只会落得个凄凉下场。

矫正作业:

1. 怎样树立正确的职业观?

2. 对照分析自己在入狱服刑前职业观不正的原因和表现形式。

将答案填写在《矫正足迹》上。

第三节　职业生涯规划基本概述

建议课时:2 课时

一、职业生涯规划的概念、特性

职业生涯规划,是指一个人对自己未来职业发展历程的计划,具体是指个人结合自身实际情况、社会需要、面临的机遇和制约因素,为自己确定职业方向、职业目标,选择职业道路,确定学习、训练和发展计划,为实现职业生涯目标而订立的行动方案。从一般意义上来讲,职业生涯规划是一种计划、一种安排、一种方案,目的是实现自己确立的职业方向、职业目标、职业道路等。职业生涯规划不是别人强加在个人身上的,而是个人在内心动力驱使下而规划的实施方案,其动力源于自身。是自己在设计、规划自己的人生,是自己在做自己命运的主宰,是结合社会发展和个人利益而充分发挥个人主观能动作用的产物。

良好的职业生涯规划,要具备以下特性:

1. 合法性。合法性指职业的选择、职业方向、职业目标、实现职业的措施等,是合乎法律规定的,为实现职业的目标而付出的行动是在法律范围内进行的。总之,整个职业生涯规划的制定和实施都必须符合法律规范,只有具备合法性,才能保证自己的职业选择、职业方向、职业目标得以顺利实施，反之则会阻碍甚至断送自己的职业生涯。

2. 可行性。可行性指职业生涯规划的制定，能结合自身文化水平，知识结构，能力素质和职业技能等，有周密的计划步骤，目标明确，方法实用和效果可靠，是切实可行的，是经过努力可以实现的。换言之，职业生涯规划是可以付诸实际行动的，并对实际行动具有指导意义。总之，职业生涯规划不是纸上谈兵，只有具备可行性，才有其真实的价值与作用，才有其实际意义。

3. 适时性。适时性指职业生涯规划何时实施、何时完成，对应自己的规划，拟定出短期(日、周、月、年)、中期(3~5 年)、长期(5~10 年)应该要达到什么目标，何时学习和培训等，都要有具体的时间和时序上的详细安排。

4. 适应性。适应性指规划未来的职业生涯目标与行动，涉及环境等很多不确定因素，因此规划应有弹性。随着环境和自身条件的变化，个人应及时调整自己的职业生涯规划方案，以增加其适应性。

5. 持续性。职业生涯目标是人生追求的重要目标，应通过不断调整和持续的职业活动安排，将人生的每个发展阶段规划连贯衔接起来，最终实现职业生涯目标。

二、职业生涯阶段划分

不同的专家学者有不同的观点，有的提出三阶段论，有的提出四阶段论,也有的提出五阶段论、六阶段论。例如,职业生涯发展理论专家金兹伯格将人生职业生涯发展划分为3个阶段,即幻想期(11岁以前)、尝试期(11~18岁)和实现期(18岁以后)。美国学者利文森将职业生涯发展划分为6个阶段,即拔根期(16~22岁)、成年期(22~29岁)、过渡期(29~32岁)、安定期(32~39岁)、潜伏的中年危机期(39~43岁)和成熟期(43~59岁)。孔子根据自己的亲身经历,将10年作为一个生涯阶段。孔夫子曰:"三十而立,四十而不惑,五十而知天命,六十而耳顺,七十而从心所欲,不逾矩。"

从古至今,从国内到国外,都有各种不同的职业生涯阶段划分,我们不必奉行和遵从其中某一种,而是应该根据自己的实际情况进行选择,选择适合自己的职业生涯阶段划分即可。

三、理清职业生涯规划与就业的关系

人的一生中最辉煌、最闪光的阶段是什么?那就是就业从业。因为它是一个人将自己的知识与智慧贡献给社会,为社会服务的阶段,社会财富也因为人们在这一个阶段的输出而得到创造。成功的人首先必须取得职业发展的成功,一份适合自己的职业、能发挥自己才能的职业是一个人获得一定的社会地位和经济地位的基础。

在职业生涯规划中,个人要基本形成自我职业概念,并随

时准备寻找适合自己满意的工作,为就业做好基础准备。在就业的过程中,个人经过相应的教育、培训或积累了一定的人力资本,经过多次的挑选与被挑选,确定工作岗位并在相应的岗位上开始施展才能。在职业创新期中,这也是个人职业发展生涯的黄金期。个人基本上找到了自己所认同的职业领域,并寻求在这个领域中有所建树。当职业生涯发展到维持期,个人由于知识与经验的积累,达到了一种稳定的状态,发展速度缓慢,并已取得了一定的地位和成就。在职业发展的最后阶段,进入衰退期,由于体力与精神状态的下降,个人将从一个积极的参与者到完全退出工作领域。

四、影响职业生涯规划的不良心态

职业生涯规划对个人职业发展起着至关重要的作用,但在职业生涯中,总会有一些不良的心态影响着人的职业成长,了解和掌握这些不良心态有助于人们更好地进行职业生涯规划。具体来说,主要有以下几种不良心态影响职业生涯的规划和发展。

(一)缺乏主见

主要表现在:一是看到其他人都制订了职业规划,自己也想制订,但不明白为什么要制订,只是随大流;二是制订职业生涯规划时,不能全面分析自身的优势和劣势,不去思考自己适合从事什么职业,缺乏主见,严重依赖他人的见解;三是主意多,但是不能确定适合自己的职业方向,总觉得这个也行、那个也行,在犹豫中徘徊不前。在这种"把自己当客人,自己的人生让别人做主"的思维模式下,所制订的职业生涯规划,要么不适合自己,要么实施起来问题多、困难重重。

(二)急于求成

主要表现在:一是在制订职业生涯规划时,追求长远规划,忽略短期、中期、长期目标,希望一步到位;二是在规划实施的过程中,忽略学习、培训等环节,不注重自身素质的提升;三是在职业生涯规划实施过程中,由于环境等各种不确定性因素的影响,不会对职业生涯规划方案进行适时调整,而是急于求成,按照原定计划继续前行。职业生涯规划的重点,是先有一个大的方向或者目标,然后围绕这一方向或目标,制定实施步骤,分步进行实施。从学习阶段进入职业阶段有一个过渡期,也需要一个职业探索期。服刑人员在刑满释放后也是如此,从"监狱人"到"社会人"也需要一个过渡适应期,面对困难的生活,加之感到被耽搁的时间太多,往往急于补偿,如果草率地进行职业规划,那么所制定的职业规划要么脱离实际无法实施,要么终将以失败告终。

(三)缺乏韧性

主要表现在:一是虽然树立了职业生涯目标,但是缺乏制订规划的恒心和勇气;二是把自己制订的职业生涯规划停留在口头上,不付诸实施,或者消极实施;三是在实施的过程中遇到了各种问题后，不想方设法去解决问题，而是选择逃避。

贵阳市南明区老干妈风味食品有限责任公司的董事长陶华碧，1947年出生于贵州省湄潭县一个偏僻的山村。由于家里贫穷，陶华碧从小没读过一天书。20岁那年，她嫁给了一名地质队员，但没过几年，丈夫就病逝了，扔下了她和两个孩子。为了生存，她不得不去打工和摆地摊，用四处捡来的砖头盖起了一间房子，开了个简陋的餐厅，取名“实惠餐厅”，专卖凉粉和冷面。为了佐餐，她特地制作了麻辣酱，专门用来拌凉粉，结果生意十分兴隆。有一天早晨，陶华碧起床后感到头很晕，就没有去菜市场买辣椒。谁知，顾客来吃饭时，一听说没有麻辣酱，转身就走。这件事对陶华碧的触动很大。她一下就看准了麻辣酱的潜力，从此潜心研究起来。1996年7月她租借了南明区云关村委会的2间房子，招聘了40名工人，办起了食品加工厂，专门生产麻辣酱，定名为“老干妈麻辣酱”。2018年10月，陶华碧被评为“改革开放40年百名杰出民营企业家”。

职业生涯规划的制订与实施并不是一蹴而就的，需要经过多次努力或者面对各种考验，在这一过程中如果缺乏韧性，那么再好的规划也将付诸东流。陶华碧从小没读过一天书，而且遭遇丧夫之痛、屡次打工摆摊受挫，最终却成了杰出民营企业家。在这一过程中，如果她缺乏韧性，在餐饮业遇到种种挫折就逃避，那么她也不会有清晰的职业方向——潜心研究麻辣酱,更不会取得今天的成功。

(四)好高骛远

主要表现在:一是在制订规划时,在职业选择的过程中,这山望着那山高,左顾右盼,定不下心,没有清晰的职业方向;二是所设置的职业目标不切实际,对自己缺乏清晰的认知和定位,目标过高;三是在制订规划时不分轻重缓急,有的人本来自己的生存都成了问题,但是职业方向却考虑得比较长远,生存问题还没得到解决就去思考发展问题。职业生涯规划的第一步就是要对自我进行认知,根据自身的能力、兴趣、个性和价值观,全面分析个人和外部环境因素,了解各种职业的需求趋势以及成功的关键因素,然后确定职业或事业发展目标,选择与目标相适应的职业和岗位。好高骛远、不切实际,最终往往都将以失败而告终。

五、理解职业生涯规划的重要意义

成功的人生需要正确地、科学合理地规划自己的职业生涯,这是迈向成功人生的重要一步。职业生涯规划是个人职业发展的有效方法,通过职业规划可以明确个人职业发展的目标,少走弯路;职业生涯规划可以使人了解自己,了解周围环境,通过这种方式,使自己在纷繁复杂的环境中找到适合自己的人生坐标,并不断地挖掘和拓展自己的潜能,最终达到事业的辉煌。

职业规划的核心目标,是要实现人生价值的最大化。它包括两个方面:一是充分用足自己的长处,二是充分用足环境资源。正如西方的一个谚语所说的:“如果你不知道要去哪,那你通常哪也去不了。”服刑人员总有一天也会被刑满释放(终生监禁除外),同样也要有清晰的目标和方向,监狱开展职业生涯规划教育,其目的是让服刑人员在刑满释放后不处于盲目状态或重操旧业。那么,对罪犯进行职业规划意义何在?主要有以下3个方面。

第一个方面,有利于自己的生存和发展。

通过制订职业生涯规划,刑释人员有利于改变自身就业与谋划职业的盲目状态,使每名刑释人员明确刑释后“做什么、能做什么、如何做”等个人职业生涯基本问题,明白轻重缓急,知道首先应当解决什么问题,然后才考虑其他问题。当刑释人员回归社会后,首先要解决的是个人的生存问题,其次是发展问题。职业生涯规划,可让刑释人员有计划、有目标,快速地找到适合自己的工作岗位,获得物质财富,从而获得维护自身生存的经济基础。在生存问题得到解决的基础上,对自身的职业发展再进行规划,选择符合自己的职业人生,以新的人生职业态度,开创属于自己的职业天地。

第二个方面,有利于良好家庭环境的重建。

通过职业生涯规划,刑释人员可以了解社会经济、社会分工和职业分类等发展状况,能准确地作出择业判断,选择符合自身条件的、适合自身特点的、能够发挥自身价值的职业或事业。如此,其便可以依靠自身的勤奋劳动,以合理合法的手段从所从事的职业活动中获取物质的、精神的财富,以满足自己的生活与精神需求,获取重建家庭、创造良好家庭环境的经济基础。

第三个方面,有利于维护稳定的社会秩序。

罪犯再社会化过程的重要内容之一,就是在刑满释放后参加正常的社会组织、社会活动,而最重要的就是社会职业活动。通过职业生涯规划,可以让刑释人员吸取因无正当职业、无事可做等而走上违法犯罪的深刻教训,充分认识稳定的就业是从源头上避免不劳而获思想、违法犯罪行为发生的"防护墙",是保证自身生活稳定、维护社会秩序的有效手段。

矫正作业:

谈谈职业规划的概念、特性以及重要意义。

将答案填写在《矫正足迹》上。

第二章　九型人格与职业规划

矫正目标：通过上一章的学习，服刑人员知道了职业规划的重要性。就如何规划职业生涯，本章将重点介绍职业规划的步骤、职业规划与九型人格的关系，使服刑人员学会运用九型人格进行自测，清楚自己的职业倾向。

建议课时：10 课时

第一节　职业规划步骤及自我认知

建议课时：2 课时

一、确定志向

明确的职业发展方向是就业的第一要素，也是事业成功的基本前提。服刑人员应首先确定自己想要什么，然后沿着这个方向去努力。

二、准确自我评估和分析客观条件

在职业规划中进行准确的自我定位非常重要。对自己的评估应包括:兴趣、性格、技能、特长、思维方式等,要将自我认识和他人评价相结合。外部,要分析社会环境,各种职业环境和组织环境,应注意环境条件的特点、发展变化情况、自己与环境的关系、环境对自己有利与不利的因素等。只有调整好自身条件与客观条件的接洽度,才能在职业发展规划中趋利避害,使职业规划更符合实际。

三、制定合理的职业目标

在选择职业发展目标时,切忌贪高贪快。要保证目标适中,不可过高或过低,并将长期目标和短期目标结合起来,通过不断实现短期目标最终实现长远目标。

四、制订行动计划、考核措施,并进行评估、回馈和调整

在确定了职业发展目标后,要通过一系列发展规划来确保目标实现。在职业发展过程中,会经常发生变化,考虑影响职业规划的因素很多,对职业规划的阶段性评估与修订也很必要。修订的内容可以包括职业方向的重新选择、职业生涯路线的重新选择、人生目标的修正、实施措施与计划的变更等。

综上所述,挑选职业时,必须参照主客观的条件,既要有个人的职业能力、兴趣,还要与社会实际、职业发展趋势等因素相结合。在职业选择的实践中,往往需要职业选择理论的帮助与

指导,特别是心理学及心理测验技术对帮助与指导人们选择合适的职业方向起着较大的作用。

矫正作业:

简述职业规划的几个步骤。

将答案填写在《矫正足迹》上。

第二节　九型人格与职业规划

建议课时:4 课时

一、什么是九型人格

九型人格是一门古老的学问,按照古老的图腾的 9 个角展开,揭示了 9 种不同的内心动力。每个人都是独一无二的个体,而这 9 个型就是“基本人格型态”。

九型人格是从人的基本焦虑应对策略出发,进而从人的基本需要的角度对人格进行考察和诠释的人格类型理论,近年来由美国加州斯坦福大学海伦·帕尔默发扬光大,并已进入斯坦福、哈佛、牛津等国际知名学府的主流教程。

九型人格,是一门属于人格心理学范畴的社会科学理论,是目前使用率较高的识人、用人的人才管理工具。由于其理论掌握难度较低、人格判断迅速、应用简单实用,已在多个领域多种职业中得到推广使用，如心理学家、精神分析师、管理者、教师、律师及宗教导师等。九型人格不但有助于个人成长、企业管理及人际沟通，而且适宜于企事业单位在人员招聘、组织构建、团队沟通、提升业绩、促进协作过程中作为评价人性格的工具。近年来，九型人格更扩展至夫妻相处、子女教育及家庭和谐等方面。

如今九型人格，更被全球大部分先进国家和商业机构，如通用、微软、可口可乐、诺基亚等广泛应用。

二、九型人格与职业规划

心理学家经过多年的研究发现，个人职业生涯与人格类型之间存在必然且重要的联系。因为能力、兴趣、价值观这几方面都是随时间和社会环境的变化而变化的，但是一个人的基本人格类型自接近成年以后就有着良好的稳定性。人们会被一种特定的人格类型支配，也会坚持某些特定的行为方式，而选择适合自己的工作就等于最大限度地实现了“人职匹配”。因此，根据人的性格进行职业选择和规划，才能使人的天赋得到充分的施展与发挥，人的内心深处才能在工作中感到深层的满足，并从工作中获得持续的快乐。

由于人们在需要、欲望、兴趣爱好、特长、价值观和性格类型上都存在差异，不同人格类型的人适合的职业类型差异很大。同样的工作，对一种人格类型的人来说可能如鱼得水，而对另一种人格类型的人来说则可能索然无味。甚至同一工作的不同方面,都对应着不同类型的人。通过了解人格类型与特定工作之间的适合程度,我们可以进行职业生涯规划,了解最适合自己的职业活动的种类或组合。

在了解人格类型后,我们可以用别人的语言和别人沟通,哪怕其与我们自己的想法非常不同。真正的沟通是可行的,而且能更公平有效地应付冲突、无效的工作习性、办公室政治、不同的管理风格及其他重要的工作问题。九型人格润滑所有工作场所的运作,给人们一个共同的词汇和框架,而且它帮助员工增加工作满意度和生产力。九型人格适用于招聘行政人员,寻找合适的人选,帮助人们在工作时发挥出最高的能量。九型人格于团队发展中更显可贵,能有效为冲突找出解决方案、交涉策略。

此外,九型人格有助于我们更加清楚地认识自己的个性。一旦我们意识到人格类型的重要性,便会看见自己的处事方式不是对所有人都同样有效。因而九型人格最有用的地方,是怎样将自我的思维方式和价值运用到管理中,使管理方式更加灵活,从而发挥他人的力量和潜力。由此,可帮助其他人开始更加有效地自我管理,最终营造一个和谐和满意度高的工作氛围。

三、各类型人格适合工作介绍

充分了解九型人格的理论,首先,可以有效地帮助我们进行职业规划。因为它帮助我们更清晰地认清自己,发现自己的真正需求,了解更适合自己发展的职业领域,从而避免茫然无措和走弯路。其次,它帮助我们确立更突出的职业目标,让我们在职业生涯规划过程中方向更明确。在制订和实施职业生涯规划战略中,可以时刻提醒自己需要改善的方方面面,当看到各个类型人格的领导和同事的特点时,能做到知己知彼应对自如,从而帮助自己在职场中换位思考,扬长避短。最后,可以随时帮助我们分析不同时期遇到的不同类型人格的人,调整职业生涯策略,提高职场竞争力,达到事半功倍的效果。

(一)一号完美型人的特点与工作建议

特点:我有我的标准——我公平正直,讲究原则,做事严谨认真,有条有理,井然有序,力求完美,但别人却说我吹毛求疵,爱挑毛病。一号为世界带来善良。

基本恐惧:怕自己错、变坏、被腐蚀。

基本欲望:希望自己是对的、好的、贞洁的、有诚信的。

处在顺境时:正直踏实,能包容他人,能打破条条框框,处事有一定弹性,判断力强,聪慧而理性,重视公平与诚实,大胆挑战不公平的现象,凡事依据原则而行,有理智,能自律与节制,有很高的道德标准。

处在逆境时:挑剔、心胸狭窄、不肯接纳别人的意见,容易把别人的意见视为恶意的抨击,不接受自己处事极端呆板、教条主义、绝对化、缺乏弹性,爱否定打击别人。

作为他的领导,要倾听他的意见,注意他的态度,鼓励他往正面看。

适合工作:财务、监察、审计等。

(二)二号助人型人的特点与工作建议

特点:我要帮助所有的人——我富有爱心,善解人意,热情付出,总是优先帮助他人,可别人却常常忽略我的存在。

基本恐惧:不被爱,不被需要。

基本欲望:感受爱的存在。

处在顺境时:慷慨无私,富有很强的同情心,体谅他人,热心助人,主动付出,热情而有活力,充满阳光气息,诚恳而温暖,容易接近,很受人欢迎。

处在逆境时:情绪化、虚荣心重,爱操控别人、讨好别人,觉得自己特殊、专制而易怒、爱抱怨,因觉得自己的付出与收获不成正比而扮演受害者。

主要动机:被爱、被需要、希望别人喜欢他多于尊重他,乐于成就他人,追求情感上的满足。

二号容易把焦点放在他人身上,要避免激烈的口吻。

适合工作:秘书、社工、服务工作等。

(三)三号成就型人的特点与工作建议

特点:我要出人头地——我追求个人成就,渴望比他人更成功,喜欢成为别人关注的焦点,希望被人尊重、肯定和羡慕,很多人却说我是“工作狂”。

基本恐惧:没有成就,一事无成。

基本欲望:感觉有价值,被接受。

处在顺境时:精明能干,充满活力,自信而有魅力,愿意自我肯定内在的价值,乐观主动,感染力强,外向,行动敏捷,不断进取,成就出众,有“不到黄河心不死”的韧性,是富有同情心的领袖。

处在逆境时:工于心计,为达目的不择手段,会欺骗与说谎,妒忌心强,会踩踏别人抬高自己,会剥削和利用他人,把他人当成成功的“垫脚石”,自恋与残暴。

要给三号正面的评价,不要胡乱判断、批评,在处理事情中配合他的速度。

适合工作:销售、公关等。

(四)四号自我型人的特点与工作建议

特点:我是独一无二的——我注重感觉,敏感而多梦,渴望别人能够了解我的内心感受,注意到我的独特与恐惧之处,但是这个世界好像没有人能够真正明白我。

基本恐惧:没有独特的自我认同或找不到存在意义。

基本欲望:寻找自我,在内在经验中找到自我认同。

处在顺境时:灵感不断、富有创造力,感情真挚而坦诚、观人细微、给予别人贴身的支持,感恩,自我认同,观察力强,直觉,敏感,肯定自我并表现自我,有幽默感,愿意承担。

处在逆境时：忧郁，多愁善感，自怜自爱，自我怀疑，自我破坏，对世界充满不信任的感觉，远离人群，爱回忆过去，沉溺于痛苦等负面情绪难以自拔。

平时要称赞四号的独特之处，承认他的感觉和情绪，让他感受到你对他的支持。

适合工作：设计、创作等需要创意的工作。

（五）五号理智型人的特点与工作建议

特点：我要了解世界——我总是喜欢分析、思考、追求知识，渴望比别人懂得更多，我不善表达内心感受，给人冷漠无情的印象，由于不善交际应酬，身边人总说我“不懂人情世故”。

基本恐惧：无助、无能、无知。

基本欲望：能干、知识丰富。

处在顺境时：聪明，有卓越的观察力与分析能力，见解独到而深刻，能专注于某一领域，博学而专精，办事仔细无遗，好学，求知欲强，有独创与革新精神。

处在逆境时：逃避、愤世嫉俗、充满敌意、妄想、孤独、狂躁，自我封闭、把自己困于某些思维模式中，有破坏别人及自己的倾向。

尊重五号的界线，确定你的表达方式是一种邀请而非要求，以直接而实际的态度赞美他。

适合工作：策划、整合、管理、研究等。

（六）六号疑惑型人的特点与工作建议

特点：我很小心谨慎——我为人忠诚，但却太多疑虑，我总觉得世界充满危机，内心深处常有担心、焦虑，我过于考虑安全方面，常常因此延迟采取行动。

基本恐惧：得不到支持及引导，单凭一己的能力没法生存。

基本欲望：得到支持及安全感。

处在顺境时：有亲和力、忠诚可靠、肯支援团队、有责任心、勤奋、值得信赖、有良好的合作精神，相信自己和他人，懂得享受生命、踏实、平和。

处在逆境时：焦虑、紧张、缺乏自信、极度缺乏安全感，到处寻找安全感，对刺激过度反应，自我打击，有被虐倾向。

鼓励六号看好的一面，不要批评六号的恐惧，要有耐心取得他的信任。

适合工作：建立系统、设立防范机制、顾问等工作。

(七)七号活跃型人的特点与工作建议

特点：我是快乐的——我天生开心、贪玩、喜欢新奇的事物，我追求自由自在、率性而为的生活，但总有些不得不处理的事情占用我的娱乐时间。

基本恐惧：被剥削，被困于痛苦中。

基本欲望：追求快乐、满足、得偿如愿。

处在顺境时：充满欢乐、乐观豁达、热心而宽容、有想象力与创造力、精神充沛、多才多艺、具有鉴赏力、为人群带来欢乐、令人觉得生命充满希望。

处在逆境时：不切实际，经常妄想，能够以小博大，冲动，有攻击性,爱出风头,有时行为失控,夸张炫耀,在娱乐中逃避现实。

轻松愉快地与七号交谈,留意七号有没有实质计划,与七号理论沟通。

适合工作:创作、娱乐工作等。

(八)八号领袖型人的特点与工作建议

特点:我是百折不挠的——我刚强自信,有正义感,勇于承担,我喜欢带领并保护身边的人,但是别人却经常觉得我太过“霸道”而与我保持距离。

基本恐惧:被认为软弱,被人伤害、控制、侵犯。

基本欲望:决定自己在生命中的方向,捍卫本身的利益,做强者。

处在顺境时:充满正义感,主持公道,保护他人,勇于承担,宽宏大量,自信坚定,行动力强,能领导他人,坚强,有决断力。

处在逆境时:手段强硬,独裁而充满暴力,要求别人牺牲小我去成就他的大我,喜欢追求权力,我行我素,冷漠,报复心重。

与八号沟通要直接与自信,不要取笑他。

适合工作:管理者、领导者等。

(九)九号和平型人的特点与工作建议

特点:我宁愿息事宁人——我待人友善,喜欢和谐的氛围,希望大家和睦相处,可别人却说我太过好好先生、优柔寡断、没有立场。

基本恐惧:失去、分离、被歼灭。

基本欲望:维系内在的平静和安稳。

处在顺境时:有童心,对人和善,慷慨大度,心境平和,纯真而富有耐心,支持他人,轻松温和,有同情心,勇于实践。

处在逆境时:抱怨,麻木不仁,将事情过分合理化,懒惰拖延、没有行动力,缺乏焦点,迷茫。

与九号沟通不要用高压的态度,用发问支持帮助其集中精神。

适合工作:人事、调研、仲裁等。

矫正作业:

按照九型人格对比分析,结合自身实际,判断自己属于哪型人格。

将答案填写在《矫正足迹》上。

第三节　九型人格自测与分析

通过上一节的学习,我们知道了九型人格对寻找到自己究竟适合干什么是很有效的,而且知道了九型人格中每一型的人格适合从事哪些职业。本节将进行自测实践,初学阶段自测结果并非绝对精准。重点在于引导矫正对象学会方法。

建议课时:4 课时

一、九型人格自测要点

1. 组织矫正对象进行九型人格心理测试,并计算出结果。

2. 结合矫正对象的自测情况挑选出典型案例。

二、九型人格测量结果分析要点

1. 围绕九型人格测试结果,矫正官引导矫正对象思考分析“我能干什么”,让其侧重对自我能力与潜能、对事物的兴趣、知识结构等方面进行分析。

2. 思考“未来环境允许我干什么”,分析社会经济状况、地方政策等客观环境,以及主观环境,如亲戚态度、人际关系等因素对职业选择的影响。

3. 帮助矫正对象确定科学的职业目标。

第三章　职业成功及其必备的素质

矫正目标:进一步解析成功,使矫正对象学会正确地待人处事,明白什么是成功职业者,树立正确的职业观,把握成功职业者的必备要素。

建议课时:10 课时

第一节　职业成功

建议课时:2 课时

知道了自己适合从事什么职业,仅仅是万里长征第一步,只是说明了前进的方向是正确的。事实证明,职业成功都具备了大致相似的素质,都把握住了前进道路上的各种机遇和挑战。那么想要获得职业成功,需具备哪些素质?

一、职业成功的含义

职业成功,是指一个人所累积起来的积极的与工作相关的成果或心理上的成就感。

一般来讲,职业成功分为客观成功和主观成功两部分。客观的职业成功指标，包括总体报酬、晋升次数和其他能表示个人成就的外部标志；主观的职业成功被认为是，个人感觉到的对工作和职业发展的满意程度。职业成功的标准体现的是个人的职业价值观，因而它具有时代性、多元性的特点。

二、职业成功的标准

职业成功的标准是人们对职业成果意义的认识和评价，它取决于人们自身的需要和愿望。既然人们的需求是多种多样的，人们对职业成功的评价就必然是多元化的。当我们越是关注职业成功的主观标准时，多元化的特点就越明显。

职业成功的标准大体可以概括为以下 9 种：

(1)财富标准：认为通过工作获得更多的经济回报，发财致富就是现代人的成功标志；

(2)晋升标准：认为职业成功就是晋升到组织等级体系中的高层或者在专业上达到更高等级；

(3)安全标准：渴望长时间的稳定工作，以获得职业上的安全；

(4)自主标准：强调职业成功就是在工作中自主自由，对职业和工作有最大限度的控制权；

(5)创新标准：标新立异，做别人没有做的事情；

(6)平衡标准：在工作、人际关系和自我发展三者之间保持有意义的平衡；

(7)贡献标准:对社会、组织、家庭作出贡献;

(8)影响力标准:在组织中、行业内、社会上有足够的影响力,能够改变他人的心理和行为;

(9)健康标准:在繁重工作的压力下依然能够保持身心健康。

以上几种职业成功的标准不是完全独立、相互排斥的。在每一个人的心目中,职业成功的标准是一个有层次的结构,与其内在的需求体系相对应。职业成功标准的多元性还体现在个体职业成功标准的阶段性上。

在职业生涯发展的不同阶段,人们所面临的任务不同,其追求也不一样,评价也会有变化。在职业生涯的早期,养家糊口、成家立业都需要财力、物力,人们可能更注重财富标准;到了中期,人们可能会更关注职业发展的机会、家庭工作平衡、自我价值的实现;而到了晚期,临近退休,人们可能更强调安全、有保障。当我们研究职业成功的标准时,一定不能忽略这种复杂性。

总之,职业成功很难用一个绝对的标准来衡量。可是,职业成功作为一个评价性的概念,无论从哪个角度对其作出评价,都与评价者的职业价值观紧密连在一起,或者说它是职业价值观的重要组成部分。因此,讨论职业成功的标准问题,实际上是在探讨职业成功的价值观问题。从个人的角度来说,认清自己的内在需要,定义自己的职业成功标准而不是盲目攀比、追求时尚,才不至于在职业生涯的旅途中迷失方向。

矫正作业:

结合自身实际,写出自己对成功职业者的认识。

将答案填写在《矫正足迹》上。

第二节　职业成功必备的8大素质

建议课时:8课时

一、动力

人们常说,方向比努力更重要,知识比文凭更重要,情商比智商更重要,做人比做事更重要,能力比知识更重要。还有一句话——动力比能力更重要。

(一)动力比能力更重要

思考以下问题:

1. 为什么有学生学习很好,有学生则很差呢?

2. 为什么有人工作业绩突出,有人则碌碌无为呢?

3. 为什么有人成功,有人则失败呢?

也许原因很多,请找出最主要的、最普遍的、最有规律性的原因,先不要找那些小概率的、个别的、次要的原因。学习不好,也许你会认为是智商的问题,但是勤能补拙。工作业绩不突出,你可能会觉得那是机遇的问题,但是机遇总是给有准备的人的。有人失败,你可能会觉得,他没有很好的家庭背景,但是很多出身贫寒的孩子,一样可以获得很大的成就,甚至改变整个家族的命运。

影响一个人成功的因素虽然有很多,但首要的,就是人的进取心,进取心是成功的第一要素。卡耐基曾经说过:“有两种人绝不会成大器,一种是非别人要他做,他才会去做,否则绝对不会主动做事;另一种是即使别人要他做,他也做不好。只有那些不需要别人催促就会行动起来,并且努力做好的人才能成功,这一类人懂得要求自己多付出,而且做出来的结果总是超过别人的预期。”

进取心是成功的第一要素,那么,怎么去寻找自己的进取心呢?从人的行为的产生过程中,我们可以看出,每个人都有需求。当有了强烈的需求以后,就会有目标;确定了目标以后,就会产生动机,动机指引人的行为。旧的需求满足以后,人就会产生新的需求。因此,动机或动力决定了想不想做,而能力决定能不能做好。如果一个人没有进取心或者是进取心不足,那么主要的原因就是缺乏动力。没有动力的主要原因是需求不明确、不强烈或者是有了明确的需求但没有明确可行的目标,所以没有行动。

有一个从国外留学回来的高才生,在家人的帮助下进入一家银行做业务工作。半年之后，她十分苦恼地找到职业规划导师诉说，认为自己不能够全力以赴去做这份工作。她所处的状态，就是所有那些动力不足的人的症状，不能够全力以赴地去做事情。导师问她："你内心最大的需要是什么呢？是票子，房子，还是车子？又或者你是不是在工作中非常希望得到别人的认可，得到别人的尊重和褒奖呢？"她说只有做义工的时候自己才会全力以赴，因为在那里找到了被别人需要的感觉。这种感觉，源于她的成长经历，她是女孩，家里重男轻女，自从她生下来，家里就觉得她可有可无。因此，她非常害怕在工作中可有可无，不被别人重视的感觉。

之后，她换了工作，到一家小企业做经理助理。一年过后，她非常开心地跟导师说："老板去开发了新的领域，目前无论是出纳的工作、文员的工作、招聘的工作，包括一些营销业务管理都交给我来做了，我觉得我第一次被人如此信任和重用。"从这个案例中，大家可以看出，这位高才生是一个能力非常强的人，即使在银行也可以胜任工作，但是她缺乏内心的驱动力。所以说，动力比能力更重要。

动力可分为外在动力和内在动力。来自外在的压力、责任和义务，同样会带给人很大的动力，比如，有的服刑人员会说，我积极改造就是为了我的父母爱人儿女，为了早日刑满出狱，尽早在父母面前尽孝，尽早地弥补爱人和儿女；又或者说，积极改造是为了自己，为了自己平安服刑，能平平安安地活下去，这些都是动力。放在各种角色身上,动力体现得都不一样。学生会说,我学习就是为了妈妈,为了让妈妈过上更好的生活;有人说,我如此辛苦工作,就是为了让妻儿过好日子。当然,有不少人的动力是来自内心的需要、兴趣、信念。无论何种动力,都会驱使着人们不断地努力,朝着成功的目标前进。

(二)你是职场中的哪种人

职场中有4种人,你希望自己成为职场中的哪种人?

第一种人能够做到积极进取、自我实现,无论做什么事都会积极主动,不需要别人的催促,更不需要别人的监督就能够把事情做到最好。这一类人能够自觉主动地完成各项任务。

第二种人做事方式仅次于第一种人,他们也能做到有事不推诿,一旦有人告诉他们该做什么,他们会立刻去做,但是他们只做别人吩咐的事情。

第三种人比起第一种人和第二种人就被动得多,这一类人做任何事情,都需要别人督促,一旦没有人监督,他们就懈怠。这一类型的人做事犹如挤牙膏,别人挤一下,他才会动一下。

第四种人已经谈不上做事的方式了,因为这一类人根本不愿意去做他们本应该做的事情,他们每天无所事事,浑浑噩噩,如果不能及时改变,其结局只能一事无成。

对照职场中的4种人,每个人都可以思考这几个问题:自己在未来的职场中会属于第几种人？如果你是企业老板，你会喜欢第几种人？你认为第几种人更容易成功？第几种人更容易幸福？有人说，第一种人更容易成功，但是第二种人更容易幸福。因为第一种人，是所有人中的佼佼者，不但能完成别人交予的事情，还主动地去做别人没有交予的事情。这样的人将来在社会上，肯定能够取得比较显著的成绩，但他们一定会付出更多，疲于奔波。因此，很多人愿意选择做第二种人，第二种人也能完成工作要求，但付出的相对会少一些。无论是第一种人还是第二种人，都是社会非常认可的。

（三）培养老板心态

大家坦诚地回答两个问题：(1)如果自己工作了，会认为自己在为谁工作？(2)给老板工作，还是为自己工作，只有为自己工作，才会无怨无悔，为自己工作才会非常努力，那如何看待给多少钱做多少事呢？

有人认为，当然是给多少钱做多少事了，这是市场经济的等价交换原则。每个人刚开始工作的时候收入的确是不多的，如果按照给多少钱做多少事的等价交换原则，那么几年过去，自己钱没有挣到，经验没有多少积累，能力没有得到提升，口碑也没有树立起来，这样的人是最傻的一种人。

什么是老板心态？老板心态是指一种责任感、事业心，一种从大处着眼、从小处着手的工作精神，指的是对企业和工作非常关心，尽心尽力的工作态度。如果用自己的钱去办自己的事，你会又节约又有效率；如果是拿自己的钱办别人的事呢？你肯定会节约，但是没有效率；如果是用别人的钱办自己的事，你会不节约，但有效率；如果是拿别人的钱办别人事，你会不节约，也没有效率。老板心态，就是把老板的钱当成自己的钱，把老板的事当成自己的事，这是每一个在职场上的人应该遵循的职业素养。

竹子需要在地下长 4 年才能长到地上，一旦长到地上以后，每年的增长速度会很快，而且一年快过一年。初入职场的人，要学会吃苦的，但吃苦不是目的，它是发展的一种手段，同时，也不是说谁吃了苦吃了亏，就一定会有回报的。今天播种，不可能明天就能收获，更何况人呢？大家要相信，只要你付出了，无论是结果，还是过程，你都会有所收获。因此，要学会厚积薄发，成为职场上的第一种人和第二种人。

二、进取心

进取心就像发动机，也好比一台内燃机，人就是快速行驶的火车，没有了进取之心，一切行动也将失去动力。无论是个人、企业、社会组织，一旦培养出炽热的进取心，就会付出积极的行动，必定会收获成功和幸福。

（一）克服拖延

大家反思一下，自己是否有拖拖拉拉的习惯？

培养进取心，首先要做的就是必须克服拖拖拉拉的习惯。

在生活、学习和工作中,经常会看到这种现象,有一些人是这样做事的,比如,今天是1号,安排了一项任务,要求10号交,有不少的人是要等到8号,甚至等到9号才去做这个工作,可是到了9号,又突然接到了另外的任务,要求第二天就要完成,导致其焦头烂额。没有给突发的事情、给其他的领导、其他的部门以及自己的计划外留出时间来,以致哪一项工作都不能很好地完成,变成一拖再拖。真正有进取心的人是怎么样的呢?1号接到了任务,他分轻重缓急,重要的事情先做,也许他4号就完成了,他给重要的工作留出了足够长的时间,进而能够保证质量地去完成,工作在4号完成了以后就放在那里,那么从4号到10号,他还有足够的时间去接纳新的任务,让自己赢得更多的机会。所以成功学大师说:"把昨天该完成的事情拖延、敷衍到今天,这正是我们一事无成的一个根本原因。"避免拖延的唯一办法就是随时准备开始行动。

(二)避免安于现状

一个安于现状的人,在若干年过去后,会发现他的学习、工作、生活不曾发生任何改变,甚至还存在被这个社会淘汰的风险。

培养进取心的第二个办法就是要避免安于现状,要对现状不满足。无论是对学习,还是对工作,都是如此。曾经有一个企业在做执行力培训时,要求职员画一个执行力曲线,横轴是时间,纵轴代表执行力。令人愕然的是,有人画出的执行力曲线是向下倾斜的一条直线。这证明他来到公司的时间越长,执行力越低。职员给出的解释是:企业要求越来越高,我达不到。他没有提出自己的问题,而将执行力下降的原因归结于企业的要求越来越高。那么,可否把企业的标准降低呢?这个问题没有人回答,因为大家都清楚,在这个社会中,不进则退,整个社会都是不断地往前发展的,如果企业把标准降低了,而其他企业的标准在不断地提高,那么这个企业将会面临生死存亡的问题。

当然也有职员说:随着时间的推移,他自己的激情,他的干劲越来越衰减。如果是这样,那你不就是逼着老板炒掉老员工,去招聘新员工吗?因为只有新员工才会有激情,会有热情,执行力才高。因此,每一个人都应该有对现状不满足的精神,去追求卓越,让优秀成为一种习惯,甚至成为一种责任。有人会说,我们不是总是在说知足常乐吗?的确,知足常乐是一种处事的心态,是一种生活的心态,但它并不适合套用在人生追求中,也不适合应用在工作中,更不适合应用在公司、在企业、在一个组织的发展中。原因就是,这个社会是不断在进步的。

(三)兼顾进取心与平常心

人生,就像一场登山比赛。进取心让我们明确目标,不弃不妥;平常心让我们气定神闲,不慌不忙。唯有将进取心与平常心相结合,才能铺就我们通向人生巅峰的星光大道。

有这样一个故事:一个不会游泳的人失足掉进湖里,由于内心过胜的求生欲望,拼命挣扎,却反而越陷越深。这时,一位老者路过,他赶忙对落水者说:“别呼叫,放轻松!尽量什么也别想,心无杂念,自然就能浮起来。”落水者照做,果然慢慢地浮了上来。结合老者的话,我们不难懂得,那些因进取心而失利的人正是因为完全迷失了平常心而变得过于计较自身的得失,心态如此一失衡,进取心膨胀为过大的欲望而变异,自然失败迭出。

俄国著名作家契诃夫曾说:“我什么也不要!”他果真是什么也不要?那他为何还能在文学事业上有那么大的成就呢?其实契诃夫“不要”的只是多余的物欲,他以平常心处理好生活,再以进取心把精力集中在文学上,从而事业人生双丰收。

因此,进取心与平常心不是取谁舍谁的问题,而是个人如何平衡这两者在心中位置的问题。每个人都要有进取心,这是我们人生奋进的动力和获得美好人生的前提。每个人也都要有平常心,这是我们人生健康心态的基础和保证。如何才能做到进取心和平常心的平衡呢?

第一,做事要有进取心,做人要有平常心。要高调地做事、低调地做人。做事要有进取心,因为做事的标准没有最好只有更好;做人要有平常心,不要随便和人比,只要自己能够每天进步,达成自己的目标,就心满意足,就可以泰然处之。

第二,对待过程要有进取心,对待结果要有平常心。这一点非常重要。假如一个孩子寒窗苦读了很多年,但高考失利了怎么办？再去纠结高考失利的原因已毫无意义，因为只要全力以赴了，无论出现什么样的结果都要坦然面对。很多人为了一些事付出了巨大的努力，希望能够有所回报，但是很多时候事情的结果并不会尽如人意。大家要明白，只要努力了就问心无愧，努力的过程带给我们的，往往是结果所不能比拟的，因为在过程中培养的能力、积累的经验、建立的口碑，都可以复制到其他的工作中、其他的任务上，它可能会带来更多的成功。

第三，对今天要有进取心，对昨天要讲平常心。人生不能够彩排，昨天一去不复返，无论是失败还是成功，对所经历的一切都要进行反思和总结，始终保持一颗进取的心态，继续前行；无论过得好不好，都要以一颗平常心去面对。

三、诚信

诚信是责任，诚信是义务，诚信是美德，做人处事一定要诚信。这个道理大家可能都知道，但是到底有多少人能够做到。人为什么要诚信？思考这个问题，能够触动人们内心中最迫切的一种需要，让人们发自内心地去想我应该诚信。

（一）诚信的重要性

人们选择诚信的时候，总会考虑这些问题：诚信对我有什么好处？因为人可能是受利益驱动的，可能是受价值驱动的，也可能是受使命驱动的。不同的人所处环境、境界不一样，驱动行为的因素就不一样。有些人可能会把利益放在第一位,他会认为,诚信到底对我有什么好处?不诚信对我又有什么坏处?如果我诚信了别人不诚信,那我岂不吃亏了。还有些人会认为,诚信需要具体问题具体对待,不是一概而论的,并问出一些比较绝对的问题,比如,在网络虚拟世界也要诚信吗?面对歹徒的时候也要诚信吗?善意的谎言也不能有吗?那么,大家就一起来进行思考,看一看下列几种诚信的好处,哪一条是能够打动你的。

与陌生人相处,诚信可以给人留下很好的印象,将来甚至可以成为朋友,也许这个人能够给你带来机遇。

与朋友相处,诚信可以获得同样的回报,你对朋友真诚,朋友也回馈你诚恳,诚信可以坚固友情。

与同事相处,诚信可以获得信任。今天我跟你合作,你以自己的能力兑现了你的诺言,你以自己的真诚兑现了自己的承诺,就建立起了信任关系。在将来,也许同事、也许企业,就会给你成长和发展的机会。

与客户相处,坚持诚信可以获得长期的合作机会,甚至丰厚的财富回报。

与自己的爱人相处,诚信是良好夫妻关系的一个基础。

说到这里,大家可能也会感觉到,是不是总是在有好处的情况下,我们才去坚守诚信?这样会不会太功利?如果我们碰上了更大的好处——比如说,如果我不诚信,它带给我的财富可能会更多——是不是就会不诚信？这也就是为什么会有那么多的企业生产假冒伪劣产品，导致人们在生活中吃什么、喝什么、用什么都不放心。这样的企业，无非是觉得其不诚信的行为带来的好处更多。但是这样的企业是发展不长远的，随着社会监督机制的逐渐成熟和网络迅速的发展，消费者自我保护意识逐渐增强，曝光假冒伪劣产品非常容易。大到中央电视台，小到个人的朋友圈，一段视频、一张照片就有可能让一个不诚信的企业走向灭亡。

大家可以试想，如果你去餐厅吃饭，你去结账，给了收银员现金，扭头他就说你没给，而不是所有的场合都有摄像头。这是经济社会时有发生的现象，如果彼此没有诚信，不难想象交易完全无法进行。没有诚信，整个社会将处于一种非常混乱的状态，人与人相处都是尔虞我诈，企业无商不奸，社会又怎么会和谐与幸福呢？

所以，无论是个人还是企业，诚信是可以让你心安的，让你无忧烦的。诚信可以让经济更发达，可以让社会更和谐，可以让环境更美好，可以让人们更幸福。

（二）如何决策诚信

每一个人或多或少，都曾因自己诚信上过当受过骗，甚至失去眼前的机会，但是我们不能因噎废食。当你要决策诚信还是不诚信的时候，请考虑清楚以下问题。

一是要解决好眼前利益和长远利益。有一个学生心里想，我这一次作弊没有被抓到,老师没有发现,而且我竟然拿到了奖学金,这一次不诚信不是有好处的吗？也许,这一次他没被同学发现,没被老师发现,门门课都成绩不错,拿到了奖学金。但是,试想一下,这一次靠作弊拿了这么好的成绩,他还会努力地学习吗？如果大学都这样度过,他得到的是什么呢？4 年来,他养成了一种什么样的习惯,培养了一种什么样的品质？当走向工作岗位的时候,他还能靠作弊来敷衍吗？

正如有的人偷东西,偷一次没有被别人抓到,如此轻而易举地就获得了眼前的利益,他能够收手吗？又或者对于吸毒来说,每次吸完毒品都能获得短暂的快乐,腾云驾雾,似乎自己无所不能,但是从长远来说,结果是损失了金钱,吸坏了身体,家破人亡,可悲可叹。因此,不要只顾眼前,大家应长远地考虑一下是不是真的可以给自己带来利益。如果这一次没有被发现,下一次一旦被抓住的话,那么他所有的过往,以及他的未来都会大大受到影响。究竟是要眼前的利益还是长远的利益,他骗得了一时还能骗一世吗？他骗得了别人,还可以骗自己吗？该醒醒了,千万不能被眼前的利益蒙蔽,要把眼光看远一点。

二是理性分析。目前社会上确实还存在一些人,他们靠不正当的手段,获得了财富和地位,甚至获得了名望。但这只是个别现象,不要把个别的现象当作普遍的规律。如果每一次作决策的时候,总是盯住这些小概率的个别现象,那么决策是缺乏智慧的,是失误的。

诚信有的时候,是需要区分情况的,需要根据环境来确定。比如,一个亲人得了癌症,是不是要把病情真实地告诉他?事实并不是这样的,我们要区分手段和目的。诚信的目的是利己、利人、利社会。

大家还要看清一个问题,就是本质和现象的关系。比如,一个小孩子,他平时不好好学习、不完成作业,但是他非常心疼他的妈妈。当他妈妈问他“你作业写完了没有”的时候,他不是为了自己不被惩罚,而是为了不让他妈妈伤心,就会说作业已经写完了,他这次考试考得非常好。举这个小例子,是要让我们在分析事情的时候,先看清事件的现象和本质,然后再处理。既然这个小孩如此看重他妈妈的感受,我们就可以引导他,让他以诚信的状态努力,以勤奋的态度去学习,去报答妈妈对他的养育之恩。

当然,诚信还要区分对象的正义与邪恶。比如,面对诈骗团伙要提高警惕,保护好自己的个人信息;在虚拟网络上也要注意保护自己和家人的相关信息,以免被不法分子利用。

世界万物皆有因果,善有善报恶有恶报。为了自己,为了自己的后代,为了自己周围的人,为了整个社会的环境,大家一起坚守诚信吧!

(三)人会在什么情况下不诚信

人可能在以下情况下作出不诚信的行为。

第一种是在利益驱使下。当自己有利可图的时候,无论是在考试的时候作弊，还是就业的时候造假，因为不作弊，可能就没有获得面试的机会。在这样的利益驱使下，人可能会不诚信。正如前面说的，希望大家不要只顾眼前的利益，而要看长远的利益。

第二种是在自己能力不够的情况下。有的人会高估自己的能力去作出承诺，但是能力有限，就不能够兑现自己的承诺。还有人是虚荣心作怪，过分吹嘘自己的家世背景，当有朝一日谎言被戳破时，他就会无地自容，失去诚信。

第三种是在意外或者不可抗力的情况下。比如，兑现不了合同，兑现不了承诺，兑现不了原来的预约。在这样的情况下，不诚信是可以理解的，但是人首先应该给自己预留出发生意外的一种解决方案。当然，如果在意外的情况下、在不可抗力的情况下，人依然能够兑现自己的承诺，那么他的客户、合作者将会给他更大的信任，他就会赢得更大的机遇和财富。

（四）诚信"金三角"

诚信依靠品德、智慧和意志，这是诚信的三要素，用三角形来表示，一边是品德修养，一边是智慧能力，还有一边是意志力。这就构成了个人诚信的"金三角"（如图 9 所示）。诚信的 3 种力量需要平衡发展，缺一不可。

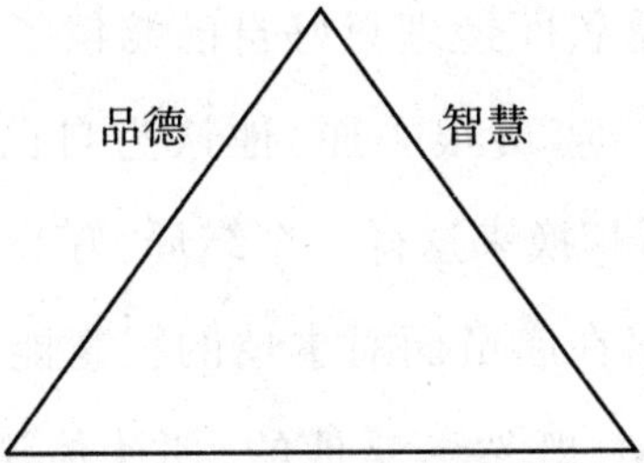

图 9　诚信“金三角”

有一种人有智慧和意志力，但品德这条边是最短的。这种人因为忽视诚信品德，缺乏诚信信仰，没有敬畏之心，不知道由于自己的不诚信会承担不利后果。诚信意识比较淡薄，这种人就应该增强道德品质的修养。

另一种人的智慧能力较弱，而道德品质以及意志力都很强，这种人的智慧能力这条边最短。这种人在日常工作和生活中经常出现的就是好心不得好报，但是他们又找不出问题的原因，从而就怀疑诚信是否值得去坚持，最终依然会影响他们的诚信。

举个例子，一个餐厅里的店员在工作的时候捡到一张美发店的充值卡，于是他拿起卡就问旁边桌子上的人，“是你们丢的卡吗？”这时候站起来一个男人说那是自己的卡，于是店员顺手就把卡给了这个男人。过了没多久，一个女人急匆匆地跑进餐厅，询问餐厅经理是否捡到一张美发店的充值卡，店员说捡到了，但是有个男人说是他丢的，于是就把卡交给他了。结果丢卡的女人气急败坏地说店员和男人串通偷卡，店员开始争辩起来。最后的结果是餐厅经理只好自己赔偿了女人的卡,然后把这位店员开除了。店员很委屈,他认为自己把捡到的卡给了“丢卡的人”,最后却换来这样一个结局,好心不得好报。

这个问题就出在店员面对事情的智慧能力上,还卡的时候为什么不多问一句,既然卡是他的,那让他说是哪一家美发店的卡。这是一个常识性的问题,就像捡到钱包,交还失主的时候总得问问钱包里有什么;捡到手机,有人来认领的时候要问对方手机是什么颜色的等。不可能谁说是他丢的,你就把东西给他吧?所以这显然是店员自己的智慧、能力或者经验不足的问题。

社会上确实是有很多的陷阱,有很多的坑蒙拐骗现象。受到电话诈骗、给骗子银行卡汇款等新闻屡见不鲜,虽然骗子们欺骗的手段比较高明,但同时我们也要反思自己,是否缺乏一种智慧、一种思维,去判断骗子的行为呢?因此,智慧和能力是我们必须要加强的,否则只有诚信的品质,最终带来的结果可能会事与愿违。

还有种人是意志力较弱的人。这种人的诚信品德和智慧能力都不错,他们在人生中本来获得了很好的发展,但是人生中的诱惑实在是太多了,不少人因为意志力薄弱,常常因为一念之差就毁其一生,所以意志力是非常重要的。有时候仍需要强迫自己做该做的事情,而且在受到挫折之后仍不灰心。

人生成败决定于短边。“诚信三角形”告诉我们,每个人都要有忧患意识,都要有危机感,要非常敏锐地感觉到自己最短的是哪条边。因为每个人的“诚信三角形”不是确定了就不变的,往往是在特定的环境中,在特定的情形下,在特定的事件中,往往是一念之差,就可能让一生积累起来的财富、信誉、口碑、能力、家庭等毁于一旦。木桶原理告诉我们,短板带来的损失可能是毁灭性的,很多时候往往就是一件事就毁了所有的努力和成果。

四、积极心态

什么是心态?心就是心灵、心境、心情,态就是状态。心态,就是指人的心灵、心境、心情的状态,是人们对外界各种刺激作出的反应。

(一)培养积极心态

心灵、心境、心情有状态吗?有!心情可以是心花怒放,可以是心潮澎湃,可以是心平气和,可以是心满意足,可以是心旷神怡,可以是心安理得;也可以是心灰意冷、心浮气躁、心烦意乱、心惊胆战、心有余悸、心事重重、心急如焚。

看到这些字眼,是不是感觉前面的会让人心情愉悦,后面的会让人心情压抑呢?没错,一个人的心情会写在他的脸上,是他的心态,也是他的表情、他整个人的状态。大家可以反思一下,自己每天呈现出来的是愉悦的状态吗?别人看到自己会有一种赏心悦目的感觉吗?还是说,别人根本不想看到自己那一张心灰意冷、心浮气躁、心烦意乱的脸呢?

不同的人对同样的事物、同样的情境会有不同的反应。这些反应可分为两种:一种是积极的心态,而一种是消极的心态。积极的心态可以帮助人们成就事业(如下文中推销员的故事),可以让人乐观处事(如下文中老太太在旅行中遇到危险的故事),可以让人排忧解难,积极的心态还可以让人喜欢,因为谁都不愿意天天和充满负能量的人在一起,和消极的人在一起相处,因为他们每天都是牢骚满腹,每天都在抱怨,没有人会喜欢这样的人。

那么,如何去培养积极心态呢?要学会驾驭生命,人改变不了环境,但是可以改变自己;人改变不了事实,但可以改变自己的态度。一个人也许出身贫寒,改变不了出身,改变不了原有的家境,但是他可以改变现在。一个人不能够左右天气,但是他可以改变自己的心情;一个人不能够选择容貌,但是他可以展现笑容,因为笑容是最好的化妆品,笑容可以让人们更加美丽!一个人怎样看待生活,生活就怎样看待他;一个人怎样对待别人,别人就怎样对待他。

(二)小故事大道理

人生成败在心态,下面通过几个小故事来说明培养积极心态对人生的重要作用。

1. 推销员的不同心态

两个推销员到非洲去推销皮鞋。由于天气非常炎热,非洲人从来都是打着赤脚。

第一个推销员看到非洲人都打着赤脚,立刻就失望起来,他说:“我千里迢迢来到这里,本来想好好地开拓一下非洲的皮鞋市场,没想到这些人都打着赤脚,他们怎么会买我的鞋呢?不可能的事嘛。”于是他放弃努力,失败沮丧而回。

而另外一个推销员,看到非洲人都打着赤脚,他惊喜万分地说:“啊!这个市场太好了,这么多的人他们都没有皮鞋穿,那么这个皮鞋市场该多么大啊!”他像淘到了大量的黄金一样开心极了,就开始想方设法去培植这个市场,引导非洲人购买皮鞋。最终他发财而归,给自己带来了财富,给公司带来了财富,还给国家上缴了大量的税收。

因此,工作中不同的心态,会带来不同的回报。

2. 危难中的心态

有个人乘船去英国,途中突然遇到暴风雨,船上的人都惊慌失措,却看见一个老太太非常平静淡定地在祷告,神情十分安详。风浪过后,那人十分好奇地问老太太:“您为什么当时就一点不害怕呢?”老太太说:“我有两个女儿,大女儿戴安娜去了天堂,二女儿玛利亚就住在英国,刚才风浪大作的时候,我就向上帝祷告,如果接我去天堂,我就去看我的戴安娜;如果留我在船上,我就去看我的玛利亚。不管去哪里,我都和我心爱的女儿在一起,我怎么会害怕呢?”

3. 卖伞与卖扇子

一个老太太有两个女儿都做生意，大女儿是卖扇子的，小女儿是卖雨伞的。天晴时，老太太就为小女儿担忧，担心雨伞卖不出去；雨天时，老太太就为大女儿忧虑，担心扇子卖不出去。如此一来，老太太的日子过得很忧郁。邻居问她为何总是满脸忧伤，在老太太说明情况后，邻居笑着说："老太太，您真好福气呀！天晴时，您的大女儿生意很好；天阴时，您的小女儿生意兴隆。"老太太听了，顿时豁然开朗，转忧为喜。

4. 加油站里面的对话

有一个人到了市郊就在一个加油站停下来，他问："这个镇里的人怎么样？"加油站的职员反问："你从前住的那个镇的人，你觉得他们怎么样啊？"这个人回答说："他们真的是糟透了，很不友好。"于是加油站职员说："那么我们这个镇的人也是这个样子的。"

过了些时候，又有一个人驶进了这个加油站，问同样一个问题："这个镇上的人怎么样啊？"那个职员同样反问："你从前住的那个镇的人怎么样呢？"这个人回答说："他们好极了，真的十分的友好。"加油站职员于是说："你会发现我们这个镇上的人，完全和他们一样，一样的友好。"

由此可知，你怎么看别人，别人也就怎么看你；你怎么对待别人，别人就怎么对待你。

5. 玩好你手中的牌

一个小男孩与全家一起玩牌，连续几次抓的牌都不好，结果就全输了，于是他开始心烦气躁，连连抱怨自己的手气运气不好。男孩的母亲突然停止了玩牌，严肃地对小男孩说："无论你手中的牌怎么样，你都必须去接受它，并尽自己最大的努力玩好自己的牌！"男孩望着母亲那严肃认真的面孔愣了愣神，只听见母亲又接着说："人生也是如此，上帝为每个人发牌，你无法选择牌的好坏，但你可以用好的心态去接受现实，并竭尽全力让手中的牌发挥最大的威力，获得最好的结果。"

从此，小男孩一直记着母亲的教诲，他不再抱怨命运，而是以良好的心态，去迎接一次又一次的人生挑战。他就是美国第34 任总统艾森豪威尔。

其实成功者和失败者，在智力、体力、环境上没有太大的区别，他们最主要的区别就是心态不同。成功者是用积极的心态、乐观的心态，去支配和控制人生，他们可能会遭遇失败和厄运，但是他们仍以积极的心态继续走下去，总有一天，他们会获得成功。

五、科学管理时间

古语云："一寸光阴一寸金。"那么时间等于金钱吗？还是时间小于金钱？还是时间大于金钱呢？当然大家可能会说，时间不只是金钱，时间比金钱更有价值，时间就是生命。既然大家觉得时间如此重要,那么我们应该怎么做呢?

(一)时间管理原则

时间管理就是让时间投入与自己的目标相关联,从而实现以最小的代价或者是花费,获得最佳的结果。换句话说,如果时间是一定的,就要实现回报最大,比如,同样的4年大学时光,有的人在有限的时间内拿到了两个文凭或者多个技术证书,而有的人却连自己的毕业证也无法拿到;如果任务是一定的,就需要实现时间耗费最小,比如3个销售员要去外地拜访客户,其分别选择的交通工具为飞机、高铁、汽车,所消耗的时间分别为2小时、4小时和8小时。若要实现一定时间内的回报最大化,一定任务内的时间最小化,就需要从以下几方面来着手时间管理。

1. 要事第一原则

每个人每天拥有的时间都是一样的,这就需要我们对这一天的事情进行合理安排,分清轻重缓急。但往往在现实生活中,多数人都是把精力放在处理那些琐碎的、无关紧要的事情上,以致没有更多的时间去处理那些更重要的事情。

2. 80/20法则

80/20法则又称二八定律,反映的是投入和努力的关系。主要分为两种类型:一是多数,它们只能造成少许的影响;二是少数,它们造成主要的、重大的影响。在一般情形下,产出和报酬是由少数的原因、投入和努力所产生的。比如,在一个企业里,在整理客户档案的时候,经常会发现20%的顾客产生的是80%的销售额或者是80%的利润。那么企业在经营中一定是重点抓住这20%的顾客,避免把更多的投入和努力放在另外80%的顾客上。

时间管理三步骤:首先,明确价值观。时间对于每个人来说都是一天24小时,关键在于人认为什么是重要的。其次,确定目标。目标每个人可能有几个,既希望在工作上有所成就,也希望家庭和睦幸福、自己的身体健康。最后,目标排序,就是要确定任务,把任务按优先级进行排序。需要先确定一个主要的任务和次要的任务,然后分轻重缓急,有条不紊地去过好每一天,成为时间的主人。

(二)科学管理时间的技巧

第一,对一天、一周、一月要完成的目标任务按优先级进行排序。

第二,从优先级最高的任务着手,保证把大部分的时间用到最重要的事情上面。

第三,和拖延作斗争。如果事情重要,告诉自己一定从现在就开始去做。

第四,把大的艰难的任务,细化成小的容易的部分,逐个突破,化整为零,不至于让自己前功尽弃。

第五,为自己每天创造1小时的宁静,用这1小时来厘清思考工作中存在的问题,并作一些反思改进,以便事半功倍。

第六,找一个隐蔽的地方,如图书馆或空闲的办公室,这样可以让自己避免很多的打扰,省下很多时间。

第七,当自己有重要的事情要处理的时候,一定要学会对别人“说不”。

第八,学会委派别人做事,跟别人建立一种合作的关系,擅长的事情自己帮他做,不擅长的事情让他来帮自己做。

第九,归纳一些相似的事情,把它们放在一起处理。比如,在处理邮件的时候,可以在一个特定的时间内批量处理。

第十,减少做一些低价值例行的事务,或者委派别人去完成它。

第十一,避免凡事完美主义,记住二八定律。

第十二,避免作出许多承诺。如果承诺太多,又不能在有效的时间去完成的话,会降低工作质量,降低个人信誉。

第十三,不要把时间表排得满满的,一定要给自己留下一定的机动时间,去应付一些突发的事件。

第十四,设置时间限制,比如,非重要的电话,通话时间不要超过3分钟。

第十五,聚精会神地做分配给自己的工作任务并把它做完。

第十六,在处理重要的事情时,一定要集中精力和时间来保证把它做完、做好。

第十七,迅速处理困难的事情,等待和拖延都不会使它变得容易,反而会使它变得更难。

第十八,经常寻找节约时间的办法。

第十九,在行动以前,花大量的时间彻底地思索整件工作并做好准备和预防工作,以便自己能够非常迅速地达到标准。

第二十,除非情况特殊,我们在做每一件事情的时候,要争取一次做好,而不要反复地去做。

六、善于学习

人为什么需要学习?彼得·圣吉曾说过:“你唯一持久的竞争优势,就是具备比你的竞争对手学习得更快的能力。”韦尔奇通用(公司)的 CEO 曾经说过:“你可以拒绝学习,但你的竞争对手不会。”福特汽车的创始人曾经说过:“任何停止学习的人都已经进入了老年,无论是在 20 岁还是 80 岁,坚持学习则永葆青春。”中国著名学者邱建卫也说:“这个世界上最恐怖的事情,就是比我们聪明得多的人,还比我们更努力地学习。”

随着社会和科技的进步与发展,知识的更新速度越来越快,人工智能、大数据开始普及,付款通过支付宝、微信就能完成,人们几乎不用随身带着现金,人们要接受了解的信息越来越多,唯有善于学习才能使自己获得优势,跟上时代发展的步伐。

(一)为什么需要学习

学习是为了实现梦想。每个人心目中都有自己的梦想,有的人有极高的音乐天分,想成为一个音乐家;有的人喜欢收藏,想成为一个收藏家;有的人知道莎士比亚,想成为一个文学家;有的人会跳舞,想成为一个舞蹈家。谁都不能阻止你成为你想成为的那个人,学习没有时间的限制,只要你想,随时都可以开始,无论结果如何,自己将在学习的过程中慢慢体会接近梦想的幸福和快乐。

学习是为了充实自己。在知识经济时代,知识老化的速度越来越快,一个大学生在学校里所学的知识,可能只占其一生所学知识的10%左右,而其余90%的知识,需要在以后的学习中获取。一个本科生学习4年,走出校门2年;硕士研究生学习2年,离开学校3年;博士研究生毕业后离开学校4年,其所学的专业知识将全部老化。同样地,矫正项目的学习型矫正按照课时开展进行,也不可能做到刑期20年就排满学习20年的课时,通过本项目学习的基本的吸食型毒品矫正内容仅属于基础知识,还需要自己进行不断地学习和深化。因此,要实现职业理想,生活梦想,攀登自己的人生巅峰,就必须不断地学习,以开放的心态树立终生学习观,只有这样才能够获得可持续性成功。

学习是为了让自己更自信地面对生活。拥有知识的人不一定成功,善用资源的人才会成功,如何利用业余时间,将最终决定一个人的一生。我国台湾地区的商人陈茂榜,15岁被迫辍学到当时台湾地区第二大书店"文明堂"当店员,他每天要工作

12 个小时，白天在书店工作，晚上就住在店里，所以他逐渐养成了每天晚上必须要读 2 个小时的书的习惯。他在“文明堂”工作了 8 年，也读了 8 年的书。8 年的自修为他今后的成功奠定了重要的基石，也让他在今后的生活和工作中从容自信。在后来的演讲中，他总是说：“记住这样的一句话，一个人的命运取决于晚上的 8 点到 10 点之间。”

学习是为了满足我们的好奇心。在这一点上，大人要向孩子学习，孩子有着无穷无尽的好奇心，他们在满足自己好奇心的过程中，不知不觉地学习，他们甚至不知道这就是学习，也许从本质上来说，学习是人们对未知事物的渴望，是人与生俱来的天性。

学习是为了追求心灵的安宁之所。1940 年 10 月 22 日，位于伦敦肯辛郡的荷兰屋图书馆几乎被德军炸成了废墟，然而在废墟之下，在纷飞的炮火之中，3 位绅士仍静静地站在瓦砾堆中寻书，安静地阅读。因此，从某种意义上来说，学习和阅读，能使人们更容易地找到心灵的栖息之所，面对当下这个浮躁的时代，这样宁静的心灵和定力显得那么珍贵，令人动容。相信各位服刑人员无论在服刑期间，还是在刑满出狱后，都能从学习中找到自己心灵的栖息之所，从此远离毒品，远离吸毒带来的无尽深渊。

学习是一个人独立思考的开始，学习可以让人成为更好的自己，学习是人最基本的需要，学习应该成为一种生活方式。

（二）如何提高学习能力

一是要以“空杯”的心态去学习。大家都知道一个装满水的杯子，很难再接纳新的东西，人的思想也是如此，因此要经常地掏空自己，为新知识和新技能的进入留出空间，以空杯清零的心态去学习，保证自己所学到的知识和技能总是最新的。一个人如果没有保持良好的“空杯”心态，就不可能学习到新的知识，当然也就很难更好地学习。

二是要勇敢地面对自己内心的召唤，寻找自己真正喜欢的东西，并坚持不懈地学习下去。孔子曾经说过：知之者不如好之者，好之者不如乐之者。描述了学习兴趣的3个境界：知道学习的不如爱好学习的，爱好学习的不如以学习为乐趣的。每一个人在这个世界上的时间都是有限的，所以囿于成见，人云亦云地学习，是在浪费时间。不要让别人的观点淹没自己的心声，自己今天学习的是什么，将决定自己将来会成为怎样的人。因此，最主要的是在学习的这条路上，要有跟着自己感觉和直觉走的勇气。

三是要制定明确的学习目标。世界已进入信息和知识爆炸的时代，据估算，《纽约时报》每周的信息量比18世纪一个人一生所经历的还多。全世界每年有80多万本不同的书籍问世，如果一个人每天读一本，需要2000多年。要读完一年的刊物、报纸、网络信息等，要耗费几千年的时间。由此可见，知识是学不完的，也没必要学完。在一段时间里，学习内容应该尽可能地聚焦，争取能够成为一个领域的专家。

四是要行知统一、学以致用。西方有一句名言："听过的我会忘记，看过的我能记得，做过的我才能理解。"因此，学习一定要融会贯通，不能只是死背书本，一定要善于将学到的知识应用于实践。

五是要主动分享自己的观点，被动地听不如主动地讲。在学习的过程中，应该主动把自己的有价值的观点拿出来跟别人分享，只有在与他人思想的碰撞交流中，才能产生更大的价值。

六是让阅读成为你生活的一部分。当苹果没有砸到牛顿之前，他一定阅读过大量的书籍，做过大量的相关研究和思考，这样才能够在苹果掉落之时，灵光一现。因此，阅读能让我们站在巨人的肩膀上，看得更高，想得更远。

（三）养成学习的习惯

犹太民族之所以被认为是世界上最优秀的民族之一，跟他们热爱学习有很大的关系。联合国教科文组织的调查表明，在以犹太人为主要人口的以色列，14 岁以上的人平均每月阅读一本书；全国共有 1000 多所图书馆，平均每 4500 人就有一所。在以色列办有借书证的就有 100 万人。据说以前犹太人的墓地，常常会摆放着书本，寓意是人的生命有结束的时候，而人对知识的渴望，却是永无止境的。

2013 年 4 月 18 日第十次国民阅读调查数据表明，我国 18

岁至70岁的国民的图书阅读率为54.9%，比2011年上升了1个百分点，虽然没有超过1999年，但仍呈现逐年稳步上升的态势。中国人终生学习的习惯，也在逐渐地形成。

如何养成终生学习的习惯？第一个建议，是经常去图书馆读书。哈佛大学文理学院的院长科比曾经说过："但凡有所成就的人，在他们的一生中都有一个贪婪的阅读大量书籍的时间。"读书与学习能力有着密切的关系，越是喜欢读书的人，他掌握的知识面就越广，他的学习能力也就越强，只有阅读能培养形象思维能力和逻辑思维能力相结合的认知模式。

第二个建议，是尊重事实，勇于质疑。要在尊重事实的基础上，敢于怀疑传统，质疑权威。尽信书不如无书，当自己在学习的时候，需要培养独立思考的能力，不断地反思总结。小学六年级学生聂利经过试验发现，蜜蜂真正的发声器应该是在双翅下的两个小黑点，而不是书本上说的是用翅膀来发声。她的经历告诉我们，权威、书本并不绝对、完全正确，质疑、反思才是真正的科学精神。

第三个建议，是经常去听听课，参加一些有价值的培训。在很多企业，管理层与员工已达成这样的共识：培训是企业能够给予员工的最好的福利。通过培训，员工能够迅速学会适应环境的本领，而反过来，培训也促进了企业的发展，因为只有拥有了高技能高素质的员工，企业才能生产出高技术高质量的产品，因此培训对于双方而言是一种共赢。

第四个建议,是要学会利用网络搜索资料。在10多分钟的时间里,网络上会有864个小时的新视频出现,在Facebook上会多出250万张新照片。所以我们并不需要担心的是输出端方面的问题,我们要考虑的是,如何面对如此浩瀚的信息海洋,并从中获取有用的知识。比如,在网络上自己应该怎么样提问、用什么样的工具来提问、怎样使用搜索引擎、它的准则是什么、在哪里去寻找信息、不同的语言在互联网上的作用是什么、如何来评估自己查询的结果等,这些都是值得学习的。

第五个建议,是与不同观点的人进行交谈。在与他们的交往过程中,人很可能会幸运地找到一些新的想法,学习到以前自己从未留意到的知识和经验,因为自己可以从一个不同于以往的角度来看待问题,沿着完全不同的思维进行思考。

第六个建议,是读万卷书不如行万里路。可以到没有去过的地方旅行,在旅行中可以欣赏美景,感受大自然,见识各地的奇人异事,了解各地的风土人情。旅行能让你审视自己的内心,找回最真实的自己;旅行能让你开阔眼界,从而感悟人生。

第七个建议,是寻找并接受新的挑战。虽然登山跟房地产是不相干的两回事,但是王石还是疯狂地爱上了登山,并乐此不疲。对他来说,登山不仅是一个挑战自己的过程,更重要的是这种对自我的挑战,让他学习到如何才能正确地自信地对待人生。

七、有效沟通

沟通与人们的生活息息相关,沟通无时不在、无处不有,无论是语言还是非语言,文字还是符号,有意还是无意,积极还是消极……都是每个人每天都要做的事情。

(一)沟通的重要性

沟通,是人们日常生活和工作的重要内容。美国著名学府普林斯顿大学对1万份人事档案进行分析发现,智慧、专业技术和经验,只占成功因素的25%,其他的75%取决于良好的人际沟通。哈佛大学就业指导小组的调查结果也显示,在500名被解聘的职员中,因人际沟通不畅,而导致解聘的人员占到总人数的82%。

沟通让人们的工作变得更有效率。很多时候我们抱怨别人不能跟自己很好地合作,问题往往不是出在他们的能力或水平上,而是出在沟通上。研究表明,工作中70%的错误,是由于沟通不善造成的,因此,只有与人进行良好的沟通,才能被他人理解,才能得到必要的信息,而获得他人的鼎力相助。

沟通可以实现资源共享。A有一个苹果,B有一个苹果,彼此交换,每个人还是一个苹果;但是如果A有一个思想,B有一个思想,互相沟通,那么他们每个人就有了两个思想。资源共享使沟通双方彼此互补,共同面对问题、解决问题,双方的能力都会得到迅速的提高。

沟通可以更好地认识自己、展示自己。“以铜为镜,可以正衣冠,以人为镜,可以明得失。”“三人行,必有我师”……这样的古训告诉我们,与别人的沟通交流,能够让我们更加正确地认识自己,有效的沟通还能让人更好地展现自己的能力,一个人的组织能力、资源分配能力、解决问题的能力、获取信息的能力都是以交流沟通为基础的。

沟通可以增强社会竞争力。未来竞争的焦点在于社会上人与人之间的有效沟通,以及个人与外部组织之间的有效沟通,这是约翰·奈斯比特告诉我们的;斯蒂芬·罗宾斯告诉我们,最好的想法,最有创见的建议,最优秀的计划,无不是通过沟通来实现的;松下电器的创始人松下幸之助告诉我们,企业管理过去是沟通,现在是沟通,将来还是靠沟通,所以管理就是沟通,如果一个企业上上下下,内内外外都实现了有效沟通,那么它必定具有很强的竞争力。无论是经商,还是务农,沟通的重要性都是不言而喻的。

(二)沟通不畅的原因

第一,口头表达存在问题。有的人在进行口头表达的时候,总是会出现层次不清晰,观点不明确的问题。这样讲来讲去,别人也不明白他讲的是什么。有的人是逻辑混乱、没有条理、前言不搭后语。有的人是重复啰唆、模棱两可。生活中有人常常这样,本来只需要5分钟就可以表达清楚的问题,花了1个小时的时间,词不达意、表述不清。

第二,书面表达存在问题。有的人在写文章的时候,结构不严谨,条理不清晰,思绪天马行空,想到哪就写到哪;有的人语句不通顺,文字不简洁,口语化的现象非常严重;有的人在进行数据分析的时候只是对数据进行简单的描述,而不能根据调研目的对数据进行系统的分析。这些都会导致沟通不畅。

第三,不能营造和谐的沟通氛围。沟通氛围与人的心理感受是密切相关的,如果你不注意说话的技巧和艺术,或者你态度傲慢、粗暴、不够真诚,就容易使对方产生防御性的心理,在这种情况下,人会变得谨慎、退缩,并用沉默来保全自己或者反攻。为了证明自己正确,有时还可能会变得偏激,这些都会大大地影响沟通的效果。

第四,沟通的渠道不畅通。沟通的双方都不够主动,或者是双方选择的沟通渠道不正确。沟通的目的是让别人更了解自己,也让自己去了解别人,要发现别人的需要,也展现自己的需要。但是如果双方都不够主动,或者选择了不正确的沟通渠道,那么就很难达到沟通的目的。

第五,沟通双方的信息不对称。沟通是一个信息交流的过程,如果双方掌握的信息不充分或者极不对称,那么将大大地减弱沟通的效果。

第六,在沟通的过程中,没有能够很好地控制情绪。如果人不能够很好地去控制自己的情绪,不仅不能实现沟通的效果,反而会使情况变得更糟。人在情绪失控的情况下,很容易因为冲动而失去理性，说不该说的话，做不该做的决定，而且事后很难去弥补。

第七，在沟通的过程中，没有认真地去倾听别人的意见。比如，沟通的环境非常嘈杂，你在跟别人沟通的时候，你的态度不认真、不耐烦，你在对待别人给你提出意见的时候也没有及时地去反馈，根本就没有认真去对待。

第八，没有做到换位思考。带着有色眼镜去跟对方沟通，这样就会导致接受的信息是不全面的。如果不能客观地、实事求是地去分析问题，就不能换位思考，缺乏同理心，导致沟通不畅。

（三）如何提高沟通能力

第一，语言表达应该清晰而有条理。在沟通之前一定要先做好充分的准备，沟通的过程中主题一定要明确，言简意赅、言之有物，条理一定要十分清楚，逻辑严谨、措辞得当、不讲空话套话，在进行非专业性的沟通时，应该尽量避免使用专业性的术语。

第二，要用真诚去营造和谐的沟通氛围。有一个小故事是这样说的，一扇厚实的大门上挂了一把坚实的大锁，铁杆费了九牛二虎之力，还是无法将它撬开，钥匙来了，它灵巧地钻进了锁孔里，轻轻一转大锁就“啪”的一声打开了。铁杆奇怪地问：“为什么我费了那么大力气也打不开，而你却轻而易举地就打开了呢？”钥匙说：“因为我最了解它的心。”由此可见，在沟通的过程中,真诚是最能够打动人心的。

第三,积极主动与他人进行沟通,增进彼此之间的理解和信任。

第四,选择一个合适的沟通渠道,尽量采用当面沟通,当面沟通能够更好地互动,观察对方的语气、情绪等。

第五,需要认真倾听别人的意见。孔子曾经说过:“不患人不知己,而患己不知人也。”因此,倾听能让人了解对方的需求,接待员要弄清楚来访者希望见谁,销售员要了解客户的需求,下属要理解领导的真正意图……那么,这些都离不开倾听。

第六,做到换位思考。福特说:“如果有所谓成功秘诀的话,那必定是指要了解别人的立场。”我们除站在自己的立场考虑问题之外,也必须要站在别人的立场来考虑问题。管理大师曾仕强说过:“中国人只要你站在他的立场上说话,他都可以接受,你若跟他作对,他就会拒绝你,而且只要你有一句话讲到对方听不进去,你讲的再对也没有用。”

第七,巧用语言的艺术。德鲁克认为:人们喜欢听他们想听的话,因此,他们排斥不熟悉的和具有威胁性的语言。语言的艺术性是非常重要的,说话,不仅在于你说了什么,更重要的是在于你是怎样去说的。

第八,注意非语言信息的运用。德鲁克说:“人无法靠一句话来沟通,总是得靠整个人来沟通。”在整个沟通过程中,文字只占整个沟通效果的7%，声音占到了38%，而动作占到了55%。因此，在沟通的过程中，一定要注意非语言信息的表达（眼神、声调、面部表情、身体姿势、手势等），在进行沟通的时候应用友好的眼神诚恳而又坚定地看着对方，面带微笑、声音亲切，并且用一些大方自信的手势，倾听的时候身体前倾，表示诚恳和专注等。

第九，消除心理障碍。在电影《唐山大地震》中，为了表达多年的愧疚和思念，妈妈元妮将一盆洗得干干净净的西红柿放在女儿面前，终于化解了女儿心中多年的积怨。

（四）网络时代的沟通

货币，使人类从物物交易进入了等价物交易时代，身体与头脑分工使手工业、商业蓬勃发展，蒸汽机驱动了工业时代的车轮……而在互联网时代，网络沟通方式正在悄悄地改变着社会的各个方面，在这样的沟通方式下，人们应该注意哪些问题呢？

第一，书信被电子邮件取代。因此，当用电子邮件发送信息的时候，一定要注意邮件的主题要明确，语气恰当，拼写语法正确，避免使用不规范的问题和表情符号。在收到邮件后应该及时地回复，而没有收到邮件也不要无礼地猜测并暗自责怪对方。如果不是工作需要，请尽量避免群发邮件，在给不认识的人发送邮件的时候，请一定要附上自己的信息或者注明身份。如果对方公布了工作邮箱，那么请不要将工作邮件发送到对方的私人信箱。

第二,短信被 QQ、微信、微博等即时通信工具取代。在利用这些工具的时候,一定要注意,如果谈工作,尽量把要说的话压缩在 3 句以内,在别人的状态调整忙碌的时候,请一定不要打扰,不要强制推送内容给对方,在进入退出和发言的时候都要注意礼貌,要求别人加自己为好友之前要先做好沟通。

第三,会议变成了虚拟的视频会谈。互联网正逐渐成为企业的神经中枢,更多的企业希望借助网络技术手段,还原被传统网络通信虚化了的人际沟通,创造有如亲身会面的对话交流形式,形成贸易各方的零距离接触和信任共识,而且虚拟的视频会谈也大大地节省了企业的时间成本和货币成本。

第四,图书馆变成了电子的。电子图书馆使图书的储备量,不再受地方大小约束,数据保存在硬盘上无磨损,造价非常低。图书的管理方式改为了电子化和智能化,图书来源更广阔更多样化,内容更丰富、更专业,使读者能够更方便、更快捷地找到想要读的内容。

第五,购物通过网上交易来完成。借助支付宝、财付通等交易平台,人们可以足不出户地轻易购买自己需要的商品。作为一种新的贸易工具,网上交易将改变商业沟通方式,对商业的发展和变革将起到重要而关键的作用。

第六,写作方式也发生了变化。越来越多的人利用朋友圈、微博进行创作,或者记录生活的点点滴滴,这逐渐成为许多人表达自己意见的重要方式。值得注意的是,我们在发表个人见解或成为意见领袖时,一定要尊重别人的劳动,不要随意否定对方,提意见的时候一定要注意语气,应在认真阅读之后再发言,要说出理由,而不能说脏话,不要断章取义,也不要借题发挥,更不要随意地转载、造谣。

随着科学技术的进步,网络沟通将使人们超越沟通的极限,将信息、信任、真诚,面对面地传递到地球的每一个角落,在新的技术条件下,人们将以一种全新的方式重新定义沟通,凭借着信息化的高速公路,未来将更加宽阔,沟通让未来更美好。

八、高效合作

合作在我们的生活中无处不在。在你们回归社会后,合作的机会将会更多,无论是完成一项任务还是完成一项活动,都离不开合作,懂得并学会高效合作是一门技术。

(一)为何合作如此普遍

合作可以弥补个人的不足。《西游记》中的唐僧、孙悟空、猪八戒和沙僧师徒4人,他们每个人都有自己的特点,也有自己的长处和短处。

唐僧非常有才华,他当时是名噪一时的佛学家,而且还懂得同步翻译。在今天看来,像唐僧这样的还是不可多得的高层管理人才。唐僧会用紧箍咒来约束孙悟空,可见,其非常懂得用管理方法来管理下属。唐僧的这些才识和管理方法深受他的徒弟们的崇拜。但是唐僧有个很大的弱点就是在作决定的时候总是优柔寡断,总是分不清楚谁是妖怪谁是好人。可以设想一下:如果说在去西天取经的路上只有唐僧一个人的话,他可能在半路就被妖怪吃掉了。

孙悟空的本领非常高超。在今天看来,孙悟空可谓是个本领非常高超的职业经理人,而且他人脉很广,在遇到困难的时候总能找到各方神圣来帮助他。但是孙悟空性格里面也有一个很致命的弱点就是比较浮躁,所以他和唐僧就“这到底是不是妖怪”这个问题经常发生矛盾冲突。

猪八戒在人们心中就是个好吃懒做又好色的角色,但是他有一个很重要的优点,就是善于交际,他很幽默也很可爱,可谓是这个团队里的“润滑剂”,没有了猪八戒,整个《西游记》看起来就没有那么有趣了,整个团队的氛围也不会那么友好。在今天看来,猪八戒最适合去做跨部门的沟通,他是不可多得的协调关系方面的人才。

沙僧给我们的感觉是非常朴实和敬业,他总是能把师父和师兄交代给他的工作做得很好。但是沙僧不够灵活,所以当遇到一些重大的问题要作决策的时候,沙僧可能就拿不出很好的主意了。

《西游记》里面的 4 个人各有优缺点,他们组合在一起可以弥补各自的不足,所以他们能够成功地到西天取经,他们每一个都是必不可少的。

有人可能会问:“一个团队里面,就只有这 4 种角色吗?”其实不是的,有一个著名的学者叫贝宾,他和他的同事通过多年的观察,对团队成员里面的角色进行了总结,认为团队里面通常会有 9 种角色:

第一种是主导者,这种人通常是处事冷静的领导。

第二种是驱动者,这种人的精力通常非常充沛,是个精神领袖。

第三种是创新者,这种人有很好的创造性思维,他是团队里面的智囊。

第四种是监察者,这种人非常善于去监督和考核团队的成绩。

第五种是执行者,也就是通常所说的办事员,他能够把团队的任务很好地执行到位。

第六种是协调者,非常善于去协调各方的关系。

第七种是资源的探寻者,这种人非常善于搜索,他很懂得去外部为团队争取资源。

第八种是贯彻者,他是团队里面的忠实的拥护者,拥护团队的价值信念以及团队制订的方案等,并且能够保证这种方案落实到位。

第九种是专业人才,这种人技术能力非常强,能够为团队解决很多技术上的问题。

假设在一个团队里面,这 9 种角色的人都能发挥他们的长处,那么这个团队就是一个高效的团队。

以上是从微观的角度来分析为什么需要合作;从宏观的角度来看,合作可以推动人类社会的发展。

有一条著名的全球化链条定律:你需要追随你的客户以及全球的协议伙伴。追随你的客户,我们很容易理解,因为你的客户在哪里,你就要把你的货物卖到哪里。那么为什么又要追随你的全球协议伙伴呢?来看这样的一个例子:一架飞机的零部件来自10多个国家,有西班牙、韩国、英国等。那我们可以设想一下,假如这样的一架飞机,是由西班牙一个国家制造的,那么它能有这么高的效率吗?假如说西班牙擅长制造零件A,而英国善于制造零件B,那西班牙只需要尽力把零件A做好卖到全世界去,就不需要再耗很多的精力去研发怎么做零件B,这样的合作就使合作项目的效率更高。所以从这个层面上来说,合作可以推动人类社会的发展,并且在这种全球化合作过程当中,这样的合作促进了不同国家、不同地区的思想技术等方面的交流,而这些交流反过来又进一步地促进了全球化合作。

当然,合作虽然普遍,但是我们并不能由此推断凡事一定都要合作,合作前首先要考虑两个方面的因素:

第一个方面:由多个人来做一项工作,效果是否更好。如果说一项工作由单独一个人来做,效果更好,那么为什么还要合作?因为合作是需要时间去磨合的,合作过程中必定存在矛盾和冲突,这些都会耗费时间和精力。

第二个方面：在一项工作当中，合作成员是否需要互相依赖，如果大家不需要互相依赖，那么为什么还要强调合作？合作是普遍存在的，合作能力也是非常重要的，但是合作并非总是问题的答案。

（二）如何化解冲突

合作是普遍存在的，而合作中难免遇到冲突。传统的冲突观认为，冲突是非常可怕的，它会影响人与人之间的沟通，影响人与人之间的信任，从而会影响团队的绩效。后来有学者提出了相互作用的冲突观：鼓励冲突。这种观点认为，没有冲突的团队就没有思想的碰撞，就没有变革，就没有创新。到了现在，普遍比较认可的冲突观是：以解决办法为中心。这种冲突观认为，冲突是不可避免的，也不需要去害怕，只需要努力找到办法去解决它。化解冲突有 3 种方法。

第一，寻求共赢的解决方案。在遇到冲突的时候，找到令冲突双方都满意的解决办法，就能很好地化解冲突。

第二，展现自己的真诚，露出你的微笑，发挥你的幽默。要在合作和冲突面前做到真诚很不容易，真诚是需要勇气的，也需要强大的内心。愿意真诚去沟通问题的人，通常比较愿意去承认自己的错误和改正自己的错误；微笑是一种很正面的身体语言，在冲突面前保持微笑可以缓和气氛，也有利于化解冲突；学会幽默可以在解决问题的时候发挥很大的作用。

第三，要关注共同利益而不是对和错。矛盾在于争论对错,在争论对错的过程中人们又往往会忘记关注共同利益。所以在遇到冲突的时候要控制住自己,不要去争辩对错,因为对错在那时候是没有意义的,真正需要的是去关注共同利益,找到一个方法来解决。

(三)提高合作能力的八步法

第一步,要明确合作的目标。目标是一种激励,目标是一种动力,目标能够让团队成员知道前行的方向。

第二步,要合理分配角色。每个人都有不同的个性特征,在合作中需要考虑人的个性特征来分配角色,要考虑个人的优劣势来分配角色,合作成员要认可角色的分配,并且清楚角色的责任。

第三步,要明确工作任务。工作任务要可以分解,不能分解的合作效果会打折扣,分解了任务之后,还要责任明确而且清晰,在什么时间点由谁负责什么事情,做出来的事情要达到什么样的一种程度……这些沟通要到位。

第四步,要激发工作热情。有工作热情,才能全身心地投入工作中,就能获得比较好的产出。激发工作热情,可以采用语言与非语言的表达。所谓语言的表达,就是口头表达,这是对一个人的表现的一种肯定;非语言的表扬可以体现在眼神的肯定、肢体上的肯定上,这种表扬只要让对方能够意会到,也能起到同样的激励效果。

第五步,要培养合作的信任感。要开诚布公地去坦诚,不要欺骗。要勇于承担责任,增强双方的信任感。

第六步,要抵制消极的因素,引导正能量,并由此获得一种自信。

第七步,要遵守合作的承诺。

第八步,要懂得去分享合作的成果。分享合作成果可以增强团队凝聚力,为下一个合作项目做好准备。

矫正作业:

1. 成功职业者必备的8大素质有哪些?

2. 个人分析自己具备哪些素质?不具备哪些素质?应该怎样提高自己?

将答案填写在《矫正足迹》上。

矫正效果评估篇

1. 矫正效果评估体现于日常矫正结束的矫正作业上，按完成质量等级由高到低分为：优（90～100分）、良（80～89分）、中（60～79分）、差（60分以下）。

2. 矫正结束后统一进行矫正考核，矫正考核分A、B两卷（附参考答案），要求矫正对象根据日常所学，闭卷作答，100分为满分，60分为及格，60分以下为不及格。

3. 总考核。矫正效果评估采取实时评估为基础，并与矫正结束统一考试相结合的评估方式：即以每次的矫正作业及日常矫正情况为基础分，占矫正效果评估的50%，矫正项目结束后统一考试得分占矫正效果评估的50%。考核总分达到80分以上，表明矫正有明显的效果，可调整项目，进行其他发展性需求的矫正；考核总分达到60～79分，表明矫正有效果，可进行相应模块的强化矫正；考核总分达不到60分，表明矫正无明显的效果，应先与矫正前进行数据对比、分析评估矫正的有效性，再进行该项目矫正。

附件一　主题活动

主题活动一　《禁毒法三字经》学习背诵

矫正目标:通过诵读、抄写《禁毒法三字经》,促使矫正对象增强禁毒意识。

建议课时:4 课时

矫正方案:

《禁毒法三字经》

罂粟花,妖且艳,祸之首,毒之源。国之患,人民战,如何战,人大断。

数次立,多次谈,禁毒法,终于产。国民众,展笑颜,咱监狱,怎么办?

先学习,再宣传,精神透,来实践。重重举,斩妖剑,将毒犯,一扫干。

第一章,总则讲,防犯罪,惩魍魉,爱民身,净众心,保健康,维秩序,定法章。毒品名,国家定,精麻品,是总称。

鸦片黑,冰毒明,吸食后,真要命。

吗啡粉，大麻叶，注射后，不要爹。可卡因，迷魂汤，吃了后，不认娘。

麻古片，摇头丸，沾上点，上西天。精麻品，不能尝，尝之后，把命丧。

医学界，教科研，精麻品，可生产。专经营，定使用，储运中，有规定。

禁毒品，人人问，全社会，共责任。国机关，社团体，企事业，工青妇，咱少年，是基础。

预防主，综合治，四禁举，是方针。大禁毒，政府领，各部责，要分明。

全社会，都参与，禁毒法，有机制。禁毒委，总负责，建组织，搞协调，上下抓，来指导。

县级上，政府要，禁毒事，可重要。纳规划，应做好，列预算，落实到。

志愿者，捐与赠，减免税，有分明。奖举报，励有功，这个事，要记牢。

第二章，大禁毒，宣与教，这一手，不可少。先普及，再防范，电影演，电视看。

宣传栏，报刊窗，增意识，强抵抗。工青妇，搞宣传，点子多，最能干。新闻看，出版印，文化编，广电演，全社会，大宣传。

飞机场，火车站，长途车，旅馆店，娱乐场，码头栈。

禁毒宣，自己管，搞防范，保平安。

未成年，父母管，讲危害，防沾染。

第三章，麻醉品，原植物，罂粟物，古柯物，大麻物，国家管，禁止种，若发现，早铲除，一一零，报公安。国家种，理应当，为人民，保健康。

单列管，储运藏，有值守，才平安。精麻品，易制毒，若走私，受打击，若被盗，要报告，防流入，非渠道。民航关，铁路站，水码头，客货栈，上下齐，共防治。

建巡查，保安全，若吸毒，报公安。缴毒具，查收益，毒资款，财政管。

反洗钱，搞检测，使疑犯，无处藏。

第四章，讲戒毒，订措施。若感染，要戒瘾，若涉毒，必检测，要抓紧，不可拖。

吸毒人，应登记，有方法，查问题，社区戒，限三年。

乡政府，街道办，抓戒毒，是关键。签协议，谈帮教，这一招，最有效。

社区戒，又反复，先批评，第一步，重问题，公安治。

吸毒人，自行戒，有自制，不可拖，戒毒疗，化毒瘾。

瘾君子，强戒毒，有四种，坚决除。有身孕，在哺乳，岁婴儿，难离母。

是少年，身量单，虽成瘾，不强戒。瘾君子，强制戒，若不服，可申诉。

传染病，要隔离，勤治疗，靠措施。管理人，大无私，不体罚，不侮辱。

监所规，要遵守，自残帮，定约束。强戒所，有医师，开处方，治染毒，戒毒瘾，归社会。

戒毒属，欲探访，写申请，需盖章。送物品，要检验，防夹带，看衣裳，有书信，自来往，保权利，不枉良。强戒期，为两年，一年后，经诊断，若良好，可解除。

首先要，递报告，办手续，可离场。若不良，加一档，再延长，是一年。

康复所，县以上，公益性，可扶量。戒毒员，细查看，能劳者，按劳算。

吸毒者，病情重，若染上，艾滋病，政府送，来治病，不要钱，可医痛。

戒毒人，相平等，不歧视，一般同，入学同，就业同，给指导，大一统。

第五章，国际间，要交流，通信息，搞合作。

缔约国，应对等，国务院，要授权。履公约，行义务，扫罂粟，植桑麻。

查毒枭，缴毒资，捣毒源，一锹铲。

第六章，犯法律，究责任。

五九条，自对号，章法明，律条照。制造运，走私贩，依法究，从严处。

非法持，要追究，虽补救，定不候。非法种，更不行，依法查,也用刑。

非法买,非法卖,偷运输,有夹带,若持有,未灭活,原植物,种与苗,要惩处,不可饶。

非法授,制毒技,一样惩,更严厉。强诱骗,他人吸,坚决纠,查到底。

向他人,提供毒,要追查,一并处。六十条,讲得对,妨碍罪,同样追。

帮助罪,看是非,构成罪,就要追。吸食毒,注射毒,严依法,治安处。

自戒毒,找公安,报上名,不予处。精麻品,易制毒,教科研,要生产,有规定,依法管,严禁流,非渠道。娱乐场,要严管,有法条,定期限,若违反,手不软。

若疗毒,定医院,卫生部,有章篇,若违反,律条看。

执法者,法亦管,若违法,不偏袒。吸毒者,要入学,要就业,一视同,不歧视,若违反,令整改,有损失,责任担。

第七章,七一条,附则定,在六一,本法行。原有法,要废止。

结束语:

禁毒法,学一遍,心感慨,思万千。党中央,计长远,政策明,法规严。

血铸就,中华剑,斩妖魔,斗敌顽,毒不净,誓不还。

咱监狱,常宣传,警钟响,早预防。深入心,常思量,远毒品,保少年。

主题活动二 《禁毒三字经》学习背诵

矫正目标：通过诵读、抄写、背诵《禁毒三字经》，促使矫正对象增强禁毒意识。

建议课时：4 课时

矫正方案：

《禁毒三字经》

罂粟花，妖而艳；祸之首，毒之源。海洛因，又冰毒；毒害深，人人惊。

摇头丸，可卡因；麦角胺，新毒品。麻黄素，另 K 粉；谁一沾，就成瘾。

毒品多，换代新；服刑人，要分明。邪与恶，是与非；晓心田，悬明剑。

要禁毒，从我起；时记住，毒不沾。以监狱，建基地；促罪犯，禁毒宣。

制教本，写教案；明教法，讲禁毒。讲法律，谈危害；同开展，共参与。

专题片，宣禁毒；班班通，人人看。禁毒片，观后感；谈感受，促知深。

情景剧，活动明；细开展，讲实效。现身说，以警示；触心灵，得效果。

写书信,通电话;与亲人,共互勉。以测试,得效果;毒知识,人人知。

人民众,要记清;贩毒者,人人憎。同样理,要明清;吸毒人员,是病员。

要关心,要帮扶;助戒毒,人人敬。小家庭,大社会;融一体,把毒戒。

监狱帮,亲友劝;全社会,爱心献。沾毒者,要知晓;过能改,犹未晚。

岂不闻,圣贤言;浪回头,金不换。要戒毒,意志坚;去心瘾,是关健。

远毒品,拒引诱;戒懒惰,勤健身。学技术,转注意;谋生存,想家庭。

人一生,负责任;子女欢,父母健。为人者,建功业;方才是,好儿女。

主题活动三　禁毒歌曲学唱

矫正目标:通过禁毒歌曲学唱、原创音乐征集、歌唱比赛的形式,一方面,丰富矫正对象的业余生活;另一方面,在娱乐中学习禁毒知识,强化矫正对象禁毒意识。前期学唱,中期比赛,后期鼓励原创。主题活动三可根据各监狱实际,自行安排开展时间。

建议课时:4 课时

矫正方案:

1. 学唱禁毒歌曲。

(1)《爱的名义》——蒋舟、肖豆豆

词:沈永峰　　　曲:蒋舟

亲爱的我们始终没有放弃
等着你戒除毒瘾回到家里
我相信你一定能战胜自己
再出发找回未来我们一起
曾经有一个多么美满的家庭
人人夸可爱的孩子美丽的妻
只因为鬼迷心窍再加上好奇
一失足成千古恨我染上毒瘾
不管是鸦片冰毒还是海洛因
人变成鬼涕泪横流终日萎靡
幸福人生大好前途成为泡影
害人害己害家庭我追悔莫及
才发现好奇害死猫不只是个游戏
才明白吸毒一口掉入虎口的道理
才理解鸦片何以改变中国的命运
才醒悟生命的尊严和失去的意义
亲爱的我们始终没有放弃

等着你戒除毒瘾回到家里
我相信你一定能战胜自己
再出发找回未来我们一起
曾经有一个多么美满的家庭
人人夸可爱的孩子美丽的妻
只因为鬼迷心窍再加上好奇
一失足成千古恨我染上毒瘾
不管是鸦片冰毒还是海洛因
人变成鬼涕泪横流终日萎靡
幸福人生大好前途成为泡影
害人害己害家庭我追悔莫及
才发现好奇害死猫不只是个游戏
才明白吸毒一口掉入虎口的道理
才理解鸦片何以改变中国的命运
才醒悟生命的尊严和失去的意义
这生命只有一次好好珍惜
这份爱海誓山盟还在耳际
这黑暗过去太阳还会升起
这风景冬去春来依旧美丽
多希望您再把我抱进怀里
哄我睡给我讲皇帝新衣
回来吧我最亲爱的 daddy

没有你我的世界天天在下雨

这生命只有一次好好珍惜

这份爱海誓山盟还在耳际

这黑暗过去太阳还会升起

这风景冬去春来依旧美丽

(2)《珍爱生命　远离毒品》——朱朱

词:朱朱　　　曲:朱朱

青春的路上不要彷徨

千万不要走错方向

不要困在黑暗的地方

伤害自己那么的荒唐

人生有很多努力方向

总有发挥自己的地方

用青春的力量推开一切阻挡

我们就是未来的希望

珍爱生命远离毒品

不要去沾染那些害人东西

健康的身体青春的气息

才是我们应该拥有的美丽

珍爱生命远离毒品

快乐的生活总是充满光明

青春的脚步努力的前行

人人拥有一个美好前景
青春的路上不要彷徨
千万不要走错方向
不要困在黑暗的地方
伤害自己那么的荒唐
人生有很多努力方向
总有发挥自己的地方
用青春的力量推开一切阻挡
我们就是未来的希望
珍爱生命远离毒品
不要去沾染那些害人东西
健康的身体青春的气息
才是我们应该拥有的美丽
珍爱生命远离毒品
快乐的生活总是充满光明
青春的脚步努力的前行
人人拥有一个美好前景
珍爱生命远离毒品
不要去沾染那些害人东西
健康的身体青春的气息
才是我们应该拥有的美丽
珍爱生命远离毒品

快乐的生活总是充满光明

青春的脚步努力的前行

人人拥有一个美好前景

(3)《珍爱生命》——华语群星

词:魏军　　　曲:魏军

陈:用爱唱一首美丽的歌

期待世界里不再有毒魔

黄:生活是一场精彩的旅行

远离罪恶 坚守正义的光明

郑:蓝天下 心连心

珍爱健康的生命

朱:阳光下 手牵手

别让灵魂去漂泊

雷:我们唱这首美丽的歌

青春 不该为悔恨而凋落

熊:坚定 自爱的信念不放松

幸福 才能留在手中

顿:蓝天下 心连心

珍爱健康的生命

蝶:阳光下 手牵手

别让灵魂去漂泊

合:蓝天下 心连心

珍爱健康的生命

阳光下 手牵手

别让灵魂去漂泊

朱:蓝天下 心连心

珍爱健康的生命

阳光下 手牵手

别让灵魂去漂泊

合:蓝天下 心连心

珍爱健康的生命

阳光下 手牵手

别让灵魂去漂泊

合:蓝天下 心连心

珍爱健康的生命

2. 在熟练的基础上开展歌唱比赛。

3. 鼓励有音乐基础的矫正对象或其他罪犯自创禁毒歌曲,监狱开展原创音乐征集活动。

4. 监狱组织开展“禁毒好歌曲”歌唱比赛。

主题活动四　现身说法

矫正目标:矫正对象通过讲述自己亲历的吸毒成瘾经历,反省自己的过去,达到警示教育的目的。

建议课时:4 课时

矫正方案:

以演讲的形式组织开展,调研受到毒品伤害的矫正对象,挑选认识较深的典型案例。内容上可以讲自己的经历、身边朋友(毒友)的经历、对案例视频的感受或看法认识。在现身说法的演讲者同意后,将演讲稿粘贴在公告栏或上传监狱教育网进行分享。

主题活动五　给家人的一封信

矫正目标:通过一段时间的学习,矫正对象可结合因自己吸毒对家人造成的伤害,给家人写一封道歉信。引导矫正对象反思自己对家人造成的伤害。

建议课时:4 课时

活动方案:

在毒品危害教育中对家人危害教育时,引导矫正对象进行内视观想,反思自己吸毒对家人的危害。在内视观想结束后,矫正对象结合自身的情况给家人(父母、妻子、子女)写一封道歉信。信件可由矫正对象自己选择是否邮寄。

主题活动六　吸毒危害演讲比赛

矫正目标:以监区为单位,组织矫正对象进行吸毒危害演讲,强化矫正对象心理防线,使吸毒危害的相关知识入脑入心。

建议课时:4 课时

活动方案:

1. 首先,以“吸毒的危害”为主题在监区征稿;其次,对收集的稿件进行甄选;最后,组织有一定演讲功底的矫正对象在监区进行演讲比赛,挑选演讲能力比较突出的矫正对象在全监狱范围内进行演讲比赛。

2. 举办“吸毒的危害”演讲比赛。

附件二　矫正考核试卷

吸食型毒品罪犯矫正项目考试卷

(A 卷)

考试时间:120 分钟　　　总分:100 分

题目	一	二	三	四	五	总分
得分						

一、填空题(每空 1 分,共 15 分)

1. 根据国家机关地位的不同,立法可分为中央立法和________。

2. 监狱不是法外之地,法律在监狱中的作用,简单地说,大致有________和________。

3. 20 世纪 70 年代末至 1997 年我国《刑法》的修订实施,成立国家________,全面立法禁毒。

4. 在本矫正项目中,将道德的特征总结为:(1)规范性,(2)广泛性,(3)________,(4)统一性。

5. 在参加本矫正项目时，矫正官将毒品的特征归纳为：依赖性、非法性、________。

6. 吸食毒品会对身体的器官产生危害，分别是：神经系统、心血管系统、内分泌系统、免疫系统、________、________、泌尿生殖系统。

7. 吸毒容易感染艾滋病病毒（HIV），从目前确定的情况来说，HIV 病毒传播的三个途径是：（1）母婴传播，（2）________，（3）________。

8. 在心瘾戒断方法技术的学习中，介绍了四种兴趣替代法，分别是：（1）________，（2）手工刺绣法，（3）________，（4）________。

9. 吸食毒品时间长了，反复的吸毒、戒毒，又复吸，逐渐地人会变得满口谎言，为了弄到毒资，甚至不惜坑蒙拐骗偷干些违法犯罪的事情，此时，为了找回自我，让亲人朋友再次相信自己，彻底脱离毒海，需要重塑的有：（1）自信，（2）________，（3）信任。

10. 刑释出狱不等于戒毒的终结，本矫正项目中指出，为了避免回归社会后再次复吸毒品，应该做到脱毒自律，自己管理好自己，体现为以下四点：（1）重视改变生活环境，（2）远离毒友圈，（3）识破毒品各种骗局，（4）正常看待________。

二、单项选择题(每题1分,共15分)

1. 根据行为主体的不同,法的规范作用可以分为:指引、评价、教育、预测和(　　)作用。

A. 惩罚　　B. 奖励

C. 强制　　D. 改变

2. 道德可以规范人的行为,调节人们之间关系,从而维护社会正常秩序和促进社会发展。因此,道德对个体来说,具有认识、规范和(　　)的作用。

A. 指导　　B. 调节

C. 衡量　　D. 参考

3. 我们说吸毒是人类道德滑坡的第一步,是因为吸毒会令人变得十分自私自利,不知羞耻,不讲礼仪,而且意志消沉,性格怪僻,谎话连篇,改变人格。在毒资花光后,吸毒者为了吸毒,首先花光积蓄,其次卖尽家产,再次借遍亲友,最后(　　)。

A. 男盗女娼　　B. 烧杀抢掠

C. 心狠手辣　　D. 卑鄙无耻

4. 根据我国《刑法》第357条的规定,毒品是指鸦片、海洛因、甲基苯丙胺(冰毒)、吗啡、大麻、可卡因以及国家规定管制的其他能够使人形成(　　)的麻醉药品和精神药品。

A. 舒适感　　B. 兴奋

C. 瘾癖　　D. 快乐

5. 研究表明,各类毒品都会不同程度地削弱机体的免疫功能,使各种器官脏器的机会性感染发生率增加。应用抗生素也很难治愈,形成多年不愈的慢性感染。主要原因是毒品损害了人体的(　　)。

A. 肠胃系统　　B. 脑部神经

C. 免疫系统　　D. 神经系统

6. 吸毒对人的一个致命问题在精神方面,临床表现为:初起时类似神经衰弱,如记忆力下降、智力受损、失眠、焦虑,严重者能凭空听见别人讲话、流水声、鸣笛声等,我们称之为(　　)。

A. 白日做梦　　B. 意识不清

C. 幻觉　　D. 性格怪僻

7. 吸毒人员在毒瘾发作时,总是不择手段地获得毒品,急不可待地由静脉推入海洛因溶液,这样的话,非常容易感染艾滋病病毒(HIV),这种艾滋病的传播途径是(　　)。

A. 血液传播　　B. 性传播

C. 母婴传播　　D. 毒液传播

8. 对于戒毒,最大的阻碍是心瘾,通过本矫正项目的学习,心瘾戒断方法技术中的 VR 技术疗法是目前较为先进的,融入了高科技含量的一种戒毒方法,主要是采取(　　)疗法。

A. 去瘾　　B. 厌恶

C. 强化　　D. 转移

9. 在本矫正项目的心瘾戒断方法技术介绍中,化学刺激疗法主要是让戒毒者在毒瘾发作时通过注射阿朴吗啡、吐根碱，或者服用其它引起不良反应的药物，终止毒品带来的快感体验，强化吸食毒品带来的(　　)反应，使其不愉快体验压倒吸食毒品后的种种快感，从而使毒品需求反应逐渐消失。

A. 头晕或腹泻　　B. 高兴和快乐

C. 呕吐或痛苦　　D. 伤心和流泪

10. 某研究人员通过对500例吸毒人员的心理调查发现，吸毒人员有如下心理特征：丧失自信，自卑绝望。吸毒人员在身心受毒品伤害后，造成无法挽回局面时往往极度失望。因此，想要成功戒毒，扭转这种悲观的局面，正确面对毒品，需要重塑(　　)。

A. 自负　　B. 自尊

C. 自爱　　D. 自信

11. 当你刑满出狱后，亲人的理解、信任、帮助，是吸毒人员戒断毒品的有力保障。因此，在本矫正项目中，想要成功戒毒，还需要重塑(　　)关系。

A. 朋友　　B. 同改

C. 亲情　　D. 家族

12. 吸毒人员为了能继续使用毒品和逃避或缓解内心及外界的压力，久而久之，说谎成了家常便饭，开口就是谎言，大家不再相信他，其就会变得孤立无援，为了改变这一困境，让自己正常地融入社会，发动广大亲朋好友和社会人士帮助自己戒毒,需要重塑(　　)。

A. 希望　　B. 信心

C. 同情心　　D. 信任

13. 吸毒一时,戒毒一世,违反国家法律必将受到严惩,当惩罚结束之日也就是吸毒人员服刑结束之时,回归社会要有一项正当的职业帮助其养家糊口,本矫正项目中设计了职业匹配指引,帮助大家树立正确的职业观,按照传统的职业分类理论,职业可分为脑力劳动类和(　　)两大类。

A. 简单重复类　　B. 高精复杂类

C. 体力劳动类　　D. 手脑结合类

14. 吸食型毒品罪犯因为被毒品侵害,有其独有特征,例如,吸食毒品具有群体性、社会性、反复性。因此,在刑满出狱遇到问题时会更加难以处理,面临复杂的社会环境和人文环境,一旦处理不好,很容易重回毒品怀抱,再次复吸,此时一定要注意,千万要:(　　)。

A. 远离易涉毒场所　　B. 遵守公共秩序

C. 躲在家里不出门　　D. 不与人说话和争吵

15. 对于吸食型毒品罪犯,一定要学会认清朋友圈与毒友圈的区别,学会如何提高自律能力,学会分辨毒友,下列选项中哪一句不是毒友的谎言?(　　)。

A. 打麻将时候抽一口烟不会上瘾,只会提神,还醒脑

B. 你已经戒毒成功了,再吸一口根本不会上瘾

C. 没有吸过毒的人都不理解你，只有一起吸毒的人才是为你好

D. 要热爱生活，充实自己，再痛苦也必须管住自己，不吸毒还有很多其他有意思的事情可以做

三、多项选择题(每题 1 分，共 5 分)

1. 吸毒需耗费巨资，已是人人皆知的事实。吸食毒品很容易毁掉一个人，甚至毁掉整个家庭，因为吸毒造成的巨大经济负担将会导致倾家荡产，甚至负债累累。这是因为：(　　)。

A. 吸毒成瘾后，吸食数量逐渐增多

B. 长期吸毒精神萎靡逐渐失去经济来源

C. 吸毒后身体易患病需要花钱治病

D. 毒品市场导致毒品涨价幅度大于收入

2. 在本矫正项目中，讲解了矫正吸毒的一种兴趣替代法，即通过介绍一些正向的爱好，在戒毒之路上助人陶冶情操，使人培养良好的兴趣爱好，将之前的吸毒恶习取而代之。包括：(　　)。

A. 书画修心发　　B. 手工刺绣法

C. 音乐疗法　　D. 瑜伽释压法

3. 要想永久地战胜毒魔，找回曾经失去的自信，就要勇敢坚定地迈出第一步，相信自己，克服自卑，唤醒自信。具体做法如下：(　　)。

A. 自我心理暗示,告诉自己有信心战胜毒魔

B. 不再吹嘘,管住自己的嘴,不吹嘘,不说大话

C. 做最坏的打算,减低内心压力,作出正确决定

D. 改变说话的习惯,不说丧气话,从话语中找到自信

4. 亲情是人生存的精神支柱之一,亲情是人疲惫时最好的调养剂,亲情是人前进的动力。调查数据显示,93% 的戒毒成功者有稳定的家庭和关心他们的亲人,亲情在戒毒过程中有很重要的作用。重塑亲情,构建良好的亲情关系需要:(　　)。

A. 真心忏悔,自觉认错,改变态度,用实际行动表示悔改的诚意

B. 亲情关系比较紧张的,可找合适的人居中调解,缓解和改善亲情关系

C. 主动、积极地与亲人沟通,珍惜每一次会见时间,分享自己获得的每一次小成功

D. 知恩感恩,在经济上给亲人力所能及的补偿和帮助

5. 信任对每个人说都是来之不易的,它失去的时候可以瞬间崩塌,但修复时却必须一点一滴,踏踏实实,逐渐挽回,重新找回信任需要:(　　)。

A. 小事做起,培养时间观念,反省认错,争取家人信任,协议自律,行动保证

B. 有借有还,践行承诺,信守承诺,一诺千金,量力而为,理性承诺

C. 勇于担当,勤于践行,主动真诚,获取信任,遵守规则,严守道德底线

D. 谦虚胆大,超越自我,遇事不慌,勇敢面对,戒骄戒躁,修身养性

四、判断题(每题1分,共5分)

1.“吸毒一时,戒毒一世”是错误的观点,因为自主权掌握在自己手中,想吸就吸,想戒就戒。 (　)

2. 少量的吸毒可以达到减肥、治病、提神、醒脑的效果,而且在艺术创作的时候如果缺乏灵感,通过吸几口或者注射少许毒品就能获得灵感。 (　)

3. 刑满出狱并不代表戒毒之路的终结,重回社会之后,要做到自律,远离毒品,远离毒友圈,并且不能盲目乐观,把一切都想得太好,毕竟理想很丰满,现实很骨感,所以要做好充分的心理准备。 (　)

4. 吸毒只是个人问题,虽然违反法律,但是不违反道德,吸毒最多只是个人受害,也不会祸害及他人。 (　)

5. 成功戒毒需要化解信任危机,重新让别人信任自己,要重塑亲情,让亲人们帮助自己戒毒,还要自己克服自卑,树立自信心。 (　)

五、简答题(每题10分,共40分)

1. 简述禁毒立法的意义以及我国禁毒立法的特点。

2. 简述毒品的危害有哪些?

3. 简述在本矫正项目中,吸毒人员需要重塑什么?应该怎么做?

4. 简述在脱毒自律指引中,吸毒人员在重回社会后应该怎么做才能远离毒品?

吸食型毒品罪犯矫正考试卷(A卷)参考答案

一、填空题(每空1分,共15分)

1. 地方立法
2. 强制约束、基本保障
3. 禁毒委员会

4. 继承性

5. 危害性

6. 呼吸系统、消化系统

7. 性接触传播、血液传播(或高危体液传播)

8. 书画修心法、音乐疗法、瑜伽释压法

9. 亲情

10. 现实与落差

二、单项选择题(每题 1 分,共 15 分)

1	2	3	4	5
C	B	A	C	C
6	7	8	9	10
C	A	B	C	D
11	12	13	14	15
C	D	C	A	D

三、多项选择题(每题 1 分,共 5 分)

1	2	3	4	5
ABCD	ABCD	ABCD	ABCD	ABC

四、判断题(每题 1 分,共 5 分)

1	2	3	4	5
×	×	√	×	√

五、简答题(每题10分,共40分,答出以下要点,每个要点得1分)

1. 简述禁毒立法的意义以及我国禁毒立法的特点。

参考要点:

(1)以史为鉴,禁毒事关国家存亡、民族兴衰;(2)立法禁毒是社会发展的需要;(3)立法禁毒,是构建和谐社会的重要保障之一;(4)加重处罚;(5)细化条例;(6)完善国际禁毒合作机制。

2. 简述毒品的危害有哪些?

参考要点:

(1)吸毒违反基本道德;(2)吸毒违反国家法律;(3)吸毒对人的身体器官造成伤害(神经系统、心血管系统、内分泌系统、免疫系统、呼吸系统、消化系统、泌尿生殖系统,任意3个以上算一个要点);(4)吸毒对精神造成危害;(5)吸毒会导致艾滋病;(6)吸毒损害个人经济,家庭经济;(7)吸毒致人精神萎靡,无心工作,经济收入下降;(8)吸毒损害家庭关系,破坏亲人之间的感情;(9)吸毒影响后代,如毒婴儿等;(10)吸毒引发犯罪,以贩养吸,男盗女娼等,进监狱失去自由;(11)吸毒毁人前途;(12)吸毒致人失去自信;(13)吸毒让人谎话连篇。

3. 简述在本矫正项目中,吸毒人员需要重塑什么?应该怎么做?

参考要点：

(1)需要重塑自信；(2)需要重塑亲情；(3)需要重塑信任；(4)克服自卑，唤醒自信，不再吹嘘，改变说话的习惯，充实自我，重塑自信，学习文化知识，学习专业技能，从现在做起，从小事做起，培养成就感，超越自我，增强自信，正视别人，当众发言，培养良好的心理承受能力，有乐观的生活态度，勇敢面对复杂的环境；(5)真心忏悔，自觉认错，是重塑亲情的基础，沟通联系，消除隔阂，是重塑亲情的桥梁，在服刑期间，做到遵规守纪，积极改造，不要让亲人为自己担忧，在经济上给亲人力所能及的补偿和帮助，珍惜每一次会见，多反思自己的问题，用实际行动做保证，循序渐进地重塑亲情；(6)从细微之处，修复信任，从小事做起，培养时间观念，反省认错，争取家人信任，协议自律，行动保证，认真践诺，重塑信任，有借有还，践行承诺，信守承诺，一诺千金，量力而为，理性承诺，勇于担当，勤于践行，主动真诚，获取信任，遵守规则，严守道德底线。

4. 简述在脱毒自律指引中，吸毒人员在重回社会后应该怎么做才能远离毒品？

参考要点：

(1)认识环境对人的影响力；(2)自律做到远离易涉毒的生活环境，禁止自己去一些易涉毒的场所；(3)深刻认识毒友圈的危害，并自律远离原先的毒友圈；(4)学会一些远离毒友的方法技巧，如借口法、躲避法、推托法、反客为主法、拖延法、直接拒绝法等；(5)重新找到自己的兴趣点，培养其他正向的爱好，建立新的朋友圈；(6)识破毒品谎言，如毒品醒酒提神、治病减肥、无害时髦、激发创作灵感等；(7)正确看待现实与落差；(8)学会避免落差四诀窍，如坚定脱毒信念，学会承担失败，正确面对现实中的意外与不公平，努力学习，降低落差感；(9)学会处理家庭关系三要素(知恩感恩、少索取、多付出)。

吸食型毒品罪犯矫正项目考试卷

(B卷)

考试时间:120分钟　　　总分:100分

题目	一	二	三	四	五	总分
得分						

一、填空题(每空1分,共15分)

1. 道德可以规范人的行为,调节人们之间的关系,从而维护社会正常秩序和促进社会发展。因此,道德对个体来说,具有认识、调节和________的作用。

2. 监狱不是法外之地,根据行为主体的不同,法的规范作用可以分为:指引、评价、________、预测和________作用。

3. 根据我国《刑法》第357条规定,毒品是指鸦片、海洛因、甲基苯丙胺(冰毒)、吗啡、大麻、可卡因以及国家规定管制的其他能够使人形成________的麻醉药品和精神药品。

4. 研究表明,各类毒品都不同程度地削弱机体的功能,使各种器官脏器的机会性感染发生率增加。应用抗生素也很难治愈,形成多年不愈的慢性感染。主要原因是毒品损害了人体的________。

5. 在参加本矫正项目时，矫正官介绍了一种心瘾戒断的方法技术，运用目前较为先进的 VR 技术开展戒毒，这种 VR 技术采取的是________疗法。

6. 海洛因源于鸦片，由吗啡经乙酰化改变构造而成，是毒品中常见的一种，白色结晶粉末，流行的品种纯度不一，由浅棕色至白色，亦称“白粉”，当成瘾后，想要戒掉会有哪些症状：水样眼、鼻涕横流、无食欲、哈欠、易怒、颤抖、惊慌、忽冷忽热、________、________。

7. 在长期使用海洛因后，男性丘脑垂体性腺轴的功能改变表现为睾丸酮分泌降低。临床表现为性欲减退、性功能减退或消失；女性则出现为黄体生成素、雌三醇、孕酮均低于正常水平，卵泡刺激素高于正常生育女性，表现为月经紊乱或闭经。男女均可出现________降低。

8. 在心瘾戒断方法技术的学习中，介绍了4种兴趣替代法，分别是：（1）________，（2）书画修心法，（3）________，（4）________。

9. 吸食毒品时间长了，反复地吸毒、戒毒，又复吸，逐渐地，人会变得满口谎言，为了弄到毒资，甚至不惜坑蒙拐骗偷干些违法犯罪的事情，此时，为了找回自我，让亲人朋友再次相信自己，彻底脱离毒海，需要重塑的有：（1）________，（2）亲情，（3）________。

10. 刑释出狱不等于戒毒的终结，本矫正项目中指出，为了避免回归社会后再次复吸毒品，应该做到脱毒自律，自己管理好自己，体现为以下4点：(1)重视改变生活环境，(2)______，(3)识破毒品各种骗局，(4)正常看待现实与落差。

二、单项选择题(每题1分，共15分)

1. 根据国家机关地位的不同，立法可分为中央立法和(　　)。

A. 省州立法　　B. 州市立法

C. 地方立法　　D. 乡镇立法

2. 在本矫正项目中，道德可以分为4个方面，包括：社会公德、职业道德、家庭美德和(　　)。

A. 个人品德　　B. 公共道德

C. 高尚品德　　D. 伤风败俗

3. 在参加本矫正项目时，矫正官将毒品的特征归纳为：依赖性、非法性、(　　)。

A. 成瘾性　　B. 危害性

C. 病毒性　　D. 违法性

4. 吸毒容易感染艾滋病病毒(HIV)，就目前确定的情况来说，HIV传播的3个途径是：母婴传播、性接触传播、(　　)。

A. 唾液传播　　B. 亲吻传播

C. 血液传播　　D. 拥抱传播

5. 吸食毒品会对身体的器官产生危害，分别是：神经系统、心血管系统、内分泌系统、免疫系统、呼吸系统、消化系统、(　　)。

A. 泌尿生殖系统　　B. 脑部神经系统

C. 腹部神经系统　　D. 运动神经系统

6. 毒品的特征中最显著的一个特征就是依赖性,也就是大家所说的吸毒上瘾,那么依赖性可以分为生理依赖和(　　)。

A. 成瘾性依赖　　B. 心理依赖

C. 身体依赖　　D. 药理性依赖

7. 毒品会极大地损害人的生理机能。在吸食伴有掺杂物的海洛因后,会引起一系列的(　　)病变。如惊厥、震颤麻痹、周围神经炎、弱视、远离注射部位的肌功能障碍,长期吸毒会引起智力减退和个性改变。

A. 免疫系统　　B. 呼吸系统

C. 神经系统　　D. 心脑血管系统

8. 吸毒经常引起各种心律失常和缺血性改变。常见的有:传导阻滞、去极化及复极化异常、心动过缓、心律不齐。电轴偏移、低电压、高电压,严重的可引起心跳停止。这是你身体的(　　)受损了。

A. 免疫系统　　B. 呼吸系统

C. 神经系统　　D. 心脑血管系统

9. 吸食者采用鼻吸、烫吸的吸食方式吸食毒品可对人体(　　)造成损伤,导致并发症。常见的有:气管炎、支气管炎、肺炎、肺水肿、咳嗽、咳痰、发热、咳血、哮喘、肺间隔积气、气胸、气心包和肺泡出血，更严重的可能会出现嗅觉丧失、鼻中隔穿孔、慢性鼻炎、吞咽困难等症状。

A. 免疫系统　　B. 呼吸系统

C. 神经系统　　D. 心脑血管系统

10. 吸食毒品极易感染艾滋病，主要是因为吸毒采用了注射的方式，通过血液进行了传播，另外就是吸毒后容易性乱交，艾滋病病毒侵入人体后可分为5期。最后的第5期将彻底破坏人体的（　　），病人会出现各种严重的综合病症，直至死亡。

A. 免疫系统　　B. 呼吸系统

C. 神经系统　　D. 心脑血管系统

11. 在本矫正项目中，介绍了一些心瘾戒断的方法技术，其中，厌恶疗法中一项具有一定科技水平的戒断方法是（　　）。

A. 化学刺激疗法　　B. VR技术想象疗法

C. 音乐疗法　　D. 瑜伽释压法

12. 长期吸毒能使人（　　），具体的危害表现在会使人心理上情绪低沉，郁郁寡欢，常因害怕别人看不起自己而不愿与人来往，只想与人疏远，缺少朋友，顾影自怜，甚至自疚、自责。

A. 不安　　B. 抑郁

C. 自卑　　D. 失望

13. 吸毒人员在毒品的这条路上，吸毒，戒毒，复吸，再戒毒，如此反复，自己作为父母或子女，没有尽到该尽到的责任和义务,在这个过程中已经伤透了家人的心。自此,吸毒者自然而然的就会失去(　　)。

A. 父母　　B. 子女

C. 兄妹　　D. 亲情

14. 吸毒人员为了能继续使用毒品和逃避或缓解内心及外界的压力,说谎是必然的。久而久之,说谎成了家常便饭,开口就是谎言,大家也就不再信任他了,因此,吸毒人员就这样逐渐失去了(　　)。

A. 名誉　　B. 荣誉

C. 信任　　D. 朋友

15. 吸食毒品具有群体性、社会性、反复性。因此,刑满出狱人员在面临复杂的社会环境和人文环境时,一旦处理不好,很容易重回毒品怀抱,再次复吸,除了要加强自律,还要学会避开易涉毒场所和远离(　　)。

A. 麻将圈　　B. 朋友圈

C. 毒友圈　　D. 人际交往圈

三、多项选择题(每题 1 分,共 5 分)

1. 毒品对人体来说,会从根本上毒害人体的重要组织、器官,干扰、破坏正常的新陈代谢,吸毒摧残人的身体健康,最主要是对人的(　　)造成破坏性的危害。

A. 神经系统、心脑血管系统

B. 内分泌系统、免疫系统

C. 呼吸系统、消化系统

D. 泌尿生殖系统

2. 为了牟取更大的利润，毒贩往往会在毒品中加入千奇百怪的物品充当毒品，包括(　　)。

A. 葡萄糖、白糖、冰糖　　B. 碱面、淀粉

C. 石灰、老鼠药　　D. 沙灰、水泥

3. 吸毒极其容易感染艾滋病病毒(HIV)，目前，艾滋病是不治之症，没有办法治愈，艾滋病能够感染任何不注意预防的人，要想预防就要了解艾滋病的传播条件，以下哪些是HIV传播必须同时具备的条件：(　　)。

A. 有大量的病毒从感染者体内排出

B. 嘴对嘴亲吻，进行唾液的交换

C. 排出的病毒要经过一定方式传递给他人

D. 有足量的病毒进入体内

4. 为了彻底戒除毒瘾，除需有正向的兴趣爱好之外，还要有正确的职业观，通过工作和双手的劳动合法的获取财富，在本矫正项目中，阐述了职业观不正的危害有：(　　)。

A. 难以取得更大的或应有的发展，人生何谈精彩

B. 降低了办事的效率

C. 得不到他人认可，连累家人

D. 混迹社会，走上犯罪的道路

5. 作为一个曾经有过吸毒、服刑经历的人，要想在刑满后在社会中有一席之地，在社会竞争中增加自己的优势，正确对待社会压力与落差，可以试着做到以下几点：(　　)。

A. 坚定脱毒信念，分清是非，以毒品为界，远离易涉毒场所和毒友圈

B. 学会承担失败，在失败中总结经验，从而战胜失败获取胜利

C. 正确面对现实中的意外与不公平

D. 努力学习，降低落差感

四、判断题(每题 1 分，共 5 分)

1. 吸毒是个人行为，吸毒也可以遵守道德底线，更不存在危害社会和危害国家。(　　)

2. 毒品的依赖性分为生理依赖性和心理依赖性两个方面。其中，心理依赖是吸毒人员在生理脱瘾后复吸率居高不下的最重要原因。(　　)

3. 吸食冰毒、海洛因会直接导致牙齿受损害，而且还会引起一系列营养不良综合征，甚至是缺铁性贫血。(　　)

4. 吸毒花不了多少钱，按一克冰毒 200 多元的价格来说，只要几万元就够永远支付吸毒的相关费用了。(　　)

5. 吸毒只会对人的身体产生伤害，会危及人的健康，但是不会让其失去信心，更不会使其失去亲人和大家对自己的

信任。 ( )

五、简答题(每题 10 分,共 40 分)

1. 简述毒品的危害有哪些?

2. 分析职业观不正的外在表现有哪些?

3. 在本矫正项目中,将心瘾戒断方法技术分为哪几类,具体都是些什么?

4. 简述在脱毒自律指引中,吸毒人员在重回社会后应该怎么做才能远离毒品?

吸食型毒品罪犯矫正考试卷(B 卷)参考答案

一、填空题(每空 1 分,共 15 分)

1. 规范

2. 教育、强制

3. 瘾癖

4. 免疫系统

5. 厌恶

6. 腹部绞痛、恶心想吐

7. 生育能力

8. 手工刺绣法、音乐疗法、瑜伽释压法

9. 自信、信任

10. 远离毒友圈

二、单项选择题(每题1分,共15分)

1	2	3	4	5
C	A	B	C	A
6	7	8	9	10
B	C	D	B	A
11	12	13	14	15
B	C	D	C	C

三、多项选择题(每题1分,共5分)

1	2	3	4	5
ABCD	ABC	ACD	ABCD	ABCD

四、判断题(每题1分,共5分)

1	2	3	4	5
×	√	√	×	×

五、简答题(每题10分,共40分,答出以下要点,每个要点得1分)

1. 简述毒品的危害有哪些?

参考要点:

(1)吸毒违反基本道德;(2)吸毒违反国家法律;(3)吸毒

对身体器官造成伤害(神经系统、心血管系统、内分泌系统、免疫系统、呼吸系统、消化系统、泌尿生殖系统,答出任意3个以上算一个要点);(4)吸毒对精神造成危害;(5)吸毒会导致艾滋病;(6)吸毒损害个人经济,家庭经济;(7)吸毒致人精神萎靡,无心工作,经济收入下降;(8)吸毒损害家庭关系,破坏亲人之间的感情;(9)吸毒影响后代,如毒婴儿等;(10)吸毒引发犯罪,以贩养吸,男盗女娼等,进监狱失去自由;(11)吸毒毁人前途;(12)吸毒致人失去自信;(13)吸毒让人谎话连篇。

2. 分析职业观不正的外在表现有哪些?

参考要点:

(1)害怕劳动。有班不好好上;有地不好好种;有学不好好上等。(2)拒绝劳动。有班不上、有地不种、有活不做等。不积极就业,啃老,坐吃山空;拒绝承担责任和义务,依赖国家扶贫资金、社会救济等。(3)贪图享受。过度预支透支未来;爱慕虚荣,过度追求物质,吃山珍海味穿名牌用高端货等。(4)不劳而获、一劳永逸。一门心思想通过买彩票中大奖、发横财等轻松手段暴富,久等无望后往往采取偷、抢等违法手段占有他人财物,意图不劳而获。(5)高不成低不就,眼高手低。收入低的职业瞧不上,收入高的职业干不着。

3. 在本矫正项目中,将心瘾戒断方法技术分为哪几类,具体都是些什么?

参考要点：

(1)分为两类：一类是厌恶疗法，另一类是兴趣替代法；(2)厌恶疗法中有VR技术想象厌恶疗法；(3)厌恶疗法中有化学刺激厌恶疗法介绍；(4)兴趣替代法中有书画修心法；(5)兴趣替代法中有手工刺绣法；(6)兴趣替代法中有音乐疗法；(7)兴趣替代法中有瑜伽释压法；(8)视各种方法技术介绍的详略情况给予加分。

4. 简述在脱毒自律指引中，吸毒人员重回社会后应该怎么做才能远离毒品？

参考要点：

(1)认识环境对人的影响力；(2)自律做到远离易涉毒的生活环境，禁止自己去一些易涉毒的场所；(3)深刻认识毒友圈的危害，并自律远离原先的毒友圈；(4)学会一些远离毒友的方法技巧，例如：借口法、躲避法、推脱法、反客为主法、拖延法、直接拒绝法等；(5)重新找到自己的兴趣点，培养其他正向的爱好，建立新的朋友圈；(6)识破毒品谎言，如毒品醒酒提神、治病减肥、无害时髦、激发创作灵感等；(7)正确看待现实与落差；(8)学会避免落差四诀窍，如坚定脱毒信念，学会承担失败，正确面对现实中的意外与不公平，努力学习，降低落差感；(9)学会处理家庭关系三要素(知恩感恩、少索取、多付出)。

图书在版编目(CIP)数据

吸食型毒品罪犯矫正项目／中国监狱工作协会编
. -- 北京：法律出版社，2021
ISBN 978 -7 -5197 -5001 -5

Ⅰ. ①吸… Ⅱ. ①中… Ⅲ. ①吸毒－犯罪分子－监督改造－研究－中国 Ⅳ. ①D926.74

中国版本图书馆 CIP 数据核字(2020)第 188520 号

吸食型毒品罪犯矫正项目
XISHIXING DUPIN ZUIFAN JIAOZHENG XIANGMU

中国监狱工作协会 编

策划编辑 沈小英
责任编辑 程王刚 贾方武
装帧设计 李 瞻

出版发行 法律出版社
编辑统筹 法治与经济出版分社
责任校对 王 丰 郭艳萍
责任印制 吕亚莉
经 销 新华书店

开本 A5
印张 14 **字数** 283 千
版本 2021 年 7 月第 1 版
印次 2021 年 7 月第 1 次印刷
印刷 固安华明印业有限公司

地址:北京市丰台区莲花池西里 7 号(100073)
网址:www. lawpress. com. cn
投稿邮箱:info@ lawpress. com. cn
举报盗版邮箱:jbwq@ lawpress. com. cn

销售电话:010 - 83938349
客服电话:010 - 83938350
咨询电话:010 - 63939796

书号:ISBN 978 -7 -5197 -5001 -5 **定价**:68.00 元

凡购买本社图书,如有印装错误,我社负责退换。电话:010 - 83938349